Elisabeth Heymann
Spielräume für Musik und Sprache

Spielräume für Musik und Sprache

Musikpädagogische und -therapeutische Arbeit an einer Förderschule Sprache

von
Elisabeth Heymann

zeitpunkt musik
Reichert Verlag 2024

Coverabbildung: Gerd Basten

Bibliografische Information der Deutschen Nationalbibliothek
Die Deutsche Bibliothek verzeichnet diese Publikation in der Deutschen Nationalbibliografie; detaillierte bibliografische Daten sind im Internet über http://dnb.dnb.de abrufbar.

Gedruckt auf säurefreiem Papier
(alterungsbeständig – pH 7, neutral)

Dr. Ludwig Reichert Verlag Wiesbaden
www.reichert-verlag.de
ISBN: 978-3-7520-0829-6 (Print)
eISBN: 978-3-7520-0314-7 (E-Book)
https://doi.org/ 10.29091/9783752003147

INHALTSVERZEICHNIS

Vorwort

„Wie geht's?" wollte die grummelnde Hummel wissen,
während sie Blüte für Blüte nach Honig absuchte.

Die kleine Grille wollte etwas sagen, konnte es aber nicht.
Wie sehr sie mit ihren Flügeln auch hibbelte,
wie schnell sie damit auch ribbelte,
es kam kein Ton heraus.

„Guten Abend!" surrte eine Libelle.
In flirrendem Flug glitt sie übers Wasser dahin.

Die kleine Grille wollte etwas sagen, konnte es aber nicht.
Wie sehr sie mit ihren Flügeln auch hibbelte,
wie schnell sie damit auch ribbelte,
es kam kein Ton heraus.
...
(aus: Eric Carle: Die kleine Grille singt ihr Lied.*)*

Wie geht die Geschichte wohl weiter?
Und wie klingt sie, wenn wir sie mit Musikinstrumenten spielen?

Dieses Buch möchte Lust machen, mit Kindern Musik zu machen: Töne spielen, Rhythmen finden, sich ausdrücken und kommunizieren.

Vielfältige pädagogisch-therapeutische Methoden sind aus der Freude am kreativen, spielenden Umgang mit Musik entstanden.

Alle Kinder machen gern Musik – in diesem Buch geht es besonders um Kinder, die sich nicht so ausdrücken können wie andere Kinder, die sprachliche Probleme haben oder die wenig sprechen, von denen wir kaum etwas hören.

Für diese Kinder gilt, dass Spielräume für Musik und Sprache die besondere Möglichkeiten sind, sie zu unterstützen und spielerisch die Kommunikation zu gelingen zu lassen.

Musik ist zudem geeignet, Kinder mit ganz unterschiedlichen Sprachfähigkeiten zusammenzubringen, mit Musikspielen zur Verständigung zu kommen.

Entstanden ist dies Buch als Ergebnis von zwanzig Jahren Musikarbeit als Musiklehrerin und Musiktherapeutin in einer Förderschule Sprache. Meine Begeisterung für die Möglichkeiten der Musik und besonders der Musiktherapie haben mich zu meinem Engagement für die Kinder geführt, ebenso bin ich dadurch zu vielen Musikprojekten an unserer Schule inspiriert worden.

Zum Inhalt

Das Kapitel Sprache beschreibt die Entwicklung der Sprache bei Kindern und die Probleme einer verzögerten Sprachentwicklung, die Fördermöglichkeiten und das Konzept der Förderschule Sprache.

Daran schließen sich die besonderen Methoden der Musik an, die sich in meiner Arbeit an der Sprachförderschule bewährt haben, z. B. die Bedeutung der Musikinstrumente, das Erzählen von Geschichten mit Musik und das musikalisch gestaltete Schulleben.

Ein großes Kapitel ist die umfangreiche Sammlung von pädagogischen und therapeutischen Musikspielen, die wenig sprachliche und musikalische Fähigkeiten voraussetzen. Sie sind nicht nur an einer Sprachförderschule einsetzbar, sondern auch gut geeignet für inklusive Gruppen, für Migrationskinder, für Kinder mit Kommunikations- und Kontaktproblemen und ebenfalls für experimentelles und kreatives Spielen mit Klängen. Dies kann an Förderschulen sowie an der Regelschule geschehen oder im außerschulischen Bereich.

Die Spielbeschreibungen sind Vorschläge, die kreativ an verschiedene Gruppen und Situationen angepasst werden können. Die meisten sind in meinem Musikunterricht entstanden und von mir entwickelt worden. Dabei haben mir die Kinder bei jeder neuen Spielidee gezeigt, was bei ihnen gut ankommt und wo ihre Gefühle angesprochen sind.

Anschließend geht es um die Chancen von therapeutischer Arbeit an einer Schule und um die Vorteile, pädagogische und therapeutische Arbeit im engen Kontakt miteinander wirksam werden zu lassen.

Die Musiktherapie ist ein Angebot für Kinder, in einem freien Spielraum mit musikalischen Mitteln Gefühle zeigen und bearbeiten zu können. Eine ergänzende Methode ist das Safe-Place-Konzept (nach Katz-Bernstein), das sehr gut mit Musiktherapie kombiniert werden kann.

In den Fallgeschichten aus der Einzel- und Kleingruppentherapie werden musiktherapeutische und -pädagogische Methoden angewendet: sich gemeinsam mit dem Kind in einen freien Spielraum begeben, aufmerksam beteiligt sein, Resonanz spüren, mit Klängen reagieren – so wurden Kindern neue Entwicklungen ermöglicht.

Die „Zwischenstücke“ sind kleine Szenen aus dem Unterricht oder persönliche Überlegungen, die der Veranschaulichung dienen.

Themen, die mir besonders wichtig waren

Verstimmte und verstummte Kinder

Es machte mir Freude, mit Kindern zu arbeiten und mit ihnen Musik zu machen. Diese Arbeit konnte zugleich sehr herausfordernd und anstrengend sein.

Viele Kinder verhielten sich wie verstimmte Instrumente. Oft waren sie zu laut, manchmal verstört, chaotisch oder frustriert, immer wieder unbeholfen im Ausdruck und im Kontakt.

Andere Kinder waren wie verstummte Instrumente. Sie waren schüchtern, beschämt und sehr leise, ihre Stimme war kaum zu hören. Wenn sie Sprachprobleme hatten, vermieden sie häufig das Sprechen und das Singen. Auch traumatisierte Kinder können verstummen. Es war, als ob sie sich in einem Schneckenhaus verkriechen wollten.

Für alle diese Kinder galt, dass künstlerisch-therapeutische Arbeit die Persönlichkeit der Kinder wieder zum Klingen und Schwingen bringen konnte. Mit Musik erlernten sie Strukturen, erfuhren Unterstützung im Zusammenspiel und fanden ihre Stimme.

Es war mir ein besonderes Anliegen, immer wieder nach spielerischen Möglichkeiten zu suchen, um die Stimmen von Kindern hervorzulocken. Die Beispiele finden sich in diesem Buch.

Ein Safe Place

Die Kinder, die ich kennenlernte, bauten gerne Hütten. Manchmal verkrochen sie sich in ihrer Klasse einfach unter einem Tisch und hängten eine Decke darüber, oder sie versteckten sich in einer Ecke.

Es war eine der wichtigsten Entdeckungen in meiner Arbeit, eine Hütte, einen Raum im Raum, für die Kinder pädagogisch und therapeutisch nutzen zu können.

Die Hütte wurde als konkretes Symbol für einen sicheren Raum angeboten. Die Kinder konnten im Spiel eigene Grenzen setzen, Selbstwirksamkeit und Autonomie erfahren. Kommunikation wurde wieder möglich.

Darüber hinaus sollte unsere Schule ein Safe Place sein für die Kinder, die durch ihre Einschränkungen oft verunsichert waren. Hier sollte jedes Kind seine Schwächen zeigen dürfen und professionelle Hilfe bekommen. Die Erwachsenen sollten zuverlässige Beziehungen anbieten, die den Kindern Sicherheit gaben.

Und wir Kolleginnen bekamen durch gute Zusammenarbeit und Verlässlichkeit einen Safe Place, um den Kindern Halt bieten zu können.

Spielräume entdecken

Schule sollte in erster Linie das Lernen ermöglichen. Ohne diesen pädagogischen Auftrag zu verleugnen, gab es Nischen, in denen Spielräume entdeckt werden konnten für ein erweitertes Anliegen: Durch Kreativität, Ausdruck von Gefühlen, Erproben von Kommunikation und Kontakt mit spielerischen und künstlerischen Mitteln konnten die Kinder gestärkt und konnte die pädagogische Arbeit unterstützt werden.

Zum guten Schluss

Dieses Buch möchte nicht unbedingt von vorne nach hinten durchgelesen werden. Es bietet sich eher an für einen Spaziergang wie durch einen Garten, den man von jeder Seite aus betreten kann. Je nach Interesse und eigenen Erfahrungen fangen Sie an einer Stelle an, gehen vor oder zurück oder biegen ab, verweilen oder schnuppern woanders.

Vielleicht bekommen Sie Lust, ein Spiel auszuprobieren oder selbst eins auszudenken, noch einige Musikinstrumente für Ihre Sammlung zu finden, ein Tischhaus zu bauen oder in einem Bilderbuch Musik zu finden.

Vielleicht erleben Sie Neues mit den Kindern. Sie beobachten die Kinder, wenn Sie etwas ausprobieren, hören ihnen zu und folgen ihnen ein Stück. Vielleicht lassen Sie es einmal richtig laut oder ganz leise werden, albern oder andächtig. Vielleicht kommen Gefühle ins Spiel und Sie nehmen eigene Resonanz wahr. Begeben Sie sich mit den Kindern in kleine freie Spielräume und erleben Sie, dass es Sinn macht. Als Zugabe wird es den einen oder anderen Gänsehautmoment geben.

Wettergeschichten – eine Szene aus dem Musikunterricht

Es war Herbst, der Wind blies über den Schulhof. Ich holte die Kinder der ersten Klasse nach der Hofpause ab und wir gingen in den Musikraum.

Ich hatte erst wenige Musikstunden mit diesen Kindern gehabt. Die Kleinen hatten viel Bewegungsdrang und Spiellust. Sie stürmten in den Musikraum und wollten am liebsten sofort die Trommeln holen. Es klappte dennoch, dass sie sich in den Halbkreis setzten. Sie wussten, dass sie nicht lange warten mussten, bis wir zusammen spielen würden.

Nach zwei Herbstliedern durfte sich jedes Kind eine Trommel aussuchen. Sobald alle Kinder ein Instrument gewählt hatten, trommelte ich los und alle Kinder machten es mir nach. Ich sparte mir an dieser Stelle Erklärungen oder Anweisungen und wählte ein Spiel, bei dem wir alle das Gleiche taten. Die Kinder brauchten nur beobachten, was ich machte.

Die Kinder genossen das Schlagen auf das Trommelfell, wir trommelten wild drauflos. Wir wurden lauter, schlugen schneller, bis die Kinder ein bisschen erschöpft waren und sie zufrieden und glücklich etwas ruhiger weiterspielten. Ich schlug mit beiden Händen einen Gleichschlag, in den die Kinder bereitwillig einstimmen. Ich wurde langsamer, leiser, wechselte die Spielarten: mit zwei Fingern trommeln, mit allen Fingern dribbeln, mit den Händen über das Trommelfell wischen, immer im Kreis. Die Kinder folgten mir, waren konzentriert bei der Sache, es klappte ganz gut mit den gemeinsamen Klängen. Ich ließ die Hände auf dem Trommelfell zur Ruhe kommen, wir beendeten das Spiel und stellten alle Trommeln in die Mitte auf den Teppich.

Da die großen Trommeln immer begehrter waren als die kleinen, wechselten wir nach jeder Runde. Wer eine kleine Trommel gehabt hatte, durfte jetzt zuerst aussuchen und nahm glücklich eine große.

Bevor wir wieder los trommelten, stellte ich eine kleine Klangschale in die Mitte des Kreises und schlug einen Ton an. Der helle Klang schwebte durch den Raum. Ich ging an meinen Platz zurück, legte die Hände auf das Trommelfell meiner Trommel und fing an zu erzählen:

„Es war einmal an einem schönen Tag, da schien die Sonne."

Mir gefiel als Anfang einer Geschichte die Formel „Es war einmal", ich wechselte dann aber in das Präsens, um den Kindern das Verständnis und später das Selbst-Erzählen zu erleichtern.

„Mit einem Mal kommt ein leiser Wind (behutsames Wischen über das Trommelfell). Der Wind wird stärker, ein Sturm kommt (mit Fingernägeln über das Fell streichen), und dann (einen Moment innehalten) kommt ein Regentropfen (mit dem Zeigefinger einen Tropfen spielen), und noch einer, und noch einer. Und dann regnet es (mit den Fingern dribbeln).

Plötzlich sieht man einen Blitz (mit dem Fingernagel des Zeigefingers schnell über das Fell streichen) und dann donnert es (lautes Trommeln mit beiden Händen). Und noch einen Blitz, und noch einen Donner. Und dann kommt auch noch Hagel (mit den Fingernägeln auf der Trommel spielen). Aber dann kommt wieder der Wind (wischen) und bläst die Wolken weg. Die Sonne scheint wieder (ein Ton der Klangschale).

Das war meine Wettergeschichte. Wer von euch möchte eine Wettergeschichte erzählen?“

Oliver meldete sich als Erster. Er erzählte in „seiner“ Sprache: „Es war einmal – Sonne! Und dann – Hegen dommt. Und Wind. Noch mehr. Und Donner. Ein Bitz! Und wieder Donner. Und ... (er spielt mit den Fingernägeln) ...“ Ich fragte ihn: „Du meinst Hagel?“ Oliver: „Ja. Und dann fertig. Sonne seint.“Ich sagte: „Danke, Oliver, das war deine Wettergeschichte, das hast du gut gemacht. Wer möchte jetzt?“

Nina rutschte auf ihrem Stuhl hin und her und guckte mich an.

„Nina, möchtest du eine Wettergeschichte erzählen?“ Sie nickte heftig.

„Womit fängt deine Geschichte an?“ Sie stand auf und spielte die Klangschale.

Sie „erzählte“ die Geschichte, indem sie die Klänge spielte, und ich fasste ihre Musik in Worte:

„Schön, die Sonne scheint. Und jetzt? Es donnert. Und dann kommt ein Blitz, und noch einer, und noch einer. Und dann Regen. Es regnet ganz lange. Kommt auch noch Wind? Ja, ganz viel Wind. Ist deine Geschichte fertig? Danke, das war dein Wetter, das haben wir gut verstanden.“

Pit wollte unbedingt noch drankommen.

Er erzählte: „Zuerst die Sonne scheint. Dann kommt Donner, und noch ganz viel Donner. Und Sturm, und noch ein Orkan! Bäume umfallen!“ Mit Krachen ließen wir die Bäume umfallen. Pit strahlte. Etwas besänftigt ließ er es noch regnen. Ich stieg in seine Fantasiegeschichte ein. Wir zogen Gummistiefel an und stapften durch Pfützen, gingen schließlich nach Hause und rührten auf den Trommeln noch einen heißen Kakao.

Wir stellten die Trommeln in die Mitte. Ich nahm die Gitarre und ließ ruhige Akkorde erklingen. Wir sangen eine Strophe von dem geübten Herbstlied.

Ich bat die Kinder, mir beim Aufräumen zu helfen und die Trommeln zurückzustellen. Wir verließen den Musikraum und ich brachte die Kinder in ihren Klassenraum.

Zur Sprache

Die Sprachentwicklung des Kindes

Wenn ein Kind auf die Welt kommt, scheint es selbstverständlich zu sein, dass es Sprache entwickelt. Ein Baby erprobt seine Stimme mit spielerischen Lauten (Lallphase). Nach und nach spricht das Kind erst Silben, dann Wörter und schließlich Sätze. Es kann Sprache verstehen, es antwortet oder erzählt uns eigene Geschichten.

Erst wenn das Entwickeln der Sprache nicht so gelingt, wie es sein sollte, wird uns bewusst, wie komplex, höchst erstaunlich und von vielen verschiedenen Faktoren abhängig die Sprachentwicklung ist.

Sprache entsteht im Hören und Nachahmen

Das Kind hört die Sprache in seiner Umgebung, nimmt sie auf und gibt sie wieder, den eigenen Fähigkeiten entsprechend.

Dies ist jedoch kein einseitiger Vorgang:

Sprache entsteht im Dialog

Nicht nur das Kind ahmt die Mutter nach – die Mutter ahmt auch das Kind nach. Erwachsene nehmen die Laute des Kindes auf, wiederholen sie, modifizieren daraus die ersten Worte. Aus m-m-m wird Mama, aus b-b-b wird Papa. Man spricht von „Motherese" oder „baby talk".

Merkmale dieses Dialogs mit dem Baby sind Silbenwiederholungen, langsame Sprechweise, eine höhere Tonlage und eine ausgeprägte Sprachmelodie.

Wie von selbst wird aus diesem Sprechen eine Art Singsang: Na na na, ja du du du, ja ja ja ja…

Diese Sprache ist wie Musik, wie Gesang.

Nach und nach wandelt sich diese „Baby-Sprache". Die „gemeinsame Beobachtung ist, dass sich die Sprache der Mutter (oder anderer Bezugspersonen) kontinuierlich an die Fortschritte des Kindes anpasst." (Keller, 2013, S. 41). Wir sprechen mit dem Kind und bieten damit zunehmend Wörter an, die das Kind aufnimmt und mit ihnen seinen Wortschatz ausbaut. Die Kommunikation erweitert sich, die Kinder antworten auf Fragen, erst mit einem Wort, dann bilden sie Sätze.

Sprache und Beziehung

Der Dialog zwischen Mutter oder Vater und dem Kind ist ohne Emotionalität nicht denkbar. Die sprachliche Kontaktaufnahme ist eingebettet in Zuwendung durch Mimik, Körpernähe und Berührung. Der Sprechgesang kann verschiedene Gefühle ausdrücken: eine fröhliche Begrüßung, ein freudiges Spielen, ein besorgtes „Warum weinst du denn?“ oder ein beruhigendes „Alles ist gut“. Das Kind wird mit der ihm eigenen Sprache antworten.

Vertrauen und Bindung entstehen, wenn diese gemeinsame Musik gelingt. Sprache ist Ausdruck des Verbunden-seins zwischen Menschen.

Sprache und Motorik

Sprechen ist Muskelarbeit: Laute werden mit der Zunge, dem Gaumen und den Lippen gebildet. Babys spielen zunächst unentwegt mit ihrer Mundmuskulatur, bringen alle möglichen Laute hervor, jede Sprache könnte daraus gebildet werden. Nach und nach ahmen sie die Laute der ihnen angebotenen Muttersprache nach und trainieren die dafür nötigen Muskelbewegungen.

Sprache und Denken

Die Sprachentwicklung des Menschen ist gekoppelt an das Denken, an die Funktionen des Gehirns. Denkfähigkeit und Intelligenz ermöglichen das Verstehen von Symbolen, das Erfassen von Strukturen, von sinnhaften Wörtern und Sätzen und schließlich von erweiterten Satzgebilden.

Zusammenfassung

Mit vier Jahren sollte die Sprachentwicklung abgeschlossen sein: Die Kinder können alle Laute und Lautverbindungen bilden. Sie können in Mehrwortsätzen sprechen und bilden verschiedene Satzkonstruktionen wie Fragesätze und Nebensätze. Sie haben einen altersgemäßen Wortschatz und das Sprachverständnis ist entwickelt.

Sprachtherapie

Bei manchen Kindern verläuft die Sprachentwicklung langsamer. Wenn das in der Familie, im Kindergarten oder bei ärztlichen Untersuchungen bemerkt wird, sollte nicht einfach abgewartet werden. Ambulante Sprachtherapie und Logopädie sind eine wichtige Unterstützung und werden von Kinderärzten und HNO-Ärzten verschrieben. Manchmal muss auf eine Verordnung gedrängt werden.

Symptome einer verzögerten Sprachentwicklung

Wenn Kinder mit sechs Jahren schulpflichtig werden, wird bei der Einschulungsuntersuchung auch die Sprachfertigkeit überprüft.

Wenn ein Kind sprachlich auffällt, wird in einem aufwändigen Testverfahren überprüft, was der geeignete Lernort für dieses Kind sein kann. Je nach Umfang der Sprachprobleme kann es die Regelschule mit ambulanter Sprachtherapie sein, eine inklusive Beschulung oder die Förderschule Sprache. Wenn festgestellt wird, dass das Kind nicht die Voraussetzungen hat, um in der Grundschule erfolgreich am Lese- und Schreibprozess teilzunehmen, kann die Förderschule vorgeschlagen werden.

Es gibt eine Reihe möglicher Auffälligkeiten bei einer verzögerten Sprachentwicklung:

Lautbildung:

Laute und Lautverbindungen können mundmotorisch nicht gebildet werden. Sie werden weggelassen oder durch andere ersetzt, z. B.: „Tommst du?" oder „Tönnen wir pielen?" Das Gute ist: Die Mundmuskulatur wird durch regelmäßiges Üben trainiert, und es dauert in der Regel nicht lange, bis diese Kinder ihren Rückstand aufgeholt haben und normal sprechen können.

Hören / akustische Wahrnehmung und Differenzierung

Bei allen Kindern, die Sprachprobleme haben, wird zunächst das Gehör untersucht, Hörprobleme werden abgeklärt und wenn nötig behandelt.

Darüber hinaus kommt es vor, dass die Hörfähigkeit des Ohres gegeben ist, aber trotzdem die akustische Wahrnehmungsfähigkeit nicht ausreichend entwickelt ist, beispielsweise:

- Ähnlich klingende Laute werden nicht unterschieden: m oder n, g oder k.
- Ähnlich klingende Wörter werden verwechselt: „Nadel" oder „Nagel".
- Es wird nicht gehört, wo ein Laut in einem Wort ist: Wo ist das m im dem Wort „Blume"? Welcher Laut steht bei dem Wort „Igel" am Anfang, in der Mitte und am Ende?
- Wortstrukturen werden nicht erkannt: Wie viele Silben hat das Wort „Spielzeugauto"?

Die Probleme der akustischen Wahrnehmung sind nicht so augenfällig, behindern das Lesen- und Schreiben-lernen aber ganz entscheidend.

Sprachverständnis

Beim Sprachverständnis geht es um die Frage, ob die Sprache, die akustisch gehört wird, auch verstanden wird. Häufige Probleme sind:

Die Sprache wird gehört, aber das Aufnehmen macht Schwierigkeiten. Oder ein Text wird gehört, aber schnell wieder vergessen. Manchmal wird Wichtiges nicht von Nebensächlichem unterschieden.

Kinder, die Probleme mit dem Sprachverständnis haben, werden manchmal leicht durch Nebengeräusche abgelenkt. Da das Zuhören sie anstrengt, lässt ihre Konzentration schneller nach.

Satzbau

Manche Kinder beherrschen den Satzbau noch nicht, sie sagen z. B.: „Ich Vogel sehen“ oder nur „Vogel sehen“. Erst nach und nach sprechen sie längere Sätze, bilden richtige Verbformen und Satzgebilde mit Nebensätzen.

Das Erlernen des Satzbaus ist schwierig zu bewältigen. Es hat teilweise mit allgemeiner Denk- und Lernfähigkeit zu tun.

Wortschatz

Es ist naheliegend, dass bei einem erschwerten Spracherwerb der Wortschatz nicht so umfangreich ist wie bei Kindern mit normaler Sprachentwicklung. Allerdings kann es einen Unterschied machen, ob im Umfeld des Kindes und mit dem Kind viel gesprochen und gerne kommuniziert wird, unabhängig davon, ob das Kind richtig sprechen kann.

Motorik und Koordination

Beobachtungen haben gezeigt, dass viele Kinder nicht nur Schwächen in der Mundmotorik (Lautbildung) haben, sondern in der Motorik insgesamt, dazu gehören Körperspannung, Fein- und Grobmotorik sowie Koordinationsfähigkeit.

Musik machen

Den Aspekt des musikalischen Handelns füge ich hier ein. Sprachliche und musikalische Fähigkeiten sind offensichtlich so sehr miteinander verknüpft, dass die Einschränkungen, die zu einer verzögerten Sprachentwicklung führen, häufig auch die musikalischen Fähigkeiten beeinträchtigen. In den Veröffentlichungen von Stephan Sallat (2008, 2017), der viele Teilaspekte aus diesem Bereich beforscht, sehe ich bestätigt, was ich in dreißig Jahren im Musikunterricht an der Förderschule Sprache beobachten konnte.

Die typischen Auffälligkeiten im musikalischen Verhalten der Kinder sind:

- Die Unterscheidung von unterschiedlichen Geräuschen oder Klängen fällt schwer.
- Die Tonhöhenunterscheidung fällt schwer (und damit das Treffen der Töne beim Singen).
- Die Struktur und damit der Rhythmus von Sprache und von Musik wird nicht erkannt und kann deshalb auch nicht ohne weiteres wiedergegeben werden: einen Reim rhythmisch sprechen, ein Lied mitklatschen, im Rhythmus durch den Raum gehen, Rhythmen trommeln.

Emotionale und soziale Probleme

Wenn ein Kind sich wegen seiner Sprachprobleme schämt, ausgelacht oder kritisiert wird, wenn es sich abgelehnt fühlt, kann es mit Schüchternheit, Sprechvermeidung und Rückzug reagieren. Manche Kinder werden dabei eher ängstlich, andere werden schnell wütend.

Redefluss-Störungen / Stottern

Bei manchen Kindern ist zu beobachten, dass sie in einer Phase des Spracherwerbs (z. B. mit drei Jahren) vorübergehend stottern. Sie denken schneller als sie sprechen können. Diese Phase geht ganz von selbst vorüber, wenn das Sprechen besser gelingt.

Manchmal allerdings verfestigt sich das Stottern, z. B. wenn die Kinder kritisiert werden und sich unter Druck fühlen.

Stottern kann auch später im Kindesalter, wenn das Kind schon normal sprechen kann, plötzlich auftreten. Meistens ist die Ursache dafür ein für das Kind schwieriges Erlebnis.

Mutismus

Mutismus ist die Weigerung zu sprechen, unabhängig von der Sprachfähigkeit.

In der Regel ist mit Mutismus eine Verweigerung des Sprechens bei unauffälliger Sprachentwicklung gemeint. Es handelt sich um eine Kommunikations- oder auch Angststörung und kann nach einem Schockerlebnis oder in einer für das Kind schwierigen Situation entstehen. Man unterscheidet den Mutismus, bei dem das Kind das Sprechen ganz und gar verweigert, und selektiven Mutismus. Hier spricht das Kind nur in bestimmten Situationen oder mit bestimmten Personen. Zum Beispiel spricht ein Kind nicht in der Familie, sondern nur mit der Oma, es spricht nicht in der Schule, sondern nur zu Hause oder es spricht nicht im Unterricht, wohl aber mit den Kindern auf dem Schulhof.

Die Ursachen

So verschieden die Auffälligkeiten sind, so unterschiedlich können die Ursachen von Sprach- und Sprechproblemen sein.

Oft sind wiederholte Erkältungen und Mittelohrentzündungen bei den Zwei- und Dreijährigen eine Ursache. Durch die verminderte Hörfähigkeit können die Kinder die Sprache in ihrer Umgebung nicht deutlich genug aufnehmen und imitieren.

Eine schlaffe Mundmuskulatur kann die Ursache dafür sein, dass ein Kind nicht alle Laute bilden kann.

Es gibt Familien mit einer „Sprachschwäche". Dabei zeigen sich in einer Familie bei mehreren Personen Sprachprobleme, auch über mehrere Generationen. So hatten wir in der Schule öfter Geschwisterkinder oder Kinder von ehemaligen Schülern oder Schülerinnen, oder im Anamnesegespräch wurde berichtet, dass auch der Opa oder der Onkel spät gesprochen hätten.

In dem Konvolut von Hören, akustischer Wahrnehmungsfähigkeit, motorischen Fähigkeiten, Intelligenz und allgemeinen Lernfähigkeiten ist manches genetisch bedingt, manches kann in der Schwangerschaft und durch den Geburtsverlauf oder durch spätere Krankheiten erworben worden sein. Manchmal sind es jedoch einfach unterschiedliche Begabungen.

Auffallend häufig hatten wir Zwillinge oder Drillinge in der Förderschule Sprache. Zwillinge oder Drillinge verständigen sich manchmal ohne Sprache untereinander und neigen dazu, ihre Sprache erst später zu entwickeln.

Etwa drei Viertel aller Kinder mit einer Sprachentwicklungsverzögerungen sind Jungen. In der Sprachentwicklung wird beobachtet, dass Mädchen eher sprechen, einen größeren Wortschatz haben und eher Mehrwortsätze sprechen. Jungen sind offensichtlich anfälliger für eine verzögerte Sprachentwicklung.

Zu den verschiedenen Symptomen und Ursachen wird geforscht. Letztlich lässt sich bei dem einzelnen Kind meistens nicht eindeutig feststellen, warum es seine Sprache langsamer entwickelt als andere Kinder.

Die Rolle der Eltern

Familien, deren Kinder Probleme mit der Sprachentwicklung haben, sollten sich nicht schuldig fühlen. Auf die meisten Ursachen haben sie keinen Einfluss. Natürlich trägt das Sprach- und Kommunikationsverhalten in der Familie zur Sprechfreude und auch zur Wortschatzbildung bei.

Bei einer verzögerten Sprachentwicklung sollten die Eltern professionelle Hilfe in Anspruch nehmen, ansonsten aber mit Gelassenheit und Humor reagieren und das Kind, so wie es ist, vollkommen akzeptieren und wertschätzen.

Das Konzept der Förderschule Sprache

Die Förderschule Sprache ist eine Durchgangsschule

Die Förderschule Sprache verfolgt das Ziel einer möglichst frühen Rückschulung an die Regelschule. Viele Sprachprobleme lassen sich durch die spezielle Förderung bald beheben, sodass die Kinder nach zwei oder drei Schuljahren in die Grundschule wechseln können oder nach der Grundschulzeit in die Regelschule gehen. Um diese gewünschte Durchlässigkeit zu gewährleisten, wird an der Förderschule Sprache nach den Richtlinien der Grundschule unterrichtet.

Falls Kinder nach der Grundschulzeit weiterhin Förderung brauchen, besuchen sie die weiterführende Förderschule Sprache oder das Gemeinsame Lernen an einer Regelschule.

Die erweiterte Grundschulzeit

Die Förderschule Sprache hat eine fünfjährige Grundschulzeit. Dadurch verlängert sich die Schuleingangsphase von zwei auf drei Jahre. Dieses zusätzliche Schuljahr bietet die Möglichkeit, den Kindern zusätzlich zum Unterricht Zeit zu geben für ein umfangreiches Förderprogramm in den Bereichen Motorik, Koordination, Hören, Wortschatz, Strukturbildung, Kommunikation und Sozialverhalten.

Kleine Klassen

Die Klassen in der Förderschule sind meistens kleiner als an der Regelschule. Dadurch ist mehr Aufmerksamkeit und Zeit für das einzelne Kind vorhanden. Im Unterricht kann differenzierter gelernt und gefördert werden.

Besonderheiten des Stundenplans

Der Stundenplan entspricht zunächst dem Stundenplan der Grundschule. Darüber hinaus gibt es zusätzliche Lehrer-Stunden für individuelle Fördermaßnahmen, insbesondere die Sprachförderung betreffend.

Dieser Pool beinhaltete auch meine Musikförderstunden.

Sprachtherapie

Die Methoden der Sprachtherapie entsprechen den unterschiedlichen Auffälligkeiten der Sprache: Mundmotorische Übungen zur Lautanbahnung, passende Übungen zur akustischen Differenzierung, zum Satzbau, zur Wortschatzerweiterung und zum Sprachverständnis. Ebenso werden Motorik und Koordination trainiert.

Spezielle Methoden, besonders im Deutschunterricht

Der Unterricht in der Förderschule Sprache ist insgesamt angepasst an die Bedürfnisse der Sprachförderkinder. Eine klare und eher einfache Sprache in der Kommunikation mit den Kindern ist wichtig, da die Kinder ihr Sprachverständnis oft erst noch entwickeln müssen.

Die Auswahl von Texten in den verschiedenen Fächern orientiert sich in Umfang und Komplexität an dem Können der Kinder.

Besondere Aufmerksamkeit gilt dem Deutschunterricht. Das betrifft die Materialausstattung, die Konzeptentwicklung und die methodischen Bemühungen. Lautanbahnung, akustisches Differenzieren, einfache Dialoge und vieles mehr werden konsequent angeboten und abwechslungsreich geübt. Bewährte Methoden sorgen dafür, dass die Sprachprobleme überwunden werden können. Beispielsweise werden für das Lesen-lernen allen Lauten Handzeichen zugeordnet als optische Unterstützung (z. B. die „Lübecker Lautgesten").

Gute Atmosphäre

Die Schule bietet einen Schutzraum für die Kinder, die Mühe haben, sich mitzuteilen. Geduldiges Zuhören, gegenseitige Akzeptanz und Wertschätzung den Kindern gegenüber sind ein zentrales Anliegen. Dies wird auch mit den Kindern thematisiert und im Verhalten untereinander geübt. Kein Kind darf für seine Sprache kritisiert oder ausgelacht werden.

Die Eltern sind oft verunsichert, wenn ihr Kind eine Förderschule besuchen soll.

Gesprächsangebote sind wichtig, damit sie ihre Fragen stellen können.

Die Erfahrung zeigt, dass die Eltern nach kurzer Zeit zufrieden sind, wenn ihre Kinder sich in der Schule wohlfühlen und sich gut entwickeln.

Förderschule oder Inklusion

Das gemeinsame Lernen von behinderten und nicht behinderten Kindern ist ein wichtiges Ziel. (Die verwendeten Fachbegriffe sind: gemeinsamer Unterricht, Inklusion oder Gemeinsames Lernen.) Wann immer es für die Kinder passt, kann die Inklusion gewählt werden. Dafür muss das Gemeinsame Lernen personell ausreichend ausgestattet sein, damit die Kinder die Förderung bekommen, die sie brauchen.

Für Kinder mit einer verzögerten Sprachentwicklung ist es oft eine gute Wahl, in den ersten Schuljahren in der Förderschule gezielt die Sprache zu trainieren. Danach können sie erfolgreich im gemeinsamen Unterricht weiterlernen.

Deutsch als Zweitsprache

Die Förderschule Sprache ist nicht zuständig für Kinder, die Sprachprobleme haben, weil Deutsch für sie eine Fremdsprache oder Zweitsprache ist.

Lediglich, wenn sie auch in ihrer Muttersprache eine verzögerte Sprachentwicklung haben, werden sie in die Sprachförderschule aufgenommen.

Konzepte in Bewegung

Die Konzepte von Förderschulen und von Gemeinsamem Lernen (inklusiver Beschulung) sind ständig in Bewegung und entwickeln sich weiter.

Begriffe

Im den folgenden Texten verwende ich für „Kinder an der Förderschule Sprache“ oder „Kinder mit Sprachentwicklungsverzögerung“ der Einfachheit halber den Begriff „Sprachförderkinder“, entsprechend für den offiziellen Namen „Förderschule Sprache“ auch den Begriff „Sprachförderschule“.

Kleine Igel schlafen gern – eine Szene aus dem Musikunterricht

Zwölf Kinder der zweiten Klasse saßen im Musikraum. Es war Februar, draußen war trübes Wetter und wir schalteten das Licht im Raum an. Die Kinder waren nach der Hof-Pause ein bisschen kribbelig, wie immer. Zwei Jungen hatten einen Konflikt. Ich versprach ihnen, nach der Musikstunde mit ihnen zu sprechen. Ich vermutete, dass es nicht mehr nötig sein würde, denn nach dem Musikmachen waren die Konflikte in der Regel vergessen.

Wir sangen zwei Lieder, dann war es Zeit für ein neues Spiel.

Ich hatte eine Igel-Handpuppe hervorgeholt, rund und kuschelig. Der Igel drückte sich in meine Armbeuge, versteckte sich fast, schaute dann mit dem Schnäuzchen hervor und blickte sich um im Raum. „Ach, bin ich müde! Ich mache nämlich Winterschlaf. Ich schlaf die ganze Zeit, bis zum Frühling. Ist hier wohl ein Platz für mich?“ Ich setzte den Igel behutsam auf ein Kissen, das auf einer Decke in der Mitte des Raumes lag.

„Kleine Igel schlafen gern den ganzen Winter lang.“ Ich sang die Liedzeile vor und wiederholte sie ein paarmal mit den Kindern.

Auch die Strophen sangen und wiederholten wir, bis sie den Kindern etwas vertraut waren:

„Wenn sie Regen hören, kann sie das nicht stören,
denken, was soll das schon sein, und schlafen wieder ein.
Wenn sie Sturmwind hören, kann sie das nicht stören…
Wenn sie Donner hören, kann sie das nicht stören…“

„Mit welchen Instrumenten spielen wir denn den Regen?“

Wir suchten gemeinsam jeweils zwei oder drei Instrumente für den Regen, den Wind und den Donner, und ich baute die Instrumente in Gruppen rund um die Decke in der Mitte auf: Regenmacher und große Floßrassel für den Regen, Winddrachen und Heulschlauch für den Wind und zwei große Trommeln für den Donner.

Ich holte noch eine Spieluhr hervor und spielte sie an. Einige Kinder lachten: „Das ist doch was für Babies!“

„Ja, eine Spieluhr ist für kleine Kinder, damit sie gut schlafen können. Wer von euch hatte denn früher eine Spieluhr?“

Ein Junge berichtete und erinnerte sich an den Klang. Schließlich erzählten mehrere Kinder von ihren Spieluhren, einige hatten sie auch noch zu Hause. Die Albernheit war verschwunden. Die Kinder konnten sich auf die zarten Klänge einlassen. Beim Aussuchen der Instrumente wurde auch die Spieluhr gerne gewählt.

Nach einigen Minuten hatten alle Kinder einen Platz im Raum gefunden, bei einem Instrument oder auch als schlafender Igel, in der Mitte auf der Decke oder in einer der beiden Höhlen.

Der Spielablauf war erklärt. Ich schaute mich um, ob die Kinder zur Ruhe kamen. Das Kind in der Mitte brauchte noch eine Decke zum Zudecken. In einer Höhle hatten sich zwei Jungen verkrochen, das klappte nicht. Einer bekam das Versprechen, in der nächsten Runde in die Höhle zu dürfen.

Jetzt schaltete ich das Licht aus, wartete, bis es ganz still war, und gab dem Kind an der Spieluhr ein Zeichen. Ganz zart klang die Melodie einen Schlafliedes.

Ich sang mit der Gitarre den Kehrreim vom schlafenden Igel, in der Wiederholung sangen die Kinder mit. Bei der Regen-Strophe spielten die Regeninstrumente mit, dann kamen der Wind und der Donner dran, und noch einmal sangen wir den Kehrreim. Zum Schluss spielte noch einmal die Spieluhr, danach ging das Licht an. Das Spiel war zu Ende.

Als alle Kinder wieder auf ihrem Platz saßen, fragte ich die Igel-Kinder, wie sie denn geschlafen hätten und ob der Wind oder der Donner sie gestört hätte. Immer versicherten sie, dass gar nichts sie gestört hätte.

Je nach Zeit spielten wir eine zweite und dritte Runde, so dass die Kinder die Rollen wechseln konnten.

Ich habe dieses Spiel im Winter sehr oft gespielt, im ersten, zweiten und manchmal auch noch im dritten Schuljahr. Tatsächlich kam auch die unruhigste Klasse dabei zur Ruhe, was im Schulalltag nicht oft vorkam. Ich habe gespürt, wie sehr die Kinder es eigentlich liebten, wenn es einmal ganz ruhig wurde, und wie sie sich dabei entspannten.

Die Melodie des Igel-Schlafliedes in ihren aufsteigenden und absteigenden Bögen und den Wiederholungen wirkte beruhigend. Der Text überforderte die Kinder nicht, und die Aufforderung, sich nicht stören zu lassen, wurde gerne angenommen.

Ich habe es selbst geliebt, den Kindern inmitten des Schulalltags so einen Raum zum Stillwerden anzubieten und mit ihnen für eine kurze Zeit diesen Frieden zu erleben.

Musik in der Förderschule Sprache

Mit diesem Kapitel wird ein vielfarbiges Bilderbuch geöffnet, das die musikalischen Aktionen, wie sie sich an unserer Schule entwickelt hatten, zeigt.

Es geht zuerst um den Musikunterricht, der sich an der Förderschule Sprache besonders gestaltete. Der Musikraum und das Instrumentarium werden beschrieben, mit einem gesonderten Abschnitt über das Trommeln.

Besondere Schwerpunkte waren die Arbeit mit der Stimme und die Bedeutung von Geschichten in der Musik.

Schließlich war Musik wichtig in unserer Schulkultur und Theaterarbeit.

Musikunterricht in der Sprachförderschule

Musikunterricht in der Primarstufe

Unsere Kinder im Grundschulalter liebten Musik und waren dafür aufgeschlossen und neugierig. Sie freuten sich auf einen besonderen Raum mit attraktiver Ausstattung, auf die Musikinstrumente, auf Klänge, auf Abwechslung.

Auch ich freute mich immer auf die Musikstunden und darauf, den Kindern etwas zum Lernen und Experimentieren anzubieten, das Spaß machte. „Handlungsorientierter Musikunterricht“ war schon das Thema in meiner Lehrerausbildung gewesen: Musik hören, Musik produzieren, Bewegen zur Musik / Tanzen, Instrumente kennenlernen und bauen usw. In Fortbildungen und Unterrichtswerken gab es immer neue Projekte und mehr als genug attraktive Anregungen.

Als Musiklehrerin musste ich aus dieser Fülle eine Auswahl treffen, weil jede Klasse in der Regel nur eine Musikstunde in der Woche hatte.

Die Arbeit an der Sprachförderschule erforderte dazu einen besonderen Musikunterricht, da die Kinder andere Voraussetzungen mitbrachten als Grundschulkinder.

Sprachförderung mit Musik

Sprache und Musik sind sehr eng miteinander verknüpft. Sowohl in der Sprache als auch in der Musik haben wir es mit Atmung, Stimme, mit dem Hören, mit Motorik und Koordination sowie mit Struktur und Formen zu tun. Analoge Begriffe sind z. B. Melodie / Sprachmelodie und Klangfarbe / Stimmfarbe. So ist es ganz naheliegend, dass das Üben musikalischer Fähigkeiten auch der Förderung der Sprache dient.

Das ist bei Sprachförderkindern aber gar nicht so einfach, weil sie auch in ihren musikalischen Fähigkeiten gefördert werden müssen.

Besonderheiten im musikalischen Verhalten bei Sprachförderkindern

Viele musikalische Fähigkeiten konnten bei den Sprachförderkindern nicht selbstverständlich vorausgesetzt werden, sondern bedeuteten eine Herausforderung:

- Tonhöhenunterscheidung und Melodien-singen,
- Gebrauch der Stimme,
- akustische Wahrnehmung und Differenzierung,
- rhythmisches Verhalten,
- Motorik und Koordination bei der Handhabung von Instrumenten,
- Strukturen und Musikformen erkennen.

Im Folgenden beschreibe ich verschiedene Bereiche des Musikunterrichts und die Besonderheiten der musikalischen Arbeit mit Sprachförderkindern.

Das Singen

Die meisten Kinder sangen gerne, aber nur wenige Kinder fanden spontan die richtigen Töne. Meine Beobachtung in vielen Jahren zeigte, dass nicht mehr als eins von zehn Kindern die Melodie eines ihnen bekannten einfachen Liedes mit richtiger Intonation singen konnte. Manche trafen die Töne ungefähr, und einige hörten die Unterschiede von Tonhöhen gar nicht. Wenn ich ihnen zwei Töne nacheinander vorspielte, z. B. eine Terz oder noch größere Intervalle, konnten die meisten Kinder nicht auf Anhieb sagen, welcher Ton höher oder tiefer war. Die Fähigkeit der akustischen Differenzierung musste ebenso geübt werden wie bei der Unterscheidung von Lauten in der Sprache.

Es gab nie ein „Vorsingen“ im Sinn einer Prüfung.

Ich habe regelmäßig gefragt, ob ein Kind vielleicht einmal alleine singen möchte. Es gab immer Kinder, die das gerne wollten. Diese habe ich für ihren Mut so gelobt, dass andere sofort auch einmal alleine singen wollten. Falls in der Klasse ein Kind dabei war, dass die Melodie richtig singen konnte, habe ich das auch zurückgemeldet: „Du kannst richtig gut singen.“ Oder wenn es fast richtige Töne waren: „Das hast du schon ganz gut hingekriegt.“ Bei allen anderen habe ich nicht das Können bewertet, aber immer das Singen gelobt. Kein Kind musste allein singen, das nicht wollte. Manchmal traute sich ein Kind, mit einem Partner zusammen zu singen, und war dann stolz und glücklich.

Die Stimme

Stimmstörungen kamen bei uns in der Schule selten vor. Ich habe sie kaum erlebt bei unseren Kindern.

Was oft vorkam, waren Kinder, die sehr leise sprachen oder das Sprechen vermieden, wenn es irgend möglich war. Das passierte, wenn sie sich schämten, weil ihnen bewusst war, dass sie nicht richtig sprechen konnten. Manchmal fühlten sie sich in der Familie nicht wohl, weil sie spürten, dass die Eltern oder andere Familienmitglieder sich Sorgen machten wegen ihrer Sprachprobleme. Manchmal waren sie im Kindergarten ausgelacht oder kritisiert worden.

Von Mutismus sprechen wir (wie bereits beschrieben), wenn Kinder das Sprechen konsequent verweigern, was in der Realität selten vorkam.

Ich habe mit verschiedenen Ideen versucht, bei diesen Kindern die Stimme hervorzulocken. Besonders wichtig waren Angebote, bei denen sie die Stimme sprachfrei einsetzen konnten. Dazu gehörten Spiele mit Tierstimmen, mit Geräuschen, mit dem Einsatz von Kazoos oder Mikrofonen. Mein Ziel war, dass die Kinder kommunizieren und sich auseinandersetzen konnten, ohne Worte bilden zu müssen, und so wieder Freude an ihrer Stimme bekamen und sie gerne hören ließen.

Das Hören

Der Musikunterricht eignete sich für vielfältige Hörübungen und Spiele, in denen das Hinhören eine besondere Rolle spielte.

Akustisches Differenzieren: Die Klangfarben

Eine große Vielfalt an Klangfarben durch viele verschiedene Instrumente förderte das Hören. Das Zuordnen und Wiedererkennen von Instrumentenklängen hat den Kindern in Spielangeboten Spaß gemacht, z. B. beim Echo-Spiel.

Die Dynamik von Laut und Leise

Differenziertes Unterscheiden und Erzeugen von Tönen in Bezug auf die Lautstärke war eine Herausforderung: Laute Klänge waren fast immer möglich, leise weniger (bei manchen Kindern auch umgekehrt), Abstufungen dazwischen (Crescendo und Decrescendo) gelangen anfangs gar nicht. Spiele, in denen verschiedene Lautstärken erprobt wurden, gehörten zu den Lieblingsspielen, z. B. „Herr Laut und Herr Leis“, „Das Geisterschloss“.

Der Rhythmus

Bei rhythmischen Fähigkeiten verhielt es sich ebenso wie beim Singen: Etwa eins von zehn Kindern konnte einen einfachen Rhythmus spontan wiedergeben, z. B. beim Spiel auf der Trommel oder beim Gehen durch den Raum zu einem rhythmischen Lied.

Mit dem Üben von ganz einfachen Rhythmen, aber auf attraktiven Instrumenten, konnten nach und nach die Fähigkeiten erweitert werden (siehe Kapitel „Trommeln“).

Motorik und Koordination

Viele Kinder brauchten Übung für ihre Motorik und Koordination. Einige Beispiele für die Handhabung und Spielweise von Instrumenten, die erst erprobt werden mussten, sind: bei Stabspielen den gewünschten Klangstab treffen, das Becken mit angemessenem Krafteinsatz zum Klingen bringen, einen Heulschlauch oder ein Kiwido (Winddrachen) drehen.

Die Mundmotorik

Alles, was mit der Mundmotorik zu tun hatte, erforderte geduldiges Anleiten: das Blasen auf Flaschen, eine Flöte spielen, einen Ton auf einem Horn erzeugen. Bei Mikrofon-Spielen konnte mit Geräuschen mit dem Mund experimentiert werden.

Formen und Struktur

Auch Formen und Strukturen mussten besonders gelernt werden, z. B. Formationen in der Gruppe für eine Aufführung mit Tanzbändern oder Stockpuppen: einen Kreis bilden, gemeinsam vor- und zurückgehen, in einer Reihe hintereinander gehen.

Ebenso ging es um Formen in der Musik: eine Solo-Tutti-Reihenfolge, einen Wechsel von Laut und Leise oder die verabredete Abfolgen in einer Klanggeschichte berücksichtigen. Jedes Lied, jedes Musikspiel hatte eine Form, an der die Kinder lernen konnten, Strukturen wahrzunehmen.

Zusammenfassung

Die Kommunikation

Zusammenfassend lässt sich sagen: Musik bot die Chance, Kommunikation mit anderen Mitteln als mit der Sprache zu üben.

Manche Kinder waren gestresst, wenn sie sprechen mussten, und dabei verkümmerte ihr Kommunikationsverhalten. Instrumenten-Dialoge und Stimmspiele aber trugen zur Sprachförderung bei, indem sie das Kommunizieren unterstützten, ohne dass durch das Sprechen Druck entstand.

Der besondere Faktor: Die Emotionen

Alle diese Übungs- und Spielangebote waren in Verbindung mit Emotionen besonders wirksam, z. B. der Streit-Dialog, die andächtige Stille, das lustige Musik-Bewegungsspiel, das Sich-Verstecken in einer Höhle beim konzentrierten Hören von Klängen.

Diese Angebote dienten nicht nur dem Lernen der angestrebten Funktionen, sondern sorgten für Entspannung. Mögliches Störungsbewusstsein wurde gemindert, Selbstvertrauen und das Gefühl für Eigenwirksamkeit wurden gefördert.

Der Musikraum

Die Akustik

Es war manchmal nicht einfach, einen Raum zu finden, der sich als Musikraum eignet. Das Problem war die Akustik. Wenn z. B. mit größeren Trommeln musiziert wurde, konnte in der Regel nicht mehr in angrenzenden Räumen unterrichtet werden, auch nicht in den Räumen, die über oder unter dem Musikraum lagen.

Ich hatte das besondere Glück, dass im Nebengebäude der Schule ein Raum gefunden wurde, in dem wir Musik machen konnten, ohne anderen Unterricht zu stören.

Der Raum war kleiner als ein Klassenraum, doch darauf konnte ich mich einstellen. Tanzen und Bewegungsspiele waren in diesem Raum nur eingeschränkt möglich.

Die Einrichtung

Ursprünglich waren im Musikraum Tische und Stühle vorgesehen, wie in allen Unterrichtsräumen. Meine Idee, ohne Tische zu arbeiten und stattdessen einen Teppich in die Mitte eines Stuhlkreises zu legen, war damals eine ungewöhnliche Entscheidung und für meinen Musikunterricht eine Zäsur.

Ich wollte in der einen Musikstunde pro Woche, die ich jeweils mit einer Klasse hatte, vorrangig musikalische Aktionen anbieten. Wenn doch einmal ein Arbeitsblatt bearbeitet werden sollte (z. B. in der 4. Klasse mit Notenschrift oder Instrumentendarstellungen), dann konnten die Kinder sich auf den Teppich setzen und ihre Stühle als Unterlage zum Schreiben oder Malen nutzen, oder sogar ganz auf dem Boden arbeiten. Das war für die Kinder überhaupt kein Problem, sie fanden es sogar interessant.

Für Experimente, z. B. Röhren mit Wasser füllen und unterschiedliche Töne darauf blasen, oder ein Saiteninstrument auf einem Brett bauen, stand der Werkraum neben dem Musikraum zur Verfügung.

Der Teppich in der Mitte des Stuhlkreises, knapp 4 x 5 Meter, ermöglichte, Musikinstrumente auf dem Boden aufzustellen oder zu legen, je nach Bedarf anzuordnen und für alle Kinder gut sichtbar zu machen. So konnten wir z. B. alle Instrumente für den Garten und das wilde Tier, für das Geisterschloss oder für ein Wetterspiel aufbauen.

Wenn wir in den Musikraum gingen, blieben die Schuhe vor der Tür stehen. Wir betraten den Raum mit dem Teppich auf Socken.

Ausstattung, Instrumente und Material

In etwa einem Drittel des Raumes waren die Musikinstrumente untergebracht: In Regalen, auf Tischen, große Instrumente auf dem Boden, gut sichtbar für die Kinder (siehe: Musikinstrumente).

Für die Ausstattung brauchte ich einen Teppich, zwei Tischhäuser (Höhlen, siehe Safe-Place-Konzept), dazu diverses Material. Es gab:

- Decken, Kissen und eine Klappmatratze,
- einige farbige Baumwolltücher (1,5 x 1,5 m), z. B. um Klanginseln zu markieren,
- Verkleide-Utensilien: bunte Kappen, einen Zauberer-/Hexen-Hut, eine Krone, Umhänge, Clown-Nasen,
- bunte Seidentücher,
- Handpuppen: eine Hexe, einen Zwerg, verschiedene Tiere,
- CD-Spieler, Verstärker und Mikrofon, (Beamer),
- Malsachen: Papier, Stifte und Ölkreide.

Die Musikinstrumente

Für die Art, wie ich musikpädagogisch und musiktherapeutisch mit den Kindern arbeitete, war eine große Anzahl vielfältiger und attraktiver Instrumente die Voraussetzung. Die Musikinstrumente sollten einladend und motivierend sein.

Sehr viele Instrumente waren einfach zu handhaben und erzeugten auch ohne Übung schöne Klänge. Sie waren besonders für die Kinder geeignet, die in ihrer Motorik und Koordination unbeholfen waren und so trotzdem Spaß haben und zufriedenstellende Ergebnisse erreichen konnten.

Mit den verschiedenartigen Instrumenten konnten die Kinder die jeweilige Art der Klangerzeugung kennenlernen. Musiktherapeutisch konnten die Kinder mit den unterschiedlichen Klängen viel erleben.

Zusätzlich zu dem schulischen Inventar und einigen Anschaffungen im Laufe der Zeit habe ich selbst Instrumente gesammelt, gekauft oder auch geschenkt bekommen. So entstand über viele Jahre eine größere Sammlung:

Stabspiele:

Jeweils ein Xylofon, Metallofon, Glockenspiel, dazu drei große Kontrabass-Xylofon-Klangbausteine (C, F, G), mit beeindruckender Klangwirkung, im Sprachgebrauch mit den Kindern Bässe genannt, und acht kleine einzelne Metallophon-Klangbausteine, eine Oktave.

Trommeln:

Congas (mit stabilem Fell vom Rind), Bongos, halbhohe Trommeln (zwischen Bongo und Conga, Neuentwicklungen für Kinder), Kpanlogo-Trommeln, Djemben (mit dünnem Fell von der Ziege), Rahmentrommeln, eine großen Rahmentrommel (80 cm im Durchmesser mit einem dunklen schwingenden Ton), irische Bodhrán-Trommeln, Tontrommeln, eine Blechtrommel, eine Tischtrommel, Tamburine, ein Cajon (eine Holzkiste) und ein gebrauchtes Schlagzeug mit einem Becken auf dem Ständer.

Verschiedene Trommeln

Conga

Djembe

Kpanlogo

Röhrentrommel

Tontrommeln

Bongos

Tischtrommel: An eine große irische Bodhrán-Trommel, eine Rahmentrommel mit breiterem Rand, habe ich Tischbeine angeschraubt, um sie als Tischtrommel nutzen zu können.

Bodhrán-Trommeln

Rahmentrommel

Rasseln und Rhythmusinstrumente:

Verschiedene Rasseln (aus Holz, Korb, Kokosnuss usw.), ein Guiro (Ratsche), Klangfrösche, Kastagnetten, Klanghölzer, Rührtrommeln, Waldteufel, eine kleine und eine große Chekere, verschiedene Regenmacher / Rainmaker, Donnerröhre.

Rasseln

Floßrassel

Guiro

Kastagnetten

Rührtrommel

Cabasa

Chekeres

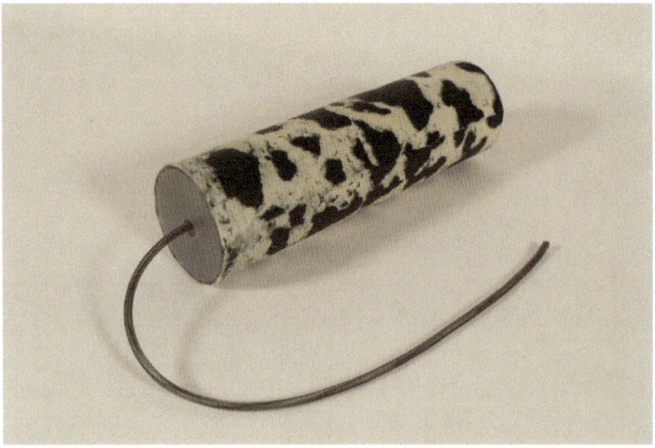

Donnerröhre

Waldteufel sind sehr kleine Trommeln. Das Trommelfell wird durch eine Schnur mit einem Stab verbunden. Durch Strammziehen mit dem Stab wird das Trommelfell gespannt, durch Drehen entstehen knarrende Geräusche. Damit die Schnur nicht vom Stab abrutscht, wird der Stab an dieser Stelle etwas eingekerbt und zusätzlich mit einem Harz bestrichen. Dadurch werden die Knarz-Geräusche verstärkt.

Die Donnerröhre ist aus einer Röhre gebaut, ein Ende ist offen, das andere mit einer Membran verschlossen. An der Membran wird eine Metallspirale befestigt. Wenn man die Röhre schüttelt, werden die Geräusche der sich bewegenden Metallspirale durch die Röhre verstärkt und es erklingt ein Donnergrummeln.

Regenmacher werden traditionell aus Kaktusstäben gefertigt. Die Stacheln des Kaktus werden abgeknipst und in den Stab eingeschlagen. Dadurch können die Steinchen, die als Füllung dienen, nur langsam durch das schräg gehaltene Rohr rieseln. Mit Pappröhren und Nägeln kann man Regenmacher selber basteln. Je nach Füllung, Steinchen, Samen, Perlen, die groß oder sehr fein sein können, werden sehr unterschiedliche Klänge erzeugt.

Regenmacher

Metallklinger:

Becken und Zimbeln (die Begriffe werden synonym verwendet, Becken sind eher groß, Zimbeln eher klein), Triangeln, Klangschalen, Klangkugeln, eine afrikanische Kuhglocke, Schellenbänder, ein Schellenring.

Becken

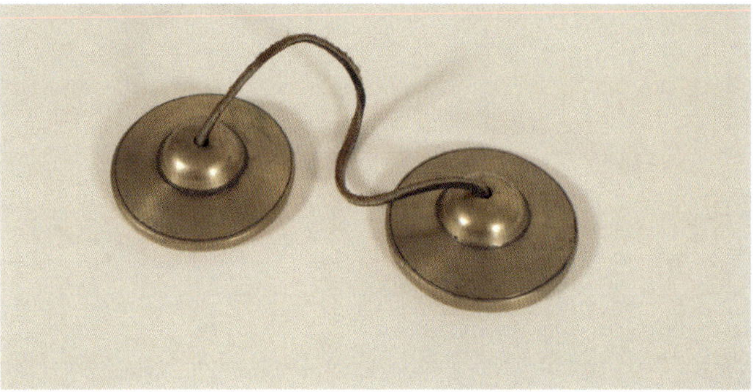

Zimbeln

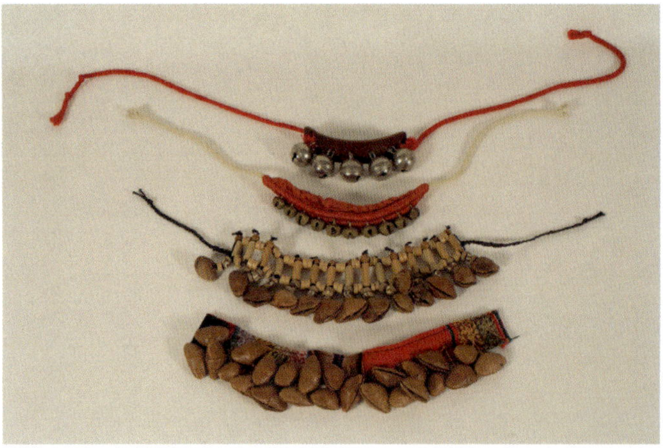

Schellenbänder und Fußrasseln

Flöten / Blasinstrumente:

Eine Panflöte, eine Blockflöte, eine irische Whistle, ein Rohrblattinstrument, eine Lockpfeife, eine Kuckucksflöte (Zweitonflöte), eine kleine Bambusflöte (Dreitonflöte), dazu ein Kuhhorn, eine Mundharmonika und eine Lotusflöte.

Die Lotosflöte besteht aus einem Blasrohr ohne Löcher, in dem ein Kolben an einer Stange herauf- und heruntergeschoben werden kann, wie bei einer Luftpumpe. Durch die Bewegung des Kolbens wird die Tonhöhe stufenlos variiert.

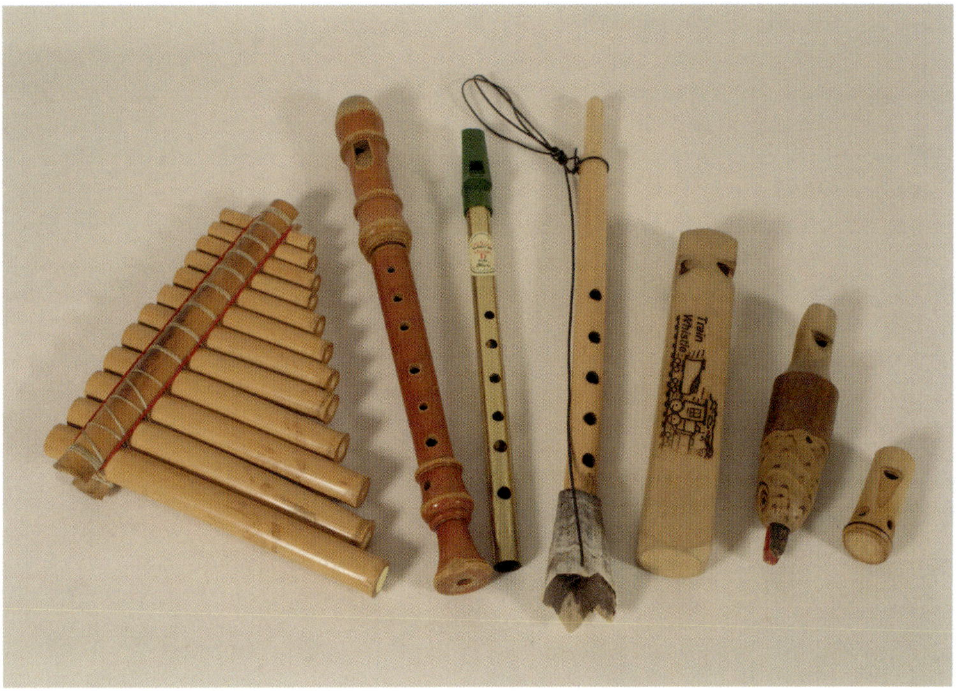

Flöten

Saiteninstrumente:

Gitarren, Ukulelen, eine Fidel (Kniegeige mit 6 Saiten), eine Kantele, eine kleine Balaleika vom Flohmarkt.

Zusätzlich zur normal gestimmten Gitarre, die ich gespielt habe, hatte ich zwei Gitarren (vom Flohmarkt und vom Sperrmüll) in C-Dur gestimmt, damit die Kinder ohne Griffe nur über die Saiten streichen konnten.

Kanteles

Ukulelen

Kalimbas/Zanzas:

Klangkörper aus Holz, Kürbis- oder Kokosnuss-Schalen, einige schnarrend wie die typischen afrikanischen Instrumente, andere in verschiedenen Tonarten gestimmt.

Kalimbas sind Instrumente mit Zungen oder Lamellen, die gezupft werden.

Kalimbas, in der Mitte eine Sansula

Verschiedenes[1]**:**

Waschbretter, Spieluhren, eine Fahrradklingel, Kiwidos (Winddrachen), Heulschläuche, Spielzeug-Mikrofone, Kazoos.

Ein Kiwido ist ein Sandsäckchen mit einer längeren Schnur und Flatterbändern aus Drachenstoff daran. An der Schnur dreht man den Winddrachen, so dass er im Kreis durch die Luft fliegt und die Bänder ein hörbares Flattergeräusch machen.

Heulschläuche sind biegsame Schläuche aus Kunststoff, etwa 90 cm lang und 3 cm im Durchmesser. Wenn man sie dreht, erzeugen sie Heultöne: bei langsamem Drehen tiefe Töne, je schneller man sie dreht, desto höhere Töne (nach der Oberton-Reihe).

Kazoos sind kleine Röhren aus Plastik oder Metall. Man „singt“ mit der Stimme hinein. Durch ein Fenster mit einer Membran darin verzerren sich die Töne.

1 Bezugs-Adressen befinden sich im Anhang.

Spiel-Mikrofon:

Das Spiel-Mikrofon hat eine unerwartete Bedeutung in der therapeutischen Arbeit bekommen. Es verstärkt die Stimme nicht, sondern verzerrt sie lediglich etwas, oder erzeugt einen Echo-Hall.

Die Kinder mochten diese Verfremdung und haben das Mikro gerne benutzt. Mein Eindruck war: Sie konnten ihre Stimme damit hören lassen und gleichzeitig etwas verstecken. Besonders für Kinder, die Probleme hatten, ihre Stimme zu zeigen, war das eine gute Chance.

Ganz ähnlich wirkt das Kazoo.

Murmeltrommeln:

Als Alternative für eine teure Ocean-Drum (eine Rahmentrommel mit zwei Trommelfellen, gefüllt mit einer Handvoll Metall-Kügelchen) habe ich Rahmentrommeln umgedreht und mit Murmeln gefüllt. Je nach erwünschter Lautstärke können es ungefähr zehn oder zwanzig Kugeln sein. Wie bei der Ocean-Drum kann man durch leichte Kipp- und Drehbewegungen die Murmeln zum Rollen bringen und so Meeresrauschen oder Sturmgeräusche erzeugen. Das Klicken der Kugeln an den Holzrand wollte ich vermeiden und habe den inneren Rand mit einem Streifen Filz ausgelegt. So kommt nur das Rauschen durch das Rollen der Kugeln zur Geltung.

Abgesehen von der Klangerzeugung war das Experimentieren mit den rollenden Murmeln ein großer Spaß für die Kinder. Ich hatte verschieden farbige Murmeln, aus Ton oder aus Glas, in unterschiedlichen Größen. Die Kinder ließen die Murmeln hin- und herlaufen oder wie Rennfahrer im Kreis sausen. Dabei musste etwas Geschicklichkeit entwickelt werden.

Wenn ein Kind sich auf den Boden legte, konnte es von unten die Murmelbewegungen beobachten, währen ein anderes Kind die Murmeln in der Trommel laufen ließ. Es war einfach ein zweckfreies Spiel, eine kreative Entspannung für zwischendurch.

Murmeltrommel

Präsentation der Instrumente:

Wichtig war mir, dass die Musikinstrumente nicht in Schränken verschlossen, sondern für die Kinder sichtbar und zugänglich aufbewahrt waren: in Regalen sortiert, an Wänden aufgehängt, die großen auf dem Boden stehend. So hatten sie die Instrumente vor Augen, waren neugierig darauf, sie kennenzulernen und wurden schneller mit ihnen vertraut.

Trommeln, die besonderen Instrumente

Trommeln spielten immer eine besondere Rolle in meiner Arbeit, denn sie haben für Kinder einen starken Aufforderungscharakter: Jedes Kind, das eine Trommel sieht, möchte sofort ausprobieren, welche Klänge es mit seinen Händen auf dem Trommelfell hervorbringen kann. Mit leuchtenden Augen wurde getrommelt, und tatsächlich antwortete die Trommel unmittelbar mit kräftigen Tönen.

Trommeln sind nicht nur einladend, sondern auch einfach in der Handhabung, wenn man keine professionellen Schlagtechniken und komplizierten Rhythmen erwartet.

Sie eignen sich zudem für ein vielfältiges Zusammenspiel:

- als Einsteiger-Instrumente ermöglichen sie spontanes Zusammenspiel in einer Gruppe,
- als attraktive Instrumente dienen sie einer motivierenden Rhythmusschulung,
- als Rhythmusinstrumente unterstützen sie das Singen,
- als verbindende Instrumente führen sie bei gemeinsamem Trommeln zu besonderen Gemeinschaftserlebnissen,
- als Instrumente, zu und mit denen man sich bewegen kann, verbinden sie Musik und Tanz,
- als Instrumente mit verschiedenen Klangfarben eignen sie sich zum Erzeugen von Stimmungen und zum Erzählen von Geschichten,
- als Instrumente afrikanischen Ursprungs machen sie fremde Kulturen erlebbar,
- als „sprechende" Instrumente ermöglichen sie, nonverbale Kommunikation und den Ausdruck von Gefühlen zu erproben.

Verschiedene Trommeln

Attraktive und verschiedenartige Trommeln waren mir wichtig. Die Kinder fanden z. B. die Rahmentrommeln, die sie aus dem Kindergarten oder aus dem herkömmlichen Orff-Instrumentarium kannten, nicht sehr ansprechend.

Als ich begann, das Instrumentarium im Musikraum zu erweitern, konnte ich als Erstes ein Paar Kongas anschaffen, dann Bongos, die ich jeweils auseinandergeschraubt und einzeln verwendet habe. Mit zwei kleinen Tontrommeln vom Kunsthandwerkermarkt, einer geschenkten Blechtrommel und den vorhandenen Rahmentrommeln hatte ich die erste kleine Sammlung von verschiedenen Trommeln für eine Gruppe von zehn bis zwölf Kindern. Im Laufe der Zeit habe ich mir verschiedene schöne Trommeln gekauft, die für die Schule strapazierfähig sein mussten, also ein stabiles Trommelfell hatten. Dies waren weitere Kongas und zwei Kpanlogo-Trommeln mit Rinderfell. Zwei Djemben spielten auch mit, obwohl sie ein dünneres Trommelfell aus Ziegenfell hatten. Dafür sahen sie mit ihrer Schnurbespannung interessant aus, und man konnte beim Trommeln auf ihnen unterschiedliche Klangfarben hervorbringen: einen Basston in der Mitte und helle, metallartige Klänge am Rand.

Große Trommeln fanden die Kinder besonders attraktiv. Die eher dunklen Klänge waren ein besonderes Hörerlebnis, und die starken Vibrationen konnten im Körper gespürt werden.

Ausreichend kleine Trommeln waren interessant, weil die Kinder mit den Instrumenten unter dem Arm trommelnd durch den Raum gehen konnten, z. B. zu einem Lied, eine besonders geeignete Art der Rhythmusschulung: Nach meiner Erfahrung konnten die Kinder sich Rhythmen besser aneignen, wenn sie mit dem ganzen Körper und großen Bewegungen beteiligt waren.

Die Trommelgruppe

Das Trommeln hatte sich auch für eine inklusive Trommelgruppe bewährt: Die Grundschüler, mit denen wir uns als Förderschule das Gebäude und den Schulhof teilten, hatten immer Schwierigkeiten, die etwas auffälligeren Förderschulkinder unserer Schule zu akzeptieren. Eine wöchentliche Trommelgruppe mit Kindern beider Schulen machte möglich, dass die Kinder sich mit gemeinsamen Trommelspielen annähern konnten. Dabei ging es nicht um Leistung, sondern darum, gemeinsamen Spaß zu haben.

Das Schlagzeug

Eine Erweiterung des Trommelangebots war ein gebrauchtes Schlagzeug mit Becken. Besonders in der musiktherapeutischen Arbeit haben sich die Schlagzeug-Trommeln als unentbehrlich erwiesen: Sie ermöglichten das Schlagen mit Stöcken auf Fellen, die heftigste Schläge aushielten, einen großen Krafteinsatz erlaubten und entsprechende Lautstärke produzierten. In der Therapie war es bei sehr wütenden Kindern wichtig, Trommeln anbieten zu können, die „rücksichtslos" geschlagen werden konnten.

„Trommelzauber"

Eine besondere Erwähnung verdient das Projekt „Trommelzauber". Johnny Lamprecht, Familientherapeut, hatte bei Afrika-Reisen die Trommeln für sich entdeckt. Er schrieb kurze Lieder, Chorusse, in verschiedenen afrikanischen Sprachen, die singend, trommelnd oder auch tanzend zu mitreißender Musik viele Male wiederholt werden können. In seinem Buch *Trommelzauber* (2006) finden sich Texte und Noten, Trommelanleitungen und viele afrikanische Geschichten und Spielvorschläge. Die CD dazu enthält nicht nur diese Lieder als Mitspiellieder, sondern auch eine Reihe von Musikstücken in verschiedenen Stimmungen zum Mit-trommeln.

Die Trommelanleitungen zu den Liedern waren für unsere Kinder oft zu schwierig. Ich habe einfachere Rhythmen gewählt, in die die Kinder sich mit großer Begeisterung einfinden konnten.

Einige der Lieder wurden zu Lieblingsliedern, die die Kinder sich immer wieder wünschten. Sie gehörten zu unserem festen Lieder-Repertoire (siehe Liederliste).

Ein Blick in die Internetseite (www.trommelzauber.de) lohnt sich. Trommeln (Djemben) jeder Größe werden angeboten. Man kann einen Trommeltag oder eine Projektwoche buchen. Als wir einen Trommeltag zusammen mit der Grundschule gebucht hatten, kam ein Trommellehrer mit einer Musikanlage und 450 Trommeln für 450 Kinder und bereitete uns allen ein unvergessliches Gemeinschaftserlebnis.

Lieder singen

Wir singen – ein Beispiel

Es war eine Musikstunde in der zweiten Klasse. Die Osterferien standen vor der Tür, und wir übten Frühlingslieder für die Ferienfeier. Die Kinder freuten sich schon auf die Feier und ließen sich für eine Weile gut zum Singen motivieren. Nur Sven saß da, seine Miene war mürrisch, und er machte den Mund kein bisschen auf. Ich sprach ihn nicht direkt an, weil er mir gegenüber oft verschlossen war, sondern ermunterte die Kinder als Gruppe zum Singen.

Die Klassenlehrerin war in dieser Stunde dabei, sie beobachtete Sven, und nach einer Weile ging sie mit ihm vor die Tür, um ihn zur Rede zu stellen. Sie kannte sein häufig ablehnendes Verhalten. Als sie wieder hereinkamen, hatte sich Svens Miene etwas aufgehellt, aber er sang trotzdem nicht mit.

Die Kassenlehrerin berichtete mir nach der Stunde ganz erstaunt: „Das Singen der Lieder war ihm zu schwer! Es sagt, er kann es nicht, und er ist scheinbar wirklich überfordert!"

Das war gar nicht ungewöhnlich. Immer wieder erlebte ich Kinder, die scheinbar das Mitsingen verweigerten. Tatsächlich war es so, dass sie merkten, dass sie es nicht konnten, und sich deshalb nicht trauten.

Was ist dabei das Problem?

Wie alle Kinder im Grundschulalter singen die Kinder an der Förderschule Sprache meistens gerne. Mit natürlichem Nachahmungsverhalten eignen sie sich Texte und Melodien an.

Allerdings gibt es Unterschiede zu Regelschulkindern:

Das Singen von Liedern ist für Sprachförderkinder eine besondere Herausforderung. Für sie ist nicht nur das Bewältigen des Textes, sondern auch das Lernen der Melodie schwierig. Deshalb ist es so, dass man bei Sprachförderkindern nicht sagen kann: Die Musik trägt die Sprache, sondern die Musik selbst muss gefördert werden.

Es bedeutet auf keinen Fall, dass man weniger singen sollte. Aber es ist wichtig, die Kinder nicht zu überfordern, damit sie Spaß am Singen behalten. Immer wieder neue Ideen sind nötig, um die Kinder aus ihrer Schüchternheit und dem Gefühl von Unbeholfenheit hervorzulocken.

Tipps aus der Praxis

Dazu folgen Tipps aus der Praxis für das Liedersingen:

- die Kinder zum Singen „verführen“,
- die Kinder immer wieder loben und unsicheres Singen niemals kritisieren,
- spielerisch und abwechslungsreich vorgehen, stressiges Üben vermeiden: Singen soll Spaß machen!
- Lieder eher langsam singen, so können alle Kinder folgen.
- die Lieder sollten nicht zu viel Text haben.
- Lieder mit „Ohrwurmqualität“ erleichtern das Erlernen und Vertraut-werden mit dem Lied.
- Lieder mit Kehrreim sind besonders geeignet, weil wenigstens der Kehrreim von allen mitgesungen werden kann.
- ein neues Lied nach und nach in kleinen Schritten einüben.
- beim Singen Gruppen bilden und durch ein bisschen Wettbewerb zum Singen anfeuern: „Die erste Gruppe hat es schon gut hingekriegt – mal sehen, ob die zweite Gruppe es auch so gut kann“.
- mal leise und mal laut singen – erstaunlicherweise singen die Kinder sofort kräftiger, nachdem sie einmal bewusst leise gesungen haben.
- die Dosierung ist wichtig: Zehn oder zwanzig Minuten sind meistens genug.
- Kinder, die nicht mitsingen, werden nicht gedrängt – sie steigen von alleine ein, wenn sie oft genug zugehört haben.

Lieder-Repertoire

Es gab einen festen Liederschatz für alle Klassen: Lieder für die Jahreszeiten, für Weihnachten, ein Schullied für den Beginn und das Ende des Schuljahres und Gottesdienstlieder. Diese Liedersammlung wurde behutsam erweitert, sie hat sich in vielen Jahren bewährt.

Es war eine gute Möglichkeit, neue Lieder zuerst in der Lehrerkonferenz zu singen. Viele Kolleginnen sangen gern in ihren Klassen und konnten das neue Lied dann mit ihren Kindern üben.

Rhythmisches Begleiten

Rhythmische Bewegungen zum Singen wie Klatschen, Stampfen, Schnipsen machten den Kindern Freude und trugen damit zum Gelingen des Liedes bei.

Dieser Körpereinsatz kam der Bewegungslust der Kinder entgegen. Wenn wir in der Gruppe oder bei Schulfeiern alle zusammen die Bewegungen machten, war es für die Kinder leichter, den Rhythmus zu spüren und mitzumachen. Neben dem Fördereffekt trug dieser Spaß auch zum Gemeinschaftsgefühl bei.

Spiellieder mit Gesten zum Text waren beliebt bei den Kindern. Die bildhaften Bewegungen unterstützten das Erinnern und Erlernen des Liedes.

Liedtexte zum Lesen

Die Frage, ob Lieder auswendig gesungen werden sollten oder abgelesen werden durften oder sollten, habe ich im Sinne der Kinder so gelöst: Alles, was den Kindern das Singen erleichterte, bot ich an. Wenn die Kinder die Grundbegriffe des Lesens erworben hatten, bekamen sie die Lieder als Projektion an der Wand oder auf großen Postern als Unterstützung.

Diese Liedertexte waren bebildert, so dass die Kinder, die noch nicht lasen, sich an den Bildern orientieren konnten. Nach meiner Erfahrung gab es Kinder, die das Lesen als Unterstützung empfanden und sich so den Text aneigneten, andere lernten den Text eher über das Hören. So konnte jedes Kind den für sich besten Weg wählen. Die Konzentration wurde dadurch nicht behindert, sondern eher gefördert. Auch bei Schulveranstaltungen und dem gemeinsamen Singen mit allen Kindern dienten die Liedplakate oder Liedprojektionen der Fokussierung und Orientierung, auch wenn die Kinder im Laufe der Zeit die Lieder auswendig sangen. Die farbigen Darstellungen sprachen die Kinder an und verschönerten den Raum.

Singen mit CD / Tonträger

Ich sang im Musikunterricht ganz selten Lieder mit einem Tonträger. Manche Lieder gab es nicht als Aufnahme. Wenn es einen Tonträger gab, war ich oft mit dem

Arrangement und der Instrumentierung nicht zufrieden: Zu viel Schlagzeug, elektronische Instrumente, einheitliche Popsongqualität. Dazu waren die Lieder meist zu schnell gesungen für unsere Kinder.

Wenn es attraktive Aufnahmen gab, einfallsreich arrangiert und instrumentiert, manchmal klangmalerisch passend zu dem Lied, haben sie das Singen bereichert.

Ein Beispiel dafür war das Lied *Der Herbst hat bunte Blätter* von Reinhard Lakomy mit einer Musik, die den Herbstwind spüren ließ (siehe Liederliste).

Ebenso interessant waren Mitspiellieder, z. B. die Trommellieder auf der CD *Trommelzauber* von Johnny Lamprecht (2006).

In solchen Fällen nutzte ich die Tonträger gerne als willkommene Abwechslung.

Unabhängig davon bemühte ich mich immer, Aufnahmen für Kolleginnen zu finden, die gern mit ihren Kindern singen wollten und nach einer CD o. Ä. fragten. In dem Fall waren musikalische Ansprüche weniger wichtig.

Sven aus der zweiten Klasse aus der Geschichte am Anfang dieses Kapitels hat bei der Ferienfeier vor den Osterferien doch noch mit allen mitgesungen. Die Begeisterung, die entstand, wenn mehr als 100 Kinder mit Erwachsenen und der Begleitung von zwei Gitarren zusammen sangen, nahm alle mit und entlohnte für das Üben im Unterricht.

Spiele mit der Stimme

Möglichkeiten, mit der Stimme zu spielen

Die Kinder mit Sprachförderbedarf erlebten im Schulalltag viele Übungssituationen mit ihrer Stimme. Sie sollten lernen, bestimmte Laute, Silben und Wörter zu sprechen. Das Üben war oft mühsam, und sie mussten zulassen, dass ihre Sprache immer wieder korrigiert wurde. Manche Kinder hatten keine Lust mehr, ihre Stimme zu gebrauchen.

Wir waren in der Schule bestrebt, diese Übungen spielerisch zu gestalten und jedes Kind mit seiner individuellen Art zu sprechen, vollkommen zu akzeptieren. Trotzdem erlebten viele Kinder in ihrem Alltag Kritik oder Ausgelacht-werden. Solche Erfahrungen demotivierten und beschämten.

Die Stimme ist ein Organ, das auf negative „Stimmungen“ sensibel reagiert. Sie zieht sich zurück wie in ein Schneckenhaus, wird leise oder kommt nur hervor, wenn es unbedingt nötig ist. Geduld und Behutsamkeit sind wichtig, um so eine Stimme aus der Verängstigung hervorzulocken, damit sie zu ihrer Kraft und ihrem Mut zurückfindet.

Stephan Sallat (2017) nennt u. a. folgende Aspekte, die „im sprachfreien musikalischen Raum angebahnt und entwickelt werden:

– Kontaktaufnahme
– emotionale Ausdrucksfähigkeit

- Ausdrucksfreude
- Kommunikationsbereitschaft
- stimmliche Ausdrucksformen
- lustvoller Umgang mit stimme und Sprache".

Sallat bezieht diese Aspekte auf mutistische Kinder, für mich gelten sie für alle eingeschüchterten, teils verstummten Kinder, die sich stimmlich zurücknehmen. Es braucht Möglichkeiten, die Stimme ohne Übungsdruck und Stress erproben zu können.

Spiele mit der Stimme – ohne Sprache

Die Kommunikation nur mit der Stimme und ohne Sprache, oder nur mit Silben und einfachen Wörtern, war für viele Kinder eine willkommene Möglichkeit, im Kontakt Ausdruck und Emotionen zu zeigen, auch wenn sie sonst Probleme hatten, Wörter zu finden oder auszusprechen.

Immer wieder habe ich Möglichkeiten gesucht, zum Gebrauch der Stimme zu verführen. So entstanden eine ganze Reihe Stimmspiele. Wenn Kinder einmal eingeschüchtert worden waren, fiel es ihnen schwer, sich zu überwinden und die Stimme nicht mehr zu verstecken. Eine gute Geschichte sollte die Kinder ihre Hemmungen vergessen lassen und sie anregen, ihre Stimme, erst leise, später lauter, einzusetzen. Kinder, die Mühe bei verbalen Äußerungen hatten, genossen es, nonverbal mit ihrer Stimme zu spielen. Die Möglichkeiten dafür waren besonders in der Musik gegeben.

Aus meiner Spiele-Sammlung haben einige Angebote besonders mit der spielerischen Förderung der Stimme zu tun:
- Geisterschloss – oder: Der mutige Ritter:
  Die A-, O-, U- und I-Gespenster vertreiben den Ritter mit ihrer Stimme.
- Hund und Katze:
  Mit Miauen und Bellen wird eine Balgerei ausgetragen.
- Ja-Nein-Trommeln:
  Ein Konflikt-Spiel mit Trommeln und Stimme.
- Herr Laut und Herr Leis:
  Ein kurzer Dialog und die anschließende gemeinsame Musik werden sehr leise oder sehr laut ausgeführt.
- Die kleine Grille singt ihr Lied:
  Die Geschichte von der kleinen Grille, die mit niemandem spricht und schließlich doch antworten kann.

Mikrofon-Spiele

Die Kinder fanden ein Mikrofon sehr attraktiv. Der Reiz waren nicht nur die Verstärkung und die Verfremdung ihrer Stimme, sondern sie fanden Sänger und Sängerinnen in den Medien „cool“.

Manche Kinder hatten kein Problem damit, sich sofort auf eine imaginäre Bühne zu stellen und ins Mikro zu singen. Die meisten aber trauten sich nicht, auch nur einen Laut hineinzusprechen, obwohl sie es gerne wollten.

Die spielerischen Aufträge mit dem Mikrofon wurden ganz langsam aufgebaut, so dass alle Kinder mitmachen konnten und ihre Stimme hervorgelockt wurde.

Benötigt wurden ein Verstärker und ein Mikrofon mit einem längeren Kabel.

Der Kreis:

Die Kinder saßen im kleinen Kreis, so dass das Mikro am Kabel herumgegeben werden konnte.

Die Kinder waren immer begeistert, wenn sie ein Mikro in die Hand nehmen durften. Sie waren aufgeregt, es war ein bisschen „Angst-Lust“. Sie hatten viel Spaß bei dieser Spielrunde.

Für jede Runde gab es eine neue Aufgabe. Der Einstieg sollte es auch schüchternen Kindern ermöglichen, mitzumachen:

- Mit dem Mikro Geräusche machen durch Wischen auf der Hose, Klopfen auf das Mikro oder Ähnliches.
- Ins Mikro pusten, schnalzen und andere Geräusche machen, noch ohne Stimme.
- Quatschgeräusche mit der Stimme machen: Tierstimmen, Motorgeräusch, Räuspern.
- Quatschtöne vor- und nachmachen: Uaaah, iih, heeh usw., dabei die Stimme von unten nach oben, von oben nach unten oder in Bögen führen.
- Eine Wetteransage ausdenken, z. B. einen dramatischen Sturm.
- Jeweils den Nachbarn interviewen: Wie heißt du? Wie alt bist du? Was ist dein Hobby? Was machst du in der Schule am liebsten?
- Ein bekanntes Lied singen, reihum singt jedes Kind eine Zeile, mit meiner Unterstützung durch die Gitarre.
- Wer traut sich, eine Strophe ganz allein zu singen? Oder zu zweit?

Die Bühne:

Wir öffneten den Kreis, schafften Platz für eine kleine „Bühne“, stellten ein oder zwei Vorsängerstühle auf, dazu einen Platz für einen Ansager.

Folgende Möglichkeiten wurden angeboten:

- Ein Kind sang ein selbstgewähltes Lied, eine Strophe.
- Ein Kind sang mit einem Partner oder einer Partnerin zusammen.
- Ein Ansager oder eine Ansagerin stellte sich mit auf die Bühne und sagte die Sänger an.

Ich begleitete dabei mit der Gitarre, sang evtl. leise mit.

Nach dem Auftritt kam in jedem Fall ein Lob, auch wenn kein Ton richtig getroffen war, zum Beispiel:

- „Das hast du gut gemacht!"
- „Du warst mutig und hast als Erste gesungen."
- „Du hast ganz allein gesungen!"
- „Ihr habt das zu zweit gut hingekriegt!"
- „Du hast ein neues Lied gesungen!"
- „Du warst ein prima Ansager!"

Kein Kind wurde gezwungen mitzumachen, aber fast immer gelang es, dass alle Kinder sich auf die Bühne trauten. Viele Kinder sangen lieber mit Mikro als ohne, und diese Motivation nutzte ich.

Kazoo-Spiele

Das Kazoo, ähnlich wie auch ein Plastik-Mikrofon oder ein Heulschlauch, in den man hineinsprechen oder tröten kann, verfremdet die Stimme und ermöglicht dadurch, die eigene Stimme etwas zu verstecken. Gleichzeitig reizt und verführt der andersartige Klang, die Stimme einzusetzen, damit Spaß zu haben und Quatsch zu machen.

Zunächst wurden der Gebrauch des Kazoos gezeigt und alle Kinder dabei unterstützt, Töne mit dem Kazoo zu erzeugen.

Folgende Spielmöglichkeiten haben wir erprobt:

Geräusche imitieren:

- Lachen, weinen, gackern, quaken, krähen.
- Ein Rennauto, ein Traktor, ein Auto springt nicht an, usw.
- Ein Lied oder einen Kanon „singen".

Ein Dialogspiel mit verschiedenen Rollen:

Zwei Kinder, gegenüber sitzend, in einem imaginären Gespräch, z. B.:

- zwei Personen beim Fußball-Schauen.
- zwei Personen in einem Modeladen.
- zwei Verliebte bei Vollmond draußen.
- Variation: Eine dritte Person mischt sich von der Seite ein…

Besuchsspiel

- Ein Besucher steht an der Tür und „sagt": Hallo
- Die Partnerin bittet ihn herein, führt ihn in die Küche oder ins Wohnzimmer
- eine beliebige Szene kann sich entwickeln.

Clownspiele

Bei den vorherigen Spielen entwickelt sich oft ein clowniges Spiel. Vielleicht haben die Kinder Spaß daran, Szenen als Clowns mit Kazoos zu entwickeln und bei einer Schulfeier mit Verkleidung aufzuführen.

Geschichten erzählen mit Musik

Eine Geschichte, die mit Musik erzählt werden kann, oder eine Musik, die eine Geschichte enthält – beides sind Beispiele für die engen Verknüpfungen von Musik und Geschichten.

Für Kinder wird Musik besonders zugänglich, wenn es dabei um eine Geschichte geht. In *Die Zauberflöte* von Mozart oder *Peter und der Wolf* von Prokofjew wird eine Geschichte mit Sprache und Musik erzählt. In *Bilder einer Ausstellung* von Mussorgsky oder *Der Feuervogel* von Strawinsky werden Bilder und Geschichten ohne Sprache, mit klangmalerischer Instrumentalmusik dargestellt.

Auch bei meiner Arbeit in der Schule ließen sich Musik und Sprache verbinden:

Zu Musik können Geschichten imaginiert werden, oder zu Geschichten kann Musik improvisiert werden. Es gibt unendlich viele Möglichkeiten.

Das gemeinsame Feld von Musik und Geschichten eröffnet einen weiten Raum von Methoden, künstlerisch, pädagogisch und therapeutisch.

„Beide Ebenen befruchten sich gegenseitig. Eine offene Verbindung zwischen zwei Sinneskanälen erweitert daher das schöpferische Potenzial des Menschen. Ressourcen können freigelegt werden und verstärkt werden“ (Lutz Hochreutner, 2009 S. 251).

Methodische Beispiele

Neben der Musik hatte ich auch immer eine Vorliebe für Bilder und Geschichten, besonders für Märchen. Ich stelle hier einige Projekte und Methoden vor, die ich mit den Kindern angewendet oder entwickelt habe.

Geschichten, die spontan entstehen

Beispiel: Schneemusik

Es hatte geschneit, die Welt draußen war weiß. Die Kinder der dritten Klasse kamen in den Musikraum, noch etwas verzaubert. Wir saßen im Kreis und ich bat die Kinder, Instrumente auszuwählen, die zum Schnee passten. Ein Kind würde danach eine Schneemusik dirigieren.

Wir sprachen darüber, dass man ja gar nichts hört, wenn es schneit, dass es aber Geräusche gibt, die durch den Schnee entstehen. Oder dass man Klänge zu der besonderen Stimmung finden kann.

Jedes Kind wählte ein oder zwei Instrumente und legte sie auf den Teppich. Nacheinander stellte jedes Kind sein Instrument vor.

Simon hatte einen Regenmacher gewählt. Er kippte ihn zur Seite, so dass die Körnchen leise durch das Rohr rieselten. Alle lauschten, und Simon sagte: „Das passt zum Schnee“.

Niki hatte eine große Rahmentrommel vor sich. Mit den flachen Händen, rechts und links abwechselnd, ging sie wie in kleinen Schritten über das Trommelfell. Sie sagte: „Der Schnee macht Geräusche, wenn man da durch geht. Man kann auch eine Spur in den Schnee machen.“

Fabian hatte das Xylofon geholt. Er wischte schwungvoll mit dem Schlegel über die Stäbe von oben nach unten. Er meinte: „Das soll ein Schlitten sein, der irgendwo runterfährt“.

Mattis ließ den Schnee mit dem Glockenspiel glitzern. David spielte Schneeflocken mit der ganz leise geschüttelten Chekere, und Max sagte: „So hat es sich heute Morgen angehört, als draußen jemand den Schnee gekehrt hat.“ Er hatte sich eine Konga geholt strich mit einem Schlagzeugbesen hin und her über das Fell.

Manu hatte auch eine Trommel ausgesucht und probierte verschiedene Schlegel. Schließlich nahm sie große weiche Woll-Schlegel und machte Töne, die fast nicht zu hören waren. „Wer läuft denn da über das Trommelfell?“ Leise sagte sie: „Ein Eisbär, er ist ganz riesig.“ Sie spielte langsame schwere Schritte. Dann nahm sie kleine weiche Schlegel und ließ sie schnell auf der Trommel laufen: „Und das ist der kleine Eisbär, der läuft hinterher. Der sucht seine Mama.“

Plötzlich waren wir mitten in einer Eisbärengeschichte. Die anderen Kinder beteiligten sich, und wir spannen die Geschichte weiter: Der Eisbär ging auf Robbenjagd, ein Schneesturm kam, der kleine Eisbär verlief sich und wurde wiedergefunden. Wir suchten passende Instrumente und spielten die ganze Geschichte.

Zu einer dirigierten Schneemusik sind wir nicht gekommen.

Aber alle Kinder waren zufrieden, weil sie eine eigene Geschichte gefunden und daran mitgewirkt hatten. Ich brauchte nicht mehr zu tun, als einige Impulse zu geben.

Ich war jederzeit bereit, meinen Plan aufzugeben, wenn eine kreative Idee, eine neue Geschichte entstand. Manchmal war es ein einmaliges Experiment, manchmal entstand so ein neues Musikspiel.

„Afrikanisch Geschichten erzählen“

Stimmengewirr in der Turnhalle. Alle Kinder von der ersten bis zur vierten Klasse saßen auf dem Boden und schauten zur Bühne nach vorne. Ein paar afrikanische Kulissen machten neugierig. Dann kam Kobna Anan, ein ghanaischer Schauspieler und Musiker, und fing an zu singen: „Ich erzähl euch“ … „eine Geschichte“. Er forderte mit einer Geste dazu auf, jeweils eine Zeile nachzusingen, und alle wiederholten, was er vorgesungen hatte.

Im für afrikanische Lieder typischen Wechselgesang erzählte er die Geschichte von bunten Vögeln, die durch ihren gemeinsamen Gesang den Bauern überzeugten, ihnen Futter zu geben (Anan, 2014). Zu seinen Worten improvisierte er Melodien.

Jeder der fünf Vögel hatte seine eigene kleine Melodie. Zusammen ergaben die Vogelstimmen das Lied *Tsche tsche kule*, ein bekanntes Lied aus Ghana:

„Tsche tsche kule,
tsche tsche kufinsa,
kofinsa langa,
kate tsche langa,
kum a dende".
(http://kuntu.de/pdf/Tsche%20Tsche%20kule%20Projektheft.pdf)

Das schöne Ereignis war vorbei, doch im Musikunterricht sangen wir noch oft das afrikanische Lied. Es war bei den Kindern angekommen, und immer wieder hörte ich irgendwo in der Schule, auf dem Flur oder in der Pause: „Tsche tsche kule ....".

Es blieb nicht bei dem „Lied der bunten Vögel". Wir haben noch oft „afrikanisch Geschichten erzählt".

Ein Beispiel:

Die Kinder kamen in den Musikraum, sie waren unruhig, sie hatten gerade ein Diktat geschrieben. Ich hatte Mühe, einen gemeinsamen Anfang zu finden, und versuchte es schließlich mit Singen: „Ich erzähl euch ... eine Geschichte ..." – mit der Melodie von *Tsche tsche kule*. So fing jede Geschichte bei uns an.

Die Kinder kannten das Signal. Meistens klappte es auf Anhieb, aber spätestens beim zweiten Anlauf stimmten die Kinder ein und wiederholten singend, was ich vorgegeben hatte. Sie folgen mir, neugierig und jetzt konzentriert. Ich improvisierte eine Geschichte:

„Ich erzähl euch ... eine Geschichte. ... Es war mal eine Trommel, ... die wollte gerne spielen. ... Doch die Leute in dem Haus, ... die wollten ihre Ruhe. ... Sie riefen: ... Pssst! ... Sei still! ... Die Trommel war traurig, ... sie seufzte: ... Ohhh! ... ..."

Vielleicht machte eins der Kinder nun den Vorsänger und hatte eine Idee, wie es weitergehen konnte, vielleicht setzten wir die Geschichte mit Trommeln fort.

Sprachlich wurde Erzählfähigkeit trainiert und Phantasie angeregt, musikalisch übten die Kinder das Hören und Nachsingen von Melodien. Sozial wurde eine Geschichte zu einem gemeinsamen Erlebnis, bei dem alle aktiv beteiligt waren.

Erfinden von Geschichten und Musik in der Einzeltherapie

In der Musiktherapie mit Kindern wurden aus der Musik oft ganz von selbst Geschichten: Das Kind schlüpfte in eine Rolle, oder Instrumente wurden zu Requisiten und es entwickelten sich Rollenspiele.

Manchmal habe ich auch von mir aus das Imaginieren einer Geschichte angeregt, weil wir mit der Musik allein nicht ins Spielen kamen.

Ich probierte das Erfinden einer Geschichte mit einem Anfangsimpuls.

Dabei wählte ich eine Figur, die mir zu dem Kind zu passen schien: die allerschönste Prinzessin, ein Zwerg oder ein Riese, ein König oder ein Monster. Es sollten „archaische" Figuren sein, mit denen das Kind eine eigene Geschichte erleben konnte. Wenn mir keine passende Figur einfiel, fragte ich das Kind nach seinem Lieblingstier. Oft war es ein kleiner Hund. Ich ließ das Kind den Hund beschreiben, damit wir ihn beide vor Augen hatten.

Hätte ich dem Kind die Wahl für eine Figur ganz überlassen, hätte es wahrscheinlich eine Figur aus einem Film oder einem Computerspiel gewählt. Aber mit z. B. Superman vor Augen wäre keine eigene Geschichte entstanden.

Für den Beginn der Geschichte gab ich einen Anstoß: „Es war einmal ein kleiner Hund, der ging in den Wald."

Ich wählte gern den Wald, weil er sich als Projektionsfläche eignete. Wie in unseren Märchen konnte dort alles passieren: Der Hund fand einen Freund oder ein gefährliches Wesen, oder er blieb allein. Er erlebte ein Abenteuer im Wald oder lief aus dem Wald weg, in einen Garten, ein Schloss, in die Stadt. Ich folgte dem Kind in seinen Vorstellungen, stellte vorsichtig Fragen, und so spannen wir die Geschichte weiter. Meistens schrieb ich sie gleich auf, immer nachfragend, ob ich es richtig verstanden hatte.

Es entstanden immer Geschichten, die etwas aus dem Leben des Kindes spiegelten, aus seiner äußeren oder inneren Realität.

Wenn die Geschichte fertig war, suchte sich das Kind zu den Elementen der Geschichte Instrumente: zu den Figuren, zum Wald, zum Haus, zu den Stimmungen. Es fiel den Kindern meistens leicht, Klänge zu finden, die sie passend fanden. Ich überließ ihnen auch die Regie der Musik und die Entscheidung, ob sie alleine spielen wollten oder welche Instrumente ich spielen sollte.

Die Musik vertiefte das Geschehen, machte es lebendiger, ließ Emotionen hörbar werden. Manchmal veränderte sich die Geschichte auch durch das klangliche Geschehen.

Die Kinder konnten in dieser Musik ihren eigenen Ausdruck finden.

Meistens zeigte sich etwas, worüber wir anschließend sprechen konnten, ein Thema, das die Geschichte gezeigt hat.

Oft war den Kindern ihre Geschichte so wichtig, dass wir sie in der nächsten Stunde oder öfter noch einmal gespielt haben, manchmal eine Fortsetzung, manchmal Variationen, die zu Lösungsideen werden konnten.

Ein Heft mit der aufgeschriebenen Geschichte habe ich dem Kind später geschenkt.

Musiktheaterprojekte

Märchentheater mit Musik

Über viele Jahre habe ich mit jeder vierten Klasse ein Theaterstück aufgeführt. Meistens habe ich ein Märchen ausgesucht. Bei der Auswahl war für mich die Frage wichtig: Verbirgt sich Musik in dieser Geschichte?

In meiner musikalischen Gestaltung konnten Stimmungen in Musik umgesetzt werden, es konnten Lieder oder Tänze eingebaut werden. Manchmal habe ich Instrumente verwendet, öfter auch Ausschnitte klassischer Musik vom Tonträger.

Die Rollentexte habe ich so geschrieben, dass sie für die Kinder der jeweiligen Klasse passten. Es waren möglichst kurze Dialoge, in einfachen Sätzen. Damit eine lebendige, interessante Darbietung daraus wurde, waren Kulissen, Kostüme und eben Musik wichtig.

Hier sind einige Beispiele, wie ich in den Märchen Musik gefunden habe:

Vom Fischer und seiner Frau[2]

Das Märchen *Vom Fischer und seiner Frau* (Brüder Grimm) hat mich schon immer angesprochen. Die Geschichte ist ein einziges großes Crescendo: Es beginnt ganz ruhig mit dem beschaulichen Leben eines armen Fischers und seiner Frau. Als dem Fischer ein verwunschener Fisch begegnet, der sprechen kann, wird die Frau gierig und schickt den Mann ans Meer, sich ein größeres Haus und danach immer mehr von dem Butt zu wünschen. Sie will sogar Königin werden in einem Schloss, dann Kaiser und dann auch noch Papst. Wie in einem Rondo oder einem Strophenlied geht der Fischer jedes Mal wieder ans Wasser und ruft den Butt. Der Butt scheint die Wünsche der Frau grenzenlos zu erfüllen, aber das Meer bäumt sich auf, als ob es sich wehrt. Anfangs ist das Wasser hell und ruhig, dann wird es in jedem Refrain dunkler und wilder, es tobt und brüllt. Die Geschichte steigert sich zum Wahnsinn, als die Frau werden will wie Gott. Der Fischer will erst nicht, geht dann doch und ruft den Butt. Das Meer schreit, der Himmel ist schwarz und die Erde bebt. Der Gipfel des Dramas ist erreicht und der Butt sagt: „Geh nach Hause, deine Frau sitzt schon wieder in ihrer Fischerhütte" – im plattdeutschen Original heißt es „in ihrem Pisspott".

2 Siehe Rollentexte und Musikanweisungen im Anhang.

Dies ist eigentlich keine Geschichte für Kinder, sondern zeigt viel eher, wie zerstörerisch die Gier, das Gesetz des „Immer mehr“ sein kann.

Trotzdem verstehen Kinder sehr gut, was mit dieser Geschichte gemeint ist, und mögen sie.

Für eine kindgerechtere Form und Spielbarkeit habe ich das Märchen gekürzt, es endet damit, dass die Frau Kaiser werden wollte.

Natürlich war es das Meer mit der Steigerung vom Plätschern zum Brausen und Tosen, das sich für eine musikalische Umsetzung anbot.

Auf der Suche nach einer Musik für das Wasser fand ich die Anfangs-Melodie des Themas der Tannhäuser-Ouvertüre von Richard Wagner. Sie drückte einerseits Ruhe aus, andererseits wurde sie in den Melodiebögen zu einer wuchtigen Welle.

Die langsame Melodie von acht Takten spielt das Orchester am Anfang leise und zart, man kann sich gut ruhiges, leicht bewegtes Wasser vorstellen. Die Wiederholung des Themas erklingt etwas später vom ganzen Orchester laut und dicht gespielt. So klingt es stürmisch und dramatisch und passt gut zu dem tobenden Meer.

Die Kinder konnten diese Titelmelodie schnell mitsingen.

Wir spielten viermal eine Wassermusik:
- Die Kinder summten die Melodie des Ouvertüren-Themas, dazu wurden leise tröpfelnde Klänge auf Stabspielen gespielt.
- Die Melodie wurde etwas lauter gesungen, dazu wieder das Spiel von Stabspielen und Wasserrauschen mit Rasseln.
- Die leise Orchestermelodie vom Tonträger erklang zusammen mit Stimmen, Rasseln und Trommeln.
- Die laute Orchestermusik vom Tonträger wurde mit kräftigen Stimmen, Rasseln und Trommeln verstärkt.

Zu dieser Musik wurden Wasserwellen mit Tüchern dargestellt. Fünf Kinder übten eine Choreografie mit länglichen Tüchern. Das Crescendo wurde auch in den Bewegungen gespiegelt, ebenso in der Farbpalette der Tücher von hellblau und weiß zu immer dunkleren Blautönen mit türkis und zuletzt violett.

In dieser Geschichte gab es weitere Stimmungen, die musikalisch ausgedrückt werden konnten. Zum Beispiel wurde der verwunschene Butt mit einem Motiv auf Xylofon-Bässen dargestellt, der zufriedene Fischer und die unzufriedene Frau mit Dur- und Moll-Klängen auf Stabspielen.

Auch wenn sich die Dramatik der Geschichte auf einer Schulbühne nur andeuten ließ, machte es großen Spaß, dieses Crescendo in Klängen, Bewegung und Farben zu zeigen. Ganz nebenbei haben die Kinder ein kleines Stück klassische Orchestermusik kennengelernt.

Der Hase und der Igel[3]

Dieses lustige Märchen von dem angeberischen Hasen und dem schlauen Igel, der zusammen mit seiner Frau den Hasen überlistet, mochten die Kinder. Damit nicht nur drei Figuren auftraten, gab es in unserer Aufführung eine Igel- und eine Hasenfamilie, dazu einen Bücherwurm, der die Geschichte vorlas, und einen Hahn als Showmaster, der die Wette ankündigte.

In diese kindgemäße Geschichte habe ich viele Lieder eingebaut, die mit Melodien von Kinderliedern und eigenen Texten die Geschichte mit erzählten und Stimmung und Lebendigkeit in das Stück brachten.

Die Bremer Stadtmusikanten

In diesem sehr bekannten Märchen spielen vier Protagonisten eine Rolle: ein Esel, ein Hund, eine Katze und ein Hahn. Sie teilen das gleiche Schicksal, denn sie mussten ihr Leben lang viel arbeiten, und sind nun alt geworden. Nacheinander flüchten sie und machen sich gemeinsam auf den Weg in ein besseres Leben.

Dies ist eins der wenigen Märchen von den bekannten Brüder-Grimm-Märchen, in dem konkret Musik vorkommt: Die vier Tiere fügen ihre Stimmen zusammen, und mit dieser individuellen wie gemeinschaftlichen Musik kommen sie an ihr Ziel.

Die Kinder waren von dem Märchen sehr angesprochen, weil es um starke Emotionen geht: Traurigkeit und Resignation der Tiere am Anfang, Mut und Abenteuerlust beim Aufbruch, Entschlossenheit und Witz beim Vertreiben der Räuber; dann die rüpelhaften und doch so furchtsamen Räuber und der Triumph der Musikanten.

In all diesen Stimmungen ist das Märchen, zusätzlich zum Lied der Musikanten, voller Musik:

Klagelieder der Traurigkeit und der Angst, Freudengesängen auf dem gemeinsamen Weg, angriffslustiges Lärmen am Räuberhaus, außerdem ein wilder Tanz der Räuber und ihr Trübsal-blasen, als sie alles verloren haben.

Zu Kinderlied-Melodien sangen die Kinder passende Texte, z. B.

„Ich alter Esel, ich alter Esel,
kann nicht mehr, kann nicht mehr!
Lass mich doch in Ruhe, lass mich doch in Ruhe, i i a, i i a."

Der Esel sang nach der Melodie von *Bruder Jakob*, aber in d-moll statt F-Dur, und er sang das Lied langsam, schwer und traurig.

3 Siehe Rollentexte und Musikanweisungen im Anhang.

Die Bruder-Jakob-Melodie in Moll konnte ich den Kindern in einem Orchesterstück vorspielen: In der ersten Sinfonie von Mahler im dritten Satz beginnt der Kontrabass mit dieser Melodie. Wenig später setzt das Fagott wie im Kanon ein und spielt die gleiche Melodie. Andere Instrumente stimmen in diesen ruhigen Trauermarsch ein.

Wenig später folgte fröhlich und beschwingt das Lied in F-Dur:

„Ich alter Esel, ich alter Esel,
arbeite nicht mehr, arbeite nicht mehr!
Ich geh jetzt nach Bremen, ich geh jetzt nach Bremen, i i a, i i a!“

Ebenso sangen die Katze, der Jagdhund und der Hahn ihre Strophen, erst in Moll und dann in Dur (siehe Rollentext im Anhang).

Dieses Lied habe ich noch viele Jahre im Musikunterricht verwendet, auch als Trommelspiel: Zuerst ging der Esel mit einer Trommel im Kreis, während wir die Esel-Strophe sangen. Dann wählte er den Hund, der ihm folgte, dieser wählte die Katze und die Katze den Hahn. Im gleichen Rhythmus der Schritte und der Trommelschläge gingen sie hintereinander, was eine große Herausforderung war.

Besonders gerne spielten die Kinder das traurige Lied: gebeugt, schweren Schrittes und langsam gesungen fanden sie dabei erstaunlicherweise eher in einen Rhythmus als bei der fröhlichen Version.

Irgendwann entstand noch ein Kanon zu dem Märchen nach der Melodie *Ich lieb den Frühling*:

„Erst kommt der Esel und ruft: Ia, Ia!
Dann bellt der Hund: Wauwau! Ich bin doch auch noch da!
Die Katze obendrauf macht: miau, und wie!
Und zuletzt der Hahn schreit: Kikeriki!

Die sieben Raben

Es handelt sich um ein fast mystisches Märchen: In einer Familie wird nach sieben Jungen ein Mädchen geboren. Nach einem Missgeschick der Jungen verflucht der Vater sie: „Ach, dass ihr doch alle Raben wäret!“

Das Mädchen erfährt erst spät, dass sie Brüder hat. Sie meint, sie sei mit ihrer Geburt schuld am Fluch und macht sich auf, um die Brüder zu suchen und zu erlösen. Sie trifft die Sonne, die heiß und gefräßig ist, und den Mond, der kalt und böse ist – beide wollen ihr nicht helfen. Die freundlichen Sterne schließlich weisen ihr den Weg zum Glasberg, dort findet sie ihre Brüder und kann sie von ihrem Fluch erlösen.

Auch in diesem Märchen konnte ich Musik finden.

Es ging um den Weg des Mädchens: Die Geburt, dann der Aufbruch ins Ungewisse, die Begegnung mit den mächtigen Himmelsgöttern Sonne und Mond, die helfenden Sterne und die ersehnte Erlösung ihrer Brüder.

Für die Raben, die Sonne, den Mond und die Sterne stellten wir Masken her. Es gab einen Tanz der Sonne und des Mondes, einen Sternentanz und die Choreografie der fliegenden Raben.

Ich habe für die Tänze eine klangmalerische Musik gesucht, und mich für Ausschnitte aus dem Klavierzyklus *Bilder einer Ausstellung* von Mussorgsky entschieden. Die sehr unterschiedlichen und ausdrucksstarken Klangbilder in dieser Musik wechseln ab mit der *Promenade*, einem Kehrreim, der den Weg zwischen den Bildern darstellt.

Es war nicht schwierig, für die verschiedenen Tänze passende kleine Musikstücke aus den musikalischen Bildern zu finden.

Für den Weg des Mädchens passte natürlich die *Promenade*. Das Melodiethema der *Promenade* kehrt immer wieder, aber unterschiedlich ausgestaltet. Eine *Promenade* erinnert an ein Wiegenlied – sie erklang bei der Geburt des Mädchens, weitere Variationen der *Promenade* begleiteten das Mädchen auf seinem Weg.

Es war eine sehr intensive Arbeit an dieser Geschichte. Die Kinder haben sich auf die Musik eingelassen und konnten nach einiger Zeit die Melodie der *Promenade*, die uns durch das ganze Stück geführt hat, mitsingen.
Das Theaterstück wird wie ein Rondo gespielt, mit Strophen aus gesprochenen Texten und Maskentänzen, und mit der Promenade als Kehrreim.

Besonders das Maskenspiel entführt dabei in diese etwas wundersame Geschichte mit bösen und guten Zauberkräften.

Für mich war dieses Märchen ein besonderes Projekt. Ich habe mich gern mit der bilderreichen Musik beschäftigt und das Märchen musikalisch gestaltet.

Das Theater mit den wilden Kerlen

Nach dem Bilderbuch-Klassiker von Maurice Sendak (1967):
Wo die wilden Kerle wohnen

Die Geschichte:

Max hatte nur Unfug im Kopf und musste zur Strafe ohne Essen ins Bett. Plötzlich waren da ein Wald in seinem Zimmer, und ein Meer und ein Schiff. Er segelte bis zu dem Ort, wo die wilden Kerle wohnen. Max zähmte sie und wurde der König der wilden Kerle. „Und jetzt machen wir Krach!“ Es folgte ein wilder Tanz, bis Max die wilden Kerle ohne Essen ins Bett schickte. Er segelte zurück bis in sein Zimmer, wo das warme Essen auf ihn wartete.

Natürlich lud diese Geschichte dazu ein, sie mit Musik zu gestalten. Im Zentrum stand die wilde und laute Performance der wilden Kerle. Auch der Wald und das Meer konnten mit Klängen dargestellt werden. Wir haben Ausschnitte aus Instrumentalmusik und Klänge mit eigenen Instrumenten gewählt.

Neben einem Erzähler kam die Geschichte mit wenigen Dialogen aus, was ein Vorteil war für Kinder, die wenig sprachen. Es konnten aber auch Dialoge eingefügt werden, wenn die Schauspieler gerne mehr sprechen wollten.

Eine interessante Frage war, wie die Kostüme der wilden Kerle gestaltet werden konnten. Im Bilderbuch sind sie mit Hörnern, Krallen und großen Zähnen und Augen ausgestattet.

Wir haben große Papiertüten als Ganzkörpermasken genommen (Papiersäcke, etwa 50 x 80 cm groß). Seitlich wurden Löcher für die Arme eingeschnitten, und am Kopf Öffnungen für die Augen und den Mund. Der fantasievollen Bemalung für ein gruseliges oder erschreckendes Aussehen waren keine Grenzen gesetzt. Es konnten Ohren, Haare oder Hörner angeklebt werden. Die Kinder hatten großen Spaß, und das Ergebnis waren ausdrucksstarke Tütenkerle.

Figurentheater

Im Mehrzweckraum der Schule stand eine Figurentheaterbühne. Ich hatte sie nach geeigneten Maßen für die Kinder von einem Schreiner bauen lassen und ausgestattet: Dazu gehörten Vorrichtungen zum Aufhängen der Kulissen, ein roter Vorhang und kleine Spotlampen in der Bühne, die gedimmt werden konnten.

Im abgedunkelten Raum entstand durch den Vorhang und die Beleuchtung der typische Theaterzauber, was die Bühne sehr attraktiv machte.

Einige Geschichten haben wir in der Puppentheaterbühne gespielt. Die Figuren haben die Kinder aus Kochlöffeln gebastelt. Das war eine schöne kreative Aufgabe.

Das Führen der Figuren über dem Kopf und das Sprechen aus der Bühne heraus waren allerdings eine große Herausforderung. Deshalb kam diese Art des Theaters eher für die älteren Kinder infrage.

Die Puppenbühne ermöglichte das Bespielen mit Fantasiefiguren und -orten. Beispielsweise haben die Kinder einer vierten Klasse sich ein Märchen ausgedacht, das auf einem fremden Planeten spielte. Dazu entstanden Figuren aus Styropor-Kugeln auf Stöcken, die mit Drähten, Metallfolien und Knöpfen ausgestattet wurden.

Performance mit großen Stockpuppen

Die Großpuppen waren gut geeignet für eine Vorführung auf dem Schulhof, z. B. bei einem Schulfest.

Unsere Stockpuppen haben wir aus einem Besenstiel, Papier und Stoffen hergestellt:

Für den Kopf wurde zerknülltes Zeitungpapier so in ein weißes Stück Stoff eingebunden, dass eine Kugel entstand. Ein Besenstiel wurde möglichst weit in die Papierkugel hineingeschoben und der Stoff „am Hals" mit einer Schnur fest um den Besenstiel geknotet. Darüber haben wir mehrere Stoffe oder Tücher befestigt, die nach unten fielen und den Körper bildeten. Besonderen Spaß hatten die Kinder am Gestalten des Kopfes: Aus Filz, Leder oder Stoff haben sie Augen, Mund, Ohren und Haare ausgeschnitten und angeklebt. Manche Puppen trugen eine bunte Kappe oder einen Hut.

Die Stockpuppen wurden unter dem Kopf gehalten und seitlich vom Körper geführt. Zu einer rhythmischen Musik gehend bildeten die Kinder einfache Formationen, während sie die Stiele der Puppen auf den Boden klopfen.

Für ein weiteres Projekt kamen Besenpuppen zum Einsatz. Wir haben alte Besen gesammelt und einige neu gekauft.

Mit viel Spaß haben die Kinder die Besen in Figuren verwandelt. Die Borsten der Besen bildeten die Haare. Eine Maske aus bunter Wellpappe wurde als Gesicht angebracht, darunter eine Papier-Fliege für die Besen-Herren und verschiedene Stoffe als Kleider für die Besen-Damen. Alles war mit Klettband befestigt und konnte abgenommen und schnell wieder angeheftet werden.

Im ersten Teil der Performance spielten die Kinder Straßenfeger, die zu einer passenden Musik gehend mal den Besen auf der Schulter trugen, mal rhythmisch den Boden fegten.

Im zweiten Teil wurden die Besen in Puppen verwandelt und vollführten einen bunten Besentanz.

Mögliche Tanzfiguren:
- Alle gehen im Kreis herum, nach links oder nach rechts,
- alle gehen zur Mitte und wieder zurück,
- alle stehen in einer Reihe oder im Halbkreis und gehen vor- und zurück,
- jeder / jede zweite geht vor und wieder zurück
- die Spielenden stehen auf einem Platz und führen ihre Stockpuppe in einem kleinen Kreis um sich herum,
- die Spielenden stellen die Stockpuppe auf einen Punkt und gehen in einem kleinen Kreis um ihre Puppe herum,
- ein Solotänzer tanzt mit seiner Puppe einen freien Tanz, die anderen klopfen mit ihren Puppen den Takt dazu.

Die Musik, nach der wir getanzt haben, hieß *Samba, Stop* von der CD *Djingalla* (siehe Performance-Ideen im Anhang).

Schwarzlichttheater und Improvisation

Einige Jahre lang habe ich in einem Raum, der abgedunkelt werden konnte, im Winter für ein paar Wochen eine Schwarzlichttheaterbühne aufgebaut. Einige Stellwände bildeten die Rückwand, mit schwarzer Landwirtschaftsfolie behängt. Auf dem Boden lag schwarze Teichfolie. Eine Schwarzlichtröhre im Vordergrund leuchtete die Bühne aus.

Die Spielenden trugen weiße Handschuhe und weiße Socken, dazu schwarze Pullis und ein paar schwarz-weiße Kleidungsstücke, z. B. einen gestreiften Pulli und einen weißen Tüllrock.

Aus weißer Pappe haben die Kinder Masken ausgeschnitten. Sie bekamen ein vorgezeichnetes Oval mit den Öffnungen für Augen und Nase. Alles andere konnten sie frei gestalten.

Ich ließ die Kinder Musik mitbringen, die sie gerade gerne hörten, und hatte selbst unterschiedliche rhythmische Musik zur Auswahl.

In kleinen Gruppen konnten sie auf der Bühne Bewegungsimprovisationen zu einer Musik erproben. Das Zusehen machte so viel Spaß wie das eigene Experimentieren.

Musik-Theaterprojekte / Fazit

Pädagogisch war ein Theater-Projekt immer ein Gewinn, sowohl für die Klasse als auch für jedes einzelne Kind. Wochenlange Vorbereitungen und Proben, Texte lernen, die musikalischen Beiträge üben und den Ablauf mit organisieren waren eine große Herausforderung. Die Bemühungen führten schließlich zu einem beachtlichen Erfolg: Die Akteure wussten nicht nur, wann sie selbst auftreten mussten, was ihr Text war oder welche Requisiten bereitliegen mussten, sondern sie konnten sich auch gegenseitig erinnern und unterstützen.

Die Aufführungen waren immer wieder eine Mutprobe für die Kinder: vor den eigenen Eltern, vor der Parallelklasse und weiteren Klassen und ganz besonders vor den Parallelklassen der benachbarten Grundschule.

Der Beifall war der Lohn für alle Mühe.

Im Laufe der Jahre entwickelte sich ein Ritual am Ende der Aufführungen: Nachdem sich alle Akteure gemeinsam verbeugt hatten, trat jedes Kind einzeln vor und sagte z. B.: „Ich heiße Marcel, und ich habe den zweiten Raben und einen Kulissenschieber gespielt". Mit einer Verbeugung bekam es seinen persönlichen Beifall. Selten sah man so strahlende Gesichter und stolze Kinder!

Schulkultur und Musik

Schulkultur und Musik gehörten in unserer Schule untrennbar zusammen.

Gemeinsame Veranstaltungen waren durch Musik und Singen geprägt.

Die Musik selbst entfaltete ihren Zauber bei diesen Gemeinschaftserlebnissen.

Einschulungsfeier

Am Beginn des Schuljahres begrüßten wir die Schulanfänger mit einigen Liedern auf dem Schulhof. Die älteren Kinder zeigten z. B. einen Tanz mit Bändern, oder eine Klasse präsentierte eine Trommelmusik.

Ferienfeiern

Am jeweils letzten Tag vor den Ferien trafen wir uns zu einer Ferienfeier mit Liedern und kleinen Aufführungen der einzelnen Klassen. Diese Feiern waren tatsächlich Highlights, die allen Freude machten. Das Singen in einer größeren Gruppe klang viel kräftiger als im Klassenunterricht und motivierte die Kinder zum kräftigen Mitsingen. Die Möglichkeit, vor Publikum eine Gedicht, ein Lied o. Ä. zu zeigen und Beifall zu bekommen, war bei allen Kindern begehrt und wurde gern genutzt.

Adventssingen

Jede Woche im Advent begann mit dem gemeinsamen Adventssingen. Dass es gelang, mit der ganzen Schulgemeinde zusammen zu singen und eine weihnachtliche Stimmung zu genießen, habe ich immer als ganz etwas ganz Besonderes erlebt und viel dafür getan, dass es klappte.

So konnte es zugehen an einem ersten Montag im Dezember: Die Schulbusse waren gerade angekommen und die Kinder stürmten durch die große Eingangstür ins Gebäude. Aber sie hielten inne, der Flur war nicht wie sonst hell erleuchtet. Der halbdunkle Raum gab mit Lichterketten und Weihnachtstransparenten gestaltet.

Die Kinder sahen sich um und gingen etwas langsamer und leiser als sonst in ihre Klassen. Leo kam an mir vorbei und fragte: „Singen wir wieder?“ Ich bejahte. Er freute sich, genauso wie Maria neben ihm, die nachfragte: „Dürfen wir Kerzen halten?“ Ich antwortete: „Ja, aber nicht heute, es ist schon eine andere Klasse dran. Ihr dürft dann in der nächsten Woche.“

Zehn Minuten später versammelten sich alle Kinder und Lehrerinnen im Flur. Die Kinder der dritten Klasse saßen neben mir auf dem Boden und hielten Kerzen in den Händen. Ich stimmte die ersten Akkorde mit der Gitarre an, während die Kinder ihre Plätze im unteren Flurbereich und auf den Treppenstufen zur ersten Etage fanden. Alle schauten auf den Liedertext, der an eine Leinwand projiziert wurde. In der letzten Woche hatten wir die Lieder geübt, so dass alle mit einstimmen konnten. Wir sangen zwei oder drei Lieder, wünschten uns eine schöne Woche, dann gingen alle Kinder in ihre Klassen und der Unterricht begann.

Gottesdienste

In einer schönen hellen Kirche in der Nähe der Schule feierten wir Erntedank- und Weihnachtsgottesdienste, ebenso einen Abschiedsgottesdienst für die vierten Klassen am Ende des Schuljahres.

In allen Gottesdiensten wurde viel Musik gemacht.

Ich transportierte die Instrumente in die Kirche, die wir für die Begleitung von Liedern und für andere musikalische Aktionen brauchten.

Im Erntedankgottesdienst wurde z. B. eine Wettergeschichte auf Trommeln gespielt oder eine Performance mit bunten Bändern zu den Jahreszeiten.

In den Weihnachtsgottesdiensten wurden viele Weihnachtslieder gesungen, und auch in den Krippenspielen gab es Musik: eine Trommelbegleitung für den Weg der Hirten oder Sternenmusik mit Metallofon-Klängen von der Empore herunter für die Könige.

Ein besonderer Moment war immer der „Kerzenkreis“ am Schluss der Weihnachtsgottesdienste: Zur weihnachtlichen Instrumentalmusik von einer CD stellten wir uns mit den Kindern in einen großen Kreis. Alle hatten Kerzen in den Händen, was besonders mit den jüngeren Klassen ein kleines Abenteuer war. In der Atmosphäre des besonderen Raumes und der Musik gelang es, dass wir still wurden und die Kinder die ganz besondere Stimmung spürten und genießen konnten. Nach dem Hören der Musik sangen wir ein Lied zusammen. Schließlich wurden die Kerzen gelöscht, unser Pastor sprach den Segen, und wir lösten den Kreis auf. Der Gottesdienst war beendet und die Kinder gingen in die Schule zurück.

Ein Abschiedsgottesdienst für die vierten Klassen am Ende des Schuljahres war geprägt von Segensworten und von einer lebendigen Aktion, in der die Kinder sich gegenseitig mit guten Wünschen für die neue Schule beschenkten. Viele Eltern waren dabei. Wir wurden zu einer Gemeinschaft mit unseren oft gesungenen Liedern, an die die Kinder sich erinnern würden auf ihrem Weg in die Zukunft.

Zum Schluss

Am Ende dieses Kapitels sollen einige pragmatische Bemerkungen stehen.

Die Erfahrung zeigte, dass die Planung und Vorbereitung solcher Schulfeiern viel Arbeit machte. Unruhige Kinder waren eine Realität. Trotzdem sollte es gelingen, schöne Feiern zu gestalten.

Die Raumgestaltung, der zeitliche Ablauf und die räumliche Planung wollten gut überlegt, mit allen Beteiligten abgesprochen und ausreichend vorbereitet werden. Klare Regeln wurden mit den Kindern abgesprochen.

Schließlich war es dann soweit. Die Instrumente waren aufgebaut, die Gitarre gestimmt, die Projektion der Lieder überprüft, der Verstärker angeschlossen: Es konnte losgehen!

Nach und nach erprobten und fanden wir Formen, wie wir mit dem Ablauf einer Veranstaltung zufrieden waren und die Kinder glücklich machen konnten. Es brauchte mehrere Jahre, bis Rituale wie das Adventssingen oder die Ferienfeiern sich für alle Beteiligten eingespielt hatten.

Die Musikspiele

Die Musikspiele, die ich in diesem Buch vorstelle, sind eine besondere Form von musikalischen Spielen, die für die pädagogisch-therapeutische Arbeit besonders mit Kindern entwickelt worden sind. Es sind Spiele für Musikinstrumente, für die Stimme und manchmal auch für Bewegung.

Lilli Friedemann fing in den 70er Jahren an, Regeln für musikalische Gruppenimprovisationen zu entwickeln (Friedemann, 1973). Es folgten Musikspiele, in denen mit Klängen kommuniziert wurde (Friedemann, 1983). Solche Spielregeln gaben Experimenten mit Musik einen Rahmen und eine Struktur.

Als die Idee entstand, nicht nur nach musikalische Regeln zu spielen, sondern z. B. die Frage: „Wie geht es mir gerade?“ mit Klängen darzustellen, kamen auch Gefühle zum Ausdruck. Damit war die Brücke zur Musiktherapie geschlagen, die sich im deutschsprachigen Raum gerade entwickelte.

Nach und nach gab es weitere Veröffentlichungen (siehe Literaturliste) mit Musikspielen, die mal eher musikpädagogisch einzuordnen waren, mal eher therapeutisch.

Zunächst ging es in den Spielen um verschiedene Parameter (wie Lautstärke, Tempo, Rhythmus, Klangfarbe) der Musik.

Es konnten Formen wie Dialoge, eine Folge von Soli und Tutti oder ein Rondo gespielt werden.

Inhaltlich ging es um unterschiedliche Themen oder Geschichten. Dabei ergab es sich fast von selbst, dass Gefühle ins Spiel kamen, die dann musikalisch ausgedrückt wurden.

Für mich waren diese Musikspiele unentbehrlich. Mit Freude habe viele im Musikunterricht ausprobiert. Einige konnte ich übernehmen, manche Ideen habe ich variiert.

Zusätzlich fing ich an, eigene Spielideen für die Kinder in meinem Unterricht zu entwickeln. Jedes neue Spiel brauchte eine Erprobungsphase, bis eine Spielregel gefunden war, die sich bewährt hatte. So ist meine Sammlung von neuen Spielen entstanden.

Die Spiele haben – mit unterschiedlicher Gewichtung – einen musikalischen Anteil, einen Sprachförderanteil (im weitesten Sinn) und einen sozial-emotionalen Anteil.

Durch die Emotionen, die ausgedrückt werden konnten, kamen wir zu dem, was die Kinder in ihrer Lebenssituation betraf und was sie bewegte. Im Rahmen dieser Spiele entstand ein kleiner intermediärer Raum. Hier konnten sich wenig beachtete Bedürfnisse zeigen, die spielenden Kinder bekamen Verständnis und Resonanz.

Die gespielten Gefühle bildeten dabei die Tragfläche für das, was musikalisch oder sprachlich gelernt werden konnte.

Den Kindern bedeutete es viel, Gefühle in Musik und Bewegung ausleben zu können. Sie erlebten Spaß und auch Entlastung in angespannten Situationen. Oft entstand durch das Spiel ein Impuls, über Schwierigkeiten zu sprechen.

Entscheidend war, dass die Spielregel oder die Geschichte dem Ausdruck von Emotionen einen klaren Rahmen geben. Das Spiel ermöglicht einen Einstieg in einen Gefühlsausdruck und intensives Spiel, dann aber auch ein Ausklingen, eine Beruhigung und das Beenden der Geschichte.

Die Musikspiele-Sammlung und die Anwendung der Spiele

Im ersten Teil der Spiele-Sammlung habe ich Musikspiele aufgeführt, die vorrangig dem Kennenlernen und Erforschen von Klängen, von Hörübungen und dem elementaren Zusammenspiel dienen. Es sind weniger therapeutische Spiele, sind in ihrer Wirkung jedoch mehr als nur eine Übung von musikalischen Fertigkeiten. Alle Spiele fördern Selbstbewusstsein, Kommunikationsfähigkeit und Aufmerksamkeit, ebenso Motorik und Koordination, und immer auch die Kreativität.

Nicht zuletzt sind es Aktivitäten, die Freude machen, Spannungen abbauen, Selbstwirksamkeit erfahrbar machen und zu einer friedlichen Stimmung beitragen.

Die eher musiktherapeutischen Spiele folgen im zweiten Teil der Spiele-Sammlung. Sie geben eine intensivere Möglichkeit, Kinder in ihrem Kommunikations-, Kontakt- und Konfliktverhalten wahrzunehmen.

Die Zuordnung zur einen oder anderen Gruppe ist fließend. Es kommt auch darauf an, wie ich als Pädagogin oder Therapeutin die Kinder beobachte, das Gesehene für mich reflektiere und u. U. darauf eingehe.

In diesem Sinn können die Spiele unterschiedlich eingesetzt werden.

Die Spielideen können musikpädagogischen Zielen dienen, in einem gruppenpädagogischen Geschehen oder in einem musiktherapeutischen Prozess eingesetzt werden.

Ebenso ist die Anwendung für unterschiedliche Altersgruppen nicht festgelegt. Mehr als auf das Alter der Kinder kommt es auf die musikalischen Voraussetzungen der Gruppenmitglieder an, sowie auf Faktoren wie Aufmerksamkeit, Ausgeglichenheit, Lernfähigkeit und Vertrautheit.

Viele der Spiele sind geeignet für inklusive Arbeit. Ich hatte regelmäßig eine Trommelgruppe mit Kindern der benachbarten Grundschule und unseren Förderschulkindern zusammen. In dieser von den Voraussetzungen sehr bunt zusammengesetzten Gruppe konnten wir mit den Musikspielen gemeinsam Musik machen.

Bei allen Spielanleitungen handelt es sich nicht um strikte Anweisungen, sondern eher um Vorschläge. Sie sind in einem lebendigen Prozess entstanden; entsprechend den Voraussetzungen in meiner Arbeit, was den Raum, die Kinder, die Instrumente und meine eigenen Vorlieben und Fähigkeiten angeht. Die Anleitungen laden ein, sie kreativ einzusetzen und je nach Gegebenheiten und Bedürfnissen weiter zu entwickeln: Dazu gehören: die Resonanz der Kinder beobachten, die eigene Phantasie einsetzen, experimentieren – eben „spielen".

Wie wir spielen:

Wir sind laut – richtig laut,
wir sind leise – sehr leise,
wir sind lustig, wütend, albern, besinnlich,
gruselig, ängstlich, bedrohlich oder wild –
das alles im Spiel, und doch echt.
Wir trauen uns,
wir geben alles,
und verletzen niemanden dabei.
Wir kommen zum Ende,
wir denken nach
und vielleicht sagen wir etwas dazu.

Die sieben beliebtesten Spiele

Einige der Musikspiele waren bei uns, bei den Kindern und auch bei mir, besonders beliebt. Es sind Spiele, die eine besondere Dynamik haben, die mit authentischen Gefühlen der Kinder zu tun haben, die spannend sind und Spaß machen.

Es sind nicht eine „Top Ten“, sondern sieben Spiele, die hervorzuheben sind:

- Echo-Spiel
- Das wilde Tier
- Geisterschloss oder: Der mutige Ritter
- Kleine Igel
- Die Maschine ist kaputt
- Ja-Nein-Trommeln
- Hund und Katze

Hund und Katze – eine Szene aus dem Musikunterricht

Die Kinder der dritten Klasse kamen in den Musikraum. Paul lief gleich zu mir und sagte: „Ich hatte Geburtstag!“ Das hieß, dass er sich ein Spiel wünschen durfte.

Nachdem wir zwei Lieder gesungen hatten, wurde er schon ungeduldig. Hund und Katze, ein Spiel aus der Musikspiele-Sammlung, wollte er spielen. Paul gehörte zu den tonangebenden Jungen in der Klasse. Er war sportlich, kräftig und behauptete sich gerne.

„Mit wem möchtest du spielen?“, fragte ich. Paul hatte sich schon mit Finn verabredet. Finn war kleiner und sprach mit leiser Stimme. Aus meiner Sicht war er unterlegen. Aber die beiden mochten sich. Ich vermutete, dass Finn stolz darauf war, von Paul gewählt worden zu sein. Sie steckten die Köpfe zusammen, um sich zu einigen, wer Schiedsrichter sein sollte. Julia sollte Schiedsrichterin sein. „Ich will Hund sein“, rief Paul. „Ich auch“, antwortete Finn.

Ich hatte das Xylofon und zwei Trillerpfeifen geholt. Eine Pfeife gab ich Julia, eine war für mich, denn manchmal musste ich auch eingreifen.

Die Jungen hockten schon auf dem Teppich, in zwei gegenüberliegenden Ecken. Sie warteten darauf, dass es losging.

Die Kinder kannten das Spiel. Trotzdem erinnerte ich kurz: „Ihr kennt die Regeln, ja? Hunde und Katzen dürfen in diesem Spiel streiten, sich aber nicht wehtun. Ihr müsst besonders auf den Kopf, das Gesicht und den Hals aufpassen. Und ihr dürft gern die Stimme benutzen.“ Die Jungen stimmten zu.

Alle Kinder warteten gespannt und ich gab das Startzeichen: Ein Glissando auf dem Xylofon vom tiefsten bis zum höchsten Ton.

Paul kläffte einmal laut und schoss auf allen Vieren über den Teppich auf Finn zu, rempelte ihn dabei so von der Seite an, dass dieser kippte und mit dem Kopf unsanft auf dem Boden landete. Julia pfiff sofort und die Jungen hielten inne. Ich sah zu Julia. „Warum hast du gepfiffen?“ „Das war zu doll!“ „Genau! Finn, wie war es für dich?“ Finn rieb sich den Kopf, sagte aber nichts.

Paul guckte halb verunsichert, halb verärgert: „Das war doch gar nicht so doll.“ Ich erklärte: „Hm, du hast es nicht bemerkt. Es war keine Absicht von dir. Was machst du jetzt?“ Paul streckte Finn die Hand hin und sagte: „Entschuldigung!“ Ich hatte Verständnis für Jungen wie Paul. „Paul, wir machen hier ein Spiel, und ein Spiel ist eigentlich etwas Lustiges und soll Spaß machen. Ich glaube, du kannst das hinkriegen, oder?“ Paul nickte und ich sagte: „O. k., weiter geht's.“

Paul und Finn schlichen umeinander herum, näherten sich an und entfernten sich. Plötzlich bellte Paul laut in Finns Richtung. Finn zuckte ein wenig zusammen, zögerte, gab einen leisen Laut von sich. Paul merkte, dass er nicht die erwartete ebenso laute Antwort bekam. Er zog sich etwas zurück, duckte sich und knurrte ganz leise, wie eine Einladung. Finn bellte zurück, noch etwas schüchtern, und kam auf ihn zu. Paul grinste, suchte sich schnell eine andere Ecke, knurrte wieder ein bisschen. Als Finn antwortete, schlich er auf ihn zu, um sich im letzten Moment umzudrehen. Finn nahm das Spiel auf, lockte seinerseits Paul mit einem etwas lauteren Gebell zu sich. Die Kinder beobachteten neugierig das Hin und Her zwischen den beiden. Die Jungen foppten und neckten sich. Finn wurde mutiger und etwas lauter, Paul ließ sich wieder etwas einfallen. Die Stimmung zwischen den beiden hatte sich entspannt. Paul rollte über den Teppich, immer noch voller Energie. Nun wälzten sich beide Hunde gemeinsam über den Boden, bellten, kläfften und knurrten gemeinsam um die Wette.

Ich nahm den Schlägel und spiele das hohe C auf dem Xylofon mehrmals hintereinander, bis die beiden Jungen aufmerksam wurden und sich aufsetzten. Langsam spielte ich die Tonleiter abwärts, jeden Ton zweimal anschlagend, und landete auf dem tiefen C. Das war das Zeichen, das Spiel zu beenden, sich die Hand zu geben und zu sagen: „Das hat Spaß gemacht." Mit diesem Satz endet eine heftige Auseinandersetzung in dem Bilderbuch *Du hast angefangen! Nein, du!*. Ich habe ihn für alle Streit-Spiele übernommen. Er würdigt die Lust am gelungenen Streit und wirkt gleichzeitig befriedend.

Anschließend setzten sich die beiden auf ihre Plätze und die Schiedsrichterin hatte als erste das Wort. „War es ein faires Spiel?" Julia antwortete: „Ja, nur am Anfang nicht. Aber dann war es gut." Ich sah die beiden Jungen an: „Was wollt ihr sagen?" Finn antwortet sofort: „Es hat wirklich Spaß gemacht!" Ich fragte vorsichtig nach: „Ich habe deine Hundestimme gehört, erst ziemlich leise und dann lauter. Stimmt das?" Finn dachte kurz nach und bejahte. „War das gut für dich?" Finn nickte entschieden mit dem Kopf.

„Und wie war es für dich, Paul?" Paul überlegte einen Moment: „Ja, mir hat es auch Spaß gemacht."

„Wer von den Zuschauern möchte etwas sagen? Was habt ihr beobachtet?" Leo meldete sich zu Wort: „Auf dem Schulhof will Paul oft der Stärkste sein. Aber jetzt war er ganz lustig." Mia sagte: „Die haben laut gebellt!"

Ich beschloss die Runde: „Ich möchte auch etwas sagen, zu Paul. Ich weiß, dass du stark bist." Paul nickte. „Wahrscheinlich bist du der Stärkste in der Klasse. Und du hättest Finn fertig machen können. Stimmt das?" Paul nickte wieder. „Ich möchte mich bei dir bedanken, dass du für uns alle ein schönes Spiel gemacht hast! Es war lustig und du hattest gute Ideen." Paul lächelte mich an.

Ich freute mich für Paul, dass dieses Spiel ihm geholfen hatte, einen spielerischen Kontakt zu erleben. Finn bekam dadurch den Raum, sich freier zu äußern und lauter zu werden. Dadurch wiederum erlebte Paul einen Spielpartner, der ihm das Gegenüber wurde, das er sich eigentlich wünschte.

Dieses Partnerspiel konnte sehr verschieden verlaufen. Wenn die Kinder es zum ersten Mal spielten, tasteten sie sich erst aneinander heran. Nach und nach trauten sie sich, mehr in Kontakt zu gehen und eine Kommunikation mit ihrem Körper und ihrer Stimme entwickelte sich. Sie konnten ihre Grenzen austesten.

Wenn auf dem Schulhof zwei Kampfhähne übereinander herfielen, und ich wollte das als Lehrerin unterbinden, sagten sie mir: „Das ist doch nur Spaß!“ Meistens war es das auch, aber es konnte schnell ernst werden. Ein Verbot half nicht viel, weil „Spaßkloppe“ eine Form der Kontaktaufnahme war, besonders bei vielen Jungen.

Die Idee war, mit dem Spiel „Hund und Katze“ im Schonraum „Spaßkloppe“ so zu trainieren, dass die Spielenden bei sich selbst und bei anderen die Grenzen zwischen Spaß und einer riskanten Auseinandersetzung wahrnahmen. Sie bekamen Rückmeldung, konnten ihr Verhalten reflektieren und Alternativen ausprobieren.

Ein weiterer Aspekt bei diesem Spiel war die Möglichkeit, mit den Stimmen von Hund und Katze ohne Sprache die eigene Stimme einzusetzen. Kinder, die mundmotorisch Probleme hatten, Wörter schnell zu bilden, waren sprachlich bei Auseinandersetzungen immer unterlegen. Sie konnten sich nicht spontan abgrenzen und z. B. sagen: „Ich will das nicht! Lass mich in Ruhe!“

Mir fällt Jan ein. Ich hatte seine Stimme nur gehört, wenn er langsam und mühsam versuchte, Wörter zu bilden. Er wirkte immer etwas eingeschüchtert in der Gruppe. Bei diesem Spiel nahm ich ein ganz anderes Kind wahr. Mit kräftiger Stimme setzte er seinem Gegenüber zu, provozierte und konterte. Er entwickelte in seinem Ausdruck viele Klänge und Tonarten, konnte sich als Hund verständlich machen und hatte großen Spaß dabei.

Dieses Spiel hatte eine altermäßige Begrenzung. Mit neun bis zehn Jahren war es vielen Jungen nicht mehr möglich, eine spielerische Auseinandersetzung zu inszenieren. Sie wollten kämpfen und testen, wer stärker ist. Ich empfahl ihnen, im Sportunterricht mit ihrem Lehrer Ringkämpfe auf der Matte zu trainieren.

Wenn es ein akutes Gerangel zwischen zwei Streithähnen gab, habe ich die beiden aufgefordert, durch Armdrücken einen Sieger zu ermitteln. Alle Kinder der Klasse waren Zeugen, und die beiden mussten für den Moment das Ergebnis akzeptieren.

Musikspiele-Sammlung

Die Spiele 1 bis 18 können eher pädagogischen Spielen zugerechnet werden. Es geht um Spiele mit Klängen, um Hören und Gestalten.

Die weiteren Spiele ab dem 19. Spiel gehören eher in den therapeutischen Bereich. Hier geht es um das Kommunizieren und das Erleben von Gefühlen.

Die Zuordnung ist nicht eindeutig zu treffen, sie gilt einer ungefähren Orientierung.

Die meisten Spiele habe ich selbst entwickelt.

Zwei Spielanleitungen sind aus der Literatur übernommen und entsprechend gekennzeichnet.

Für die restlichen Spiele gilt, dass die Herkunft für mich nicht mehr feststellbar ist. Die Ideen dazu kamen meistens aus Fortbildungen bzw. von anderen Kolleginnen, ohne dass eine Urheberschaft bekannt war.

1. Namen rufen[4]

Material:
Trommeln für alle Spielenden

Spiel:
Die Kinder sitzen mit Trommeln im Kreis. Ein Kind beginnt mit beiden Händen zu trommeln, rechts – links abwechselnd, und ruft das nächste Kind, das dann mit trommelt. Dieses ruft wiederum das nächste, bis alle trommeln. Das zuletzt eingestiegene Kind ruft das Erste, das aufhört zu trommeln. So beenden nach und nach alle ihr Spiel.

Schwierigere Variation: Statt durch Rufen wird das jeweils nächste Kind durch Zublinzeln zum Trommeln aufgefordert.

Musikalischer Aspekt:
Das Anwachsen des Klanges von einer einzelnen Trommel zum lauten, dichten Trommelklang der ganzen Gruppe und ebenso der abnehmende Klang bis zur letzten Trommel ist in seiner Einfachheit doch ein interessantes Hörerlebnis.

Die Motorik des mit beiden Händen abwechselnden Schlagens auf die Trommel fällt manchen Kindern gar nicht so leicht. Dies Spiel dient auch der rhythmischen Übung.

---

4 Nach dem gleichnamigen Spiel von Lilli Friedemann. Lilli Friedemann „Trommeln – Tanzen – Tönen" © Copyright 1983 by Universal Edition A. G., Wien.

Sprachlicher Aspekt:
Die Namen müssen bei zunehmender Lautstärke der Trommeln tatsächlich gerufen werden, für schüchterne Kinder eine Herausforderung, aber auch ein Spaß.

Sozial-emotionaler Aspekt:
Dieses Spiel ist gut geeignet zum Kennenlernen in einer neuen Gruppe und das Hineinfinden in ein musikalisches Gruppengeschehen, Hemmungen werden überwunden.

2. Trommelkönig

Diesem klassischen Nachahmungsspiel habe ich den Namen Trommelkönig gegeben.

Material:
Trommeln für alle Spielenden, eine Krone

Spiel:
Die Kinder sitzen mit Trommeln im Kreis. Ein Kind ist König oder Königin und macht auf der Trommel vor, was alle anderen so genau wie möglich nachahmen.

Spielarten: laut oder leise trommeln, am Rand helle Klänge oder in der Mitte den Bassklang spielen, mit den Fingern dribbeln oder mit einem Finger trommeln oder klopfen, mit den Händen wischen oder mit den Fingernägeln kratzen usw. Nach einer Weile kommt der nächste König dran.

Die meisten Kinder mögen es, wenn der König oder die Königin sich eine Krone aufsetzen darf, z. B. aus Goldpappe.

Musikalischer Aspekt:
Spielweisen auf der Trommel nachahmen.

Sprachlicher Aspekt:
Ein entlastendes Spiel, weil es sprachfrei ist.

Sozial-emotionaler Aspekt:
Obwohl es sich um ein Spiel mit einer ganz einfachen Spielregel handelt, hat es für das vormachende Kind einen unmittelbaren und wirkungsvollen „Verstärker“-Effekt. Wenn die Gruppe aufmerksam mitmacht, folgt auf einen Schlag auf die eigene Trommel ein lauter Trommelschlag der ganzen Gruppe, ein Tippen mit einem Finger hat ein vielfaches Tippen als Echo, oder ein Wischen über das Fell löst ein intensives Rauschen aus.

Variation:
Das Kind, das König oder Königin spielt, hat keine Trommel, sondern macht mit den Füßen auf dem Boden vor, was die anderen Kinder mit den Händen auf der Trommel nachmachen.

Eine weitere Variation: Das Gegenteil trommeln
Der König oder die Königin macht vor oder sagt an, wie getrommelt werden soll. Die Mitspielenden machen das Gegenteil!

Beispiel: „Ihr sollt leise spielen! Noch leiser! Und noch etwas leiser!" Dabei trommeln alle mit großem Spaß immer lauter.

3. Stoppspiel[5]

Material:
Trommeln für alle Spielenden, ein hell klingendes Instrument, z. B. eine Triangel oder eine kleine Klangschale

Spiel:
Die Kinder sitzen mit Trommeln im Kreis, alle trommeln. Ein Kind hat das hell klingende Instrument und spielt versteckt einen Ton. Dabei hält es das Instrument hinter den Rücken oder dreht sich um. Wer den Ton hört, beendet sofort das Trommeln. Das Stopp-Instrument wird weitergeben.

Ein Spiel, das Aufmerksamkeit und Hören schult.

4. Rückentrommeln[6]

Material:
halb so viele Trommeln wie Spielende

Spiel:
Die Hälfte der Spielenden sitzt mit Trommeln im Kreis. Hinter jedem Trommelnden sitzt ein Partner, und zwar so, dass er an den Rücken des trommelnden Kindes gut herankommt. Man kann Hocker verwenden oder bei Stühlen die Lehne zur Seite drehen. Die hinteren Spieler „trommeln" jetzt auf dem Rücken ihres Partners, dieser erspürt die Berührungen und macht das Gleiche auf seiner Trommel. Die Rückentrommler können klopfen, streicheln, dribbeln usw., sollten sich aber vergewissern, ob das, was sie tun, für ihren Partner angenehm ist.

Bei diesem Spiel wird das Trommeln kombiniert mit körperlicher Wahrnehmung.

---

5 Aus einer Trommel-Fortbildung.
6 Aus einer Trommel-Fortbildung.

5. Wettergeschichte

Verklanglichungen von Geschichten sind Bestandteil der Musikpädagogik.

Material:
Trommeln für alle Mitspielenden, evtl. weitere Instrumente, die zu einer Wettergeschichte passen

Spiel:
Die Spielleiterin oder ein Kind erzählt eine Wettergeschichte und spielt dazu entsprechende Geräusche auf der Trommel. Alle machen mit, möglichst genau imitierend.

Es gibt verschiedene Möglichkeiten, das Wetter zu erzählen:

- Regen: mit den Fingern dribbeln
- Hagel: mit den Fingernägeln dribbeln
- Schnee: ganz weich mit den Fingerkuppen dribbeln
- Leichter oder starker Wind: mit den Fingern oder den Handflächen wischen
- Sturm oder Orkan: mit den Fingernägeln wischen
- Blitz: mit dem Fingernagel des Zeigefingers einen Strich über das Trommelfell ziehen
- Donner: mit beiden Händen trommeln, in der Mitte des Trommelfells
- Sonne: eine Klangschale anschlagen

Die Spielleiterin gestaltet die Geschichte möglichst interessant und spannend. Wenn einzelne Kinder ihre Wettergeschichte erzählen, kann dies je nach sprachlichem Vermögen in kurzen Sätzen, mit einzelnen Worten oder ohne Sprache durch Vormachen auf der Trommel geschehen.

Musikalischer Aspekt:
Klänge zum Wetter zu finden eignet sich besonders für Anfänger, weil bei den meisten Wetterphänomenen die tatsächlichen Geräusche nachgeahmt werden können. Bei Sonnenschein oder Schnee werden Klänge assoziiert, was Kindern aber in diesen Fällen nicht schwerfällt.

Sprachlicher und sozial-emotionaler Aspekt:
Ein geeignetes Spiel für inklusives Arbeiten: Jedes Kind kann die Geschichte nach seinem Vermögen erzählen. Spannende Ausschmückungen sind ebenso möglich wie sprachfreies Vormachen.

6. Klangstrauß[7]

Material:
Instrumente, die tonal zusammen klingen, z. B. in C-Dur: auf Stabspielen die Töne c, e, g, eine Gitarre oder eine Kantele in C-Dur gestimmt, dazu Rhythmusinstrumente

Spiel:
Wir stellen uns vor, dass wir auf einer Wiese sitzen. Die Instrumente sind die Blumen. Die Kinder mit den Instrumenten sitzen im Kreis. Ein Kind pflückt einen Blumenstrauß mit Klängen seiner Wahl. Es benutzt dazu einen Schlägel. Wenn es mit dem Kopf auf ein Instrument zeigt, wird es gespielt, wenn es mit dem Stockende zeigt, darf das Instrument nicht mehr gespielt werden. Das Blumenpflücker-Kind soll auf die Klänge lauschen und entscheiden, was gut zusammenklingt. Bei dem Wechselspiel sollte aber jede Blume mindestens einmal mitspielen dürfen.

Musikalischer Aspekt:
In diesem Spiel spielt „schön“ klingende Musik eine Rolle. Weil die Kinder oft noch kein harmonisches Gehör haben, wähle ich tonale Klänge von gestimmten Instrumenten, dazu weitere Klangkörper.

Sprachlicher und sozial-emotionaler Aspekt:
Dieses einfache Dirigier-Spiel hatte immer wieder eine große Wirkung bei den Sprachförderkindern.

Sie haben oft Probleme, verbal eine „Bestimmer“-Rolle zu übernehmen. Wenn sie durch Zeigen und ohne Worte dirigieren dürfen, genießen sie es sehr.

7. Trommel-Suchspiel[8]

Ein Spiel für jüngere Kinder, die Suchspiele lieben.

Material:
eine Trommel oder Trommeln für alle Mitspielenden

Spiel:
Ein Kind verlässt den Raum. Ein Gegenstand, z. B. etwas Süßes, wird im Raum versteckt, sollte aber noch etwas sichtbar sein.

Das Kind wird mit einem Trommelzeichen hereingerufen und fängt an, langsam durch den Raum zu gehen.

Die Spielleiterin oder bei älteren Schülern ein Kind führt das suchende Kind trommelnd durch den Raum. Lauteres Trommeln heißt: Du bist auf dem richti-

7 Aus einer Musik-Fortbildung.
8 Elisabeth Heymann.

gen Weg, leiseres Trommeln: Du gehst in die falsche Richtung. Trommelwirbel: Du hast es gefunden!

Die ursprüngliche Idee war, dass die ganze Gruppe mit Trommeln die Suche leitet. Dafür müssen die Mitspielenden sehr differenziert leiser oder lauter trommeln können.

8. Rasselbär[9]

Ein leises Spiel für jüngere Kinder

Material:
ein Rasselbär, z. B. eine kleine Rassel in Form eines Bären

Ich hatte eine sehr kleine, leise klingende Holzrassel mit einem Bärenkopf, die mich auf die Idee zu diesem Spiel gebracht hat. Kinder akzeptieren auch eine andere Rassel, z. B. mit angeklebten Bärenohren.

Geschichte und **Spiel:**
Der Rasselbär schleicht durch den dunklen Wald und versteckt sich. Er darf dabei nicht zu hören sein. Ein anderes Kind sitzt währenddessen mit verbundenen Augen in der Mitte des Raumes und ruft: Bär, wo bist du? Der Rasselbär rasselt leise, das suchende Kind schleicht in die Richtung, aus der das Rasseln kommt, und findet durch wiederholtes Rufen den Bären.

Musikalischer und sprachlicher Aspekt:
Hören leiser Klänge, Richtungshören.

Gut erzählt erzeugt das Spiel eine geheimnisvolle Stimmung und wird gern gespielt.

9. Rasselmonster[10]

Geschichte:
Tief im dunklen, dunklen Wald wohnen die unheimlichen Rasselmonster. Niemand traut sich in den Wald hinein, nur der mächtige Zauberer mit seinem goldenen Zauberstab, denn mit dem Zauberstab kann er die Monster zum Schweigen bringen.

Material:
Rasseln, ein Zauberhut, ein Zauberstab, ein Tuch zum Verbinden der Augen

9 Elisabeth Heymann.
10 Elisabeth Heymann.

Spiel:
Auf einem Hocker in der Mitte des Raumes sitzt der Zauberer. Die anderen Kinder suchen sich der Reihe nach rundherum im Raum einen Platz, unter Tischen oder in Ecken, jeweils mit einer Rassel. Dem Zauberer werden die Augen verbunden – es ist ja ganz dunkel im Wald.

Spielleiterin: „Es ist ganz still im Wald, aber plötzlich hört man etwas!" Sie zeigt jeweils auf ein Kind, das dann rasselt. Der Zauberer hört und richtet den Zauberstab in die Richtung, aus der er das Rasseln gehört hat. Wenn er richtig gezeigt hat, verstummt das Monster.

Wenn der Zauberer drei Monster zum Schweigen gebracht hat, darf das nächste Kind Zauberer sein.

Musikalischer und sprachlicher Aspekt:
Das Hören leiser Klänge soll keine lästige Übung sein, sondern ein Spiel, das Spaß macht.

10. Dunkler Wald – helle Laternen[11]

Material:
dunkel und hell klingende Instrumente

Spiel:
Ein Spiel für den Herbst, am besten morgens, wenn es im Musikraum noch nicht so hell ist und bei ausgeschaltetem Licht eine dämmrige Stimmung entsteht.

Dunkel klingende Instrumente werden im Raum rundherum verteilt, z. B. ein Bass-Xylofon und große Trommeln. In der Mitte liegen hell klingende Instrumente wie Zimbeln, Triangeln und kleine Klangschalen.

Die Kinder wählen, ob sie den Wald oder die Laternen spielen wollen, und setzen sich neben ihr gewähltes Instrument.

Das Licht im Raum wird ausgeschaltet. Die Waldkinder spielen leise ihre dunklen Töne. Die Laternenkinder stehen auf und gehen, immer einmal einen Ton spielend, durch den Wald. Nach einer Weile kehren sie zurück, setzen sich wieder, und nur der Wald erklingt zum Schluss.

Musikalischer Aspekt:
behutsames Spielen der Instrumente, damit schöne dunkle Töne und schwebende helle Klänge entstehen

Sprachlicher Aspekt:
aufmerksames Hören der Klänge

---

11 Elisabeth Heymann.

Sozial-emotionaler Aspekt:
zur Ruhe kommen, eine stille, nächtliche Stimmung entstehen lassen und genießen.

11. Zwei kleine Wölfe

Das Lied wird mit Instrumenten und pantomimischem Spiel dargestellt.

Lied: *Zwei kleine Wölfe*

Text und Melodie: traditionell, Bearbeitung: Werner Rizzi

Material:
Instrumente für
- die Dunkelheit: Bass-Xylofon, dunkel klingende Trommel,
- die Wurzeln: Guiro, Hölzer,
- das Sternenlicht: Triangel, Zimbeln, Klangschale, Glockenspiel,
- „badu badum“: eine Tanztrommel,
- eine Höhle für die Wölfe

Spiel:
Das Licht wird ausgeschaltet. Zuerst hört man nur die Dunkelheit. Dann wird das Lied zeilenweise gesungen mit Unterbrechungen für die Klänge. Die Wölfe schleichen durch den Raum und spielen pantomimisch zum Text.

Ein schönes Winterlied, rhythmisch interessant und beliebt bei den Kindern. Jedes Kind möchte einmal Wolf spielen, natürlich mit einem Wolfsgeheul. Die Kinder mögen das Spiel auch, weil sie zu zweit spielen: Sie raunen sich ins Ohr, sie suchen sich gemeinsam einen Weg und heulen gemeinsam in dem dunklen Wald.

12. Echo-Spiel[12]

Material:
etwa zehn Instrumenten-Paare, ähnliche oder gleiche Instrumente, z. B. zwei Flöten, zwei Trommeln, zwei Zimbeln, zwei Rasseln.

In der Mitte des Raumes eine Trennwand, z. B. eine Klapp-Matratze, die aufgestellt wird.

Spiel:
Die Instrumente werden so verteilt, dass auf der einen Seite der Trennwand zehn verschiedene Instrumente liegen und auf der anderen Seite die jeweils anderen, die zu den Paaren gehören.

Auf jeder Seite sitzt ein Kind, um sich herum die Instrumente. Die beiden sitzen mit dem Rücken zueinander. Eins fängt an und spielt einen leisen Ton auf einem der Instrumente. Das Kind auf der anderen Seite hört den Ton, sucht das entsprechende Instrument auf seiner Seite und spielt einen Ton als Echo.

Der Schwierigkeitsgrad kann erhöht werden, indem nicht nur gehört werden muss, welches Instrument gespielt worden ist, sondern auch womit oder auf welche Weise es gespielt wurde.

Die ganze Gruppe ist an der Höraufgabe beteiligt, weil die Kinder jeweils auf einer der beiden Seiten sitzen und die gespielten Instrumente der anderen Seite nicht sehen können.

---

12 Nach dem Gruppenspiel „Nachahmungsspiel“ von Ger Storms (Storms, 1984) habe ich ein entsprechendes Partnerspiel entwickelt.

Wenn jedes der beiden aktiven Kinder drei eigene Töne und dreimal Echo gespielt hat, wird gewechselt.

Musikalischer und sprachlicher Aspekt:
Das genaue Hinhören wird bei diesem Spiel stark gefordert. Die akustische Wahrnehmung wird geschult. Dabei ist das Spiel sehr spannend, die ganze Klasse ist aufmerksam bei der Sache, die Kinder mochten es.

13. Lebendige Tonleiter[13]

Material:
acht Klangbausteine einer Oktave, Metallofon oder Xylofon

Spiel:
Acht Kinder bekommen je einen Klangbaustein und einen Schlägel dazu. Die Kinder sollen sich durch Hören zu einer Tonleiter ordnen. Dafür wähle ich ein Kind mit einem mittleren Ton, f oder g, das sich in die Mitte setzt. Eins der anderen Kinder setzt sich vor das erste Kind und vergleicht seinen Ton mit dem mittleren Ton. Ist der eigene Ton tiefer, setzt es sich links neben das erste Kind, ist er höher, setzt es sich auf die rechte Seite. Das nächste Kind beginnt wiederum bei dem mittleren Ton, den eigenen Ton zu vergleichen und ordnet sich rechts oder links ein. Wenn dort schon ein Kind sitzt, vergleichen auch diese beiden ihre Töne und platzieren sich entsprechend: der jeweils tiefere Ton links und der höhere rechts. So verfahren auch die restlichen Kinder, bis alle acht Mitwirkenden nebeneinander eine Reihe bilden.

Dann spielen sie ihre Töne nacheinander und überprüfen, ob die Tonhöhe ansteigend und in der anderen Richtung absteigend ist.

Wenn in der Gruppe mehr als acht Kinder sind, bekommen die übrigen die Aufgabe der Beratung.

Bei den Sprachförderkindern war es so, dass selbst in der vierten Klasse viele Kinder noch nicht eindeutig hören konnten, ob ein Ton höher oder tiefer war. Die Töne wurden mehrmals wiederholt, und die Berater haben geholfen.

Mit der fertig aufgebauten Tonleiter können kleine Melodien gespielt werden.

Musikalischer und sprachlicher Aspekt:
Dies Spiel ist ein Spiel aus dem Musikunterricht. Es hat zum Ziel, das Hören der Tonhöhen zu üben und die Tonleiter kennenzulernen. Ich habe es in diese Sammlung aufgenommen, weil die Kinder dabei miteinander kommunizieren, sich gegenseitig unterstützen und so gemeinsam zum gewünschten Ergebnis kommen.

---

13 Aus meiner Musiklehrerausbildung.

14. Bruder-Jakob-Spiel[14]

Kanon:

Bruder Jakob, Bruder Jakob,
schläfst du noch, schläfst du noch?
Hörst du nicht die Glocken, hörst du nicht die Glocken?
Ding dang dong, ding dang dong.
(Der Kanon kann auch in anderen Sprachen gesungen werden.)

Geschichte:

Es ist Nacht. Bruder Jakob schläft. Man hört gar nichts, nur sein Schnarchen.

Jetzt läuten die Glocken. Es ist Morgen. Bruder Jakob steht auf, reckt sich und streckt sich. Dann wäscht er sich und geht frühstücken.

Was isst du, Bruder Jakob? Und was trinkst du? Jetzt ist Bruder Jakob fertig mit dem Frühstück, er putzt sich die Zähne. Nun geht er die Treppe hinunter und zur Haustür hinaus. Einen schönen Tag noch, Bruder Jakob!

Material:

Matratze, Kissen und diverse Instrumente, z. B. Guiro (Ratsche), Metallofon, Flöte, verschiedene Rasseln, Trommel, ein Paar Becken

Spiel:

Die Geschichte wird erzählt.

Für jede Aktion des Bruder Jakob werden passende Instrumente ausgewählt und im Raum um die Matratze herum verteilt. Die Kinder wählen sich jeweils ein Instrument und setzen sich daneben.

Ein Kind spielt pantomimisch den Bruder Jakob. Die anderen Kinder spielen die dazu ausgewählten Instrumente, wobei sie die Bewegungen von Bruder Jakob genau beobachten und in Klänge umsetzen, wie bei einem Stummfilm. Die Glocken werden z. B. mit Metallofon-Klangbausteinen in c – e – g (C-Dur) gespielt.

Wenn die Glockentöne erklingen, wird das Lied dazu gesungen.

Interessant bei diesem Spiel ist die Koordination von Bewegung und Musik.
Die Musiker beobachten genau das Spiel des Bruder Jakob, vollziehen das Recken und Strecken mit, den Rhythmus beim Zähne-Putzen und das Tempo beim Hinabsteigen der Stufen. Oder richtet Bruder Jakob sich nach der Musik?

Die Aufmerksamkeit, die dabei gefördert wird, betrifft Musik und Kommunikation ohne Worte und damit den musikalischen, sprachlichen und sozialen Aspekt.

14 Elisabeth Heymann.

15. Einsteigen – Aussteigen[15]

Material:
Trommeln und andere Instrumente, für jedes Kind eins

Spiel:
Vor dem Halbkreis der Gruppe stehen drei Stühle, je nach Gruppengröße geht es mit vier oder fünf Stühlen. Ein Kind setzt sich auf den ersten Stuhl und beginnt zu spielen, am besten einen gleichmäßigen Rhythmus. Ein zweites Kind setzt sich dazu und stimmt ein, dann ein drittes. Nach einer kleinen Weile des gemeinsamen Spiels steigt der erste Spieler oder die Spielerin aus und ein anderes Kind steigt ein usw.

Je nach Gruppe wird die Reihenfolge festgelegt oder die Spielenden entscheiden, wann sie einsteigen möchten.

Musikalischer Aspekt:
Improvisieren von Musik.

16. Die Stunde des Herrn Blau[16]

Bilderbuch: Herbauts, Anne (2003): *Die Stunde des Herrn Blau*

Material:
verschiedene Instrumente, je ein schwarzes, ein weißes, ein gelbes und ein blaues Tuch

Spiel:
Die Geschichte aus dem Bilderbuch wird vorgelesen. Die Bilder und die Art des Vorlesens sollen die zauberhafte Stimmung dieser Geschichte vermitteln.

Es geht um den Tag und die Nacht, den Sonnenkönig und die Königin der Nacht, die sich gegenseitig nicht ausstehen können. Aber dazwischen gibt es noch den Herrn Blau, der die Abenddämmerung zwischen Tag und Nacht verkörpert. Er macht sich auf den Weg auf die andere Seite und findet dort die Prinzessin der Morgendämmerung.

Die Bilder zu der Geschichte sind ausdrucksstark und regen die Fantasie an.

Die vier Tücher werden im Uhrzeigersinn in ein großes Quadrat gelegt: schwarz für die Nacht, weiß für den Morgen, gelb für den Tag und blau für den Abend. Die Kinder ordnen Instrumente den Tageszeiten zu und legen sie auf die Tücher, z. B.

15 Aus einer Musik-Fortbildung.
16 Elisabeth Heymann.

dunkle Klänge für die Nacht, zarte Klänge für den Morgen, helle Klänge für den Tag und leise Klänge für den Abend. Vielleicht gibt es auch Vogelstimmen?

Die Kinder hocken sich um die Tücher herum zu den Instrumenten, die sie spielen wollen. Ein Kind steht in der Mitte und zeigt mit einem Stock wie mit einem Uhrzeiger ganz langsam einen Kreis. Nacheinander erklingen die Tageszeiten. Man kann besonders auf die Übergänge achten. Jede Klanggruppe setzt leise ein, steigert sich und klingt wieder leise aus, während die nächste Gruppe leise einsetzt.

Musikalischer Aspekt:
assoziativ Klänge zu einer Stimmung finden und spielen. Übergänge gestalten.

17. Ich mache eine Reise[17]

Material:
möglichst viele verschiedene Instrumente

Spiel:
Ein Kind ist „Reiseleiter" oder „Reiseleiterin" und denkt sich eine Reise aus, aber ohne die Idee zu verraten. Es können auch zwei Kinder gemeinsam eine Reise überlegen, wenn ein Kind sich nicht alleine traut.

Das Reiseziel kann der nächste Wald oder das andere Ende der Welt sein. Die Reise kann mit jedem denkbaren Gefährt geplant werden.

Es kann auch eine fantasievolle Reise sein, zum Mond, auf einem Elefanten oder unter Wasser.

Der Reiseleiter überlegt sich, mit welchen Klängen er den Verlauf der Reise, den Weg und das Ziel, darstellen möchte. Er wählt Instrumente aus, verteilt sie an die Mitspielenden, gibt evtl. Anweisungen zur Spielweise und dirigiert dann die Reise.

Anschließend sollen die beteiligten Kinder erraten, um was für eine Reise es sich gehandelt hat.

Musikalischer Aspekt:
Ein Spiel für ältere oder erfahrene Kinder.

Dies Spiel kann unterschiedlich anspruchsvoll gespielt werden. Hier können die Kinder zeigen, wie sie sich inzwischen mit den Klängen und den Instrumenten auskennen und sie sinnvoll für die Darstellung einer Geschichte einsetzen können.

17 Elisabeth Heymann.

18. Das wilde Tier[19]

Lied: *Wir wolln einmal spazieren gehn*

Text und Musik: traditionell

Material:
acht bis zehn möglichst große Trommeln oder kleine Trommeln auf Hockern, drei Schlägel, eine Höhle, eine kleine Trommel oder Holztrommel.

Spiel:
Ein Kind versteckt sich als wildes Tier in der Höhle. Ein Klopfinstrument liegt vor der Höhle. Die Trommeln stehen im Raum verteilt für Bäume und Sträucher des Gartens. Das Lied wird gesungen, drei Spaziergänger gehen zwischen den Trommeln im Garten spazieren, möglichst rhythmisch zur Melodie. Im zweiten Liedteil schlagen sie jeweils zu den Uhrzeiten auf eine beliebige Trommel, die gerade in ihrer Nähe ist, während sie weiter herumgehen, bis zehn Uhr. Um elf Uhr klopft das wilde Tier auf sein Instrument, um zwölf Uhr kommt es heraus und muss sich einen Spaziergänger schnappen.

Musikalischer und sprachlicher Aspekt:
Das rhythmische Gehen zur Melodie zwischen den Trommeln ist eine Rhythmusübung, die viel Spaß macht, wobei sich jedes Kind seinen eigenen Weg sucht. Eine größere Herausforderung, aber mit noch mehr Spaß, ist dann das Schlagen auf die Trommeln während des Gehens, immer genau zur Uhrzeit.

Für rhythmisch ungeübte Kinder ist es eine große Herausforderung, so dass ich anfangs mehrere Runden als Spaziergängerin mitgegangen bin und die Trommelschläge mit übertriebenen Bewegungen vorgemacht habe.

18 Elisabeth Heymann.

Der „Kick“ für die Kinder ist natürlich das Verstecken zum Schluss und das Weglaufen vor dem wilden Tier.

Man muss dieses Spiel ausprobiert haben, um die Energie in dem rhythmischen Gehen und Trommeln dazu zu erleben.

19. Laut und Leise[19]

Material:
zwei rote und zwei gelbe Kappen z. B. als Kennzeichen für das laute oder das leise Spiel, beliebiges Instrumentarium

Spiel:
Ein Kind sitzt auf dem Stuhl in der Mitte, eine Mitspielerin kommt zu Besuch. Sie kommt von draußen in den Raum, schließt die Tür, geht zu ihrem Mitspieler und begrüßt ihn:

„Guten Tag!“ Antwort: „Guten Tag!“
„Wie geht es dir?“ Antwort: „Gut.“
„Wollen wir etwas zusammen spielen?“ Antwort: „Ja.“

Beide wählen sich ein Instrument, stellen sich vor die Klasse und spielen zusammen eine kurze Musik.

Natürlich bekommen sie Beifall für ihren gemeinsamen Auftritt.

Das ganze Spiel kann laut oder leise gespielt werden.

Wenn „Herr Laut“ zu Besuch kommt, müssen beide alles sehr laut machen, das Schließen der Tür, die Schritte, das Sprechen und die Musik.

Wenn „Frau Leise“ zu Besuch kommt, wird alles sehr leise gemacht.

Ein Kind wählt, ob es laut oder leise sein möchte und sucht sich einen Partner oder eine Partnerin für seine Musik. Später in einer zweiten Runde spielt jedes Kind das Gegenteil von dem, was es in der ersten Runde gespielt hat.

Dieses Spiel mit einer unscheinbaren Spielregel entfaltet eine große Wirksamkeit.

Viele Kinder wollen als erstes laut spielen. Aber das ist oft nicht so leicht wie sie denken: Mit einer kräftigen, klaren Stimme sprechen, nicht schreien und nicht „kieksen“. Manchmal sind es gerade die Kinder mit einer „großen Klappe“, die das gar nicht so gut können.

Wenn sie dann in der zweiten Runde leise spielen, also schleichen, flüstern, geheimnisvoll leise Töne spielen, merken sie, wie lustig dieses Spiel werden kann. Unversehens entsteht manchmal eine pantomimische, clownige Szene.

---

19 Elisabeth Heymann.

Auch die kleine gemeinsame Musik ist eine Herausforderung: Zusammen anfangen und zusammen aufhören und dann gemeinsam verbeugen, das erfordert Kooperation.

Musikalischen Aspekt:
- *leise und laute Klänge produzieren,*
- *zu zweit eine gemeinsame Musik spielen,*
- *Musik improvisieren.*

Sprachlicher Aspekt:
einen Dialog sprechen, eine kleine Szene spielen.

Sozial-emotionaler Aspekt:
- *mit lauter Stimme sprechen, sich trauen,*
- *sich auf das leise Spiel einlassen,*
- *sich absprechen bei der Musik, wer das Kommando gibt für den Beginn,*
- *vielleicht etwas Lustiges, Überraschendes spielen.*

20. Trommler und Clown[20]

Das Spiel ist eher für jüngere Kinder.

Material:
eine Trommel, rote oder bunte Kappen und evtl. Clown-Nasen

Spiel:
Ein Trommler gibt verschiedene Signale, nach denen die Clowns sich bewegen:
- Gleichmäßig langsam re-li-re-li trommeln bedeutet gehen.
- Schnell re-li-re-li trommeln heißt laufen.
- Mit beiden Händen gleichzeitig kräftig auf die Trommel schlagen: Die Clowns sollen umfallen.
- Mit den Fingern auf der Trommel „tanzen" bedeutet, die Clowns sollen etwas Lustiges, „Verrücktes" machen.
- Mit beiden Händen abwechselnd vor- und zurückwischen heißt schleichen.
- Kreisförmig über das Trommelfell streichen, mit den flachen Händen oder mit den Fingernägeln, bedeutet schlafen. Die Clowns kehren auf ihren Platz zurück und tun so, als ob sie schlafen.

Das Lob der Spielleiterin könnte sein: „Ihr habt gut auf die Trommel gehört, und ihr wart lustige Clowns!"

---

20 Elisabeth Heymann.

Die Anzahl der Clowns, die mitspielen können, hängt von der Raumgröße ab. Bei uns waren es drei oder vier Clowns.

Ich habe dieses Spiel erfunden, um dem „Quatschmachen" einen Raum zu geben. Die jüngeren Kinder mochten es sehr. Für mich war wichtig, dass die Kinder einmal albern sein dürfen, für den Quatsch auch gerne Beifall bekommen, aber zum Ende des Spiels wieder zur Ruhe kommen.

Erstaunlich war, wie große Schwierigkeiten die Kinder hatten, die einfachen Trommelsignale so zu trommeln, dass sie eindeutig und erkennbar waren.

Deshalb habe ich anfangs die Rolle des Trommlers übernommen oder mit einem Kind mit einer zweiten Trommel zusammen die Zeichen gegeben.

Auch das Umsetzen der Trommelzeichen in Bewegungen gelang nicht allen Kindern sofort.

Musikalischer und sprachlicher Aspekt:
rhythmische Zeichen auf der Trommel geben. Die Rhythmen hören, erkennen und in Bewegung umsetzen.

Sozial-emotionaler Aspekt:
Erlaubnis von Albernheit im Rahmen des Spiels. Etwas Lustiges machen und dafür Beifall bekommen.

21. Geisterschloss – oder: Der mutige Ritter[21]

Geschichte:
Es war einmal ein Ritter, der sagte: „Ich fürchte mich vor gar nichts. Ich bin der mutigste Ritter der Welt!"

Er kam in ein Dorf, dort gab es in der Nähe ein altes Schloss. Die Leute sagten: „Geh bloß nicht in das Schloss! Dort spukt es!"

Aber der Ritter sagte: „Ich fürchte mich vor gar nichts! Ich bin der mutigste Ritter der Welt!"

Als die Geisterstunde um Mitternacht begann, ertönten zwölf Gongschläge. Da ging er in das Schloss. Er sah die Kellertreppe und dachte: „Zuerst geh ich in den Keller." Er ging ganz langsam und sagte zitternd: „Ich bin der mutigste Ritter. Ich fürchte mich vor gar nichts!"

Da hörte er aus der Ferne ganz leise: „Uuuuuu." Das waren die U-Gespenster im Keller. „Soll ich noch näher heran gehen?" fragte er schlotternd. Er ging einen Schritt weiter und hörte etwas lauter: „Uuuuuu!" Dann ging er ganz nah heran, da war das U ganz laut: „Uuuuuu!!!" Er kehrte um, rannte zurück, die Treppe wieder hinauf, und seufzte: „O, das ist noch einmal gutgegangen!"

21 Elisabeth Heymann.

Am liebsten wollte er sofort nach Hause gehen, aber nein, er war ja der mutigste Ritter der Welt.

So ging der Ritter weiter den langen Flur entlang zum großen Schrank mit den O-Gespenstern, zur Küche, öffnete die Tür, darin waren die A-Gespenster, und den Turm hinauf über die Wendeltreppe zu den I-Gespenstern. Jedes Mal musste er fliehen und kam so gerade noch davon.

Zum Glück schlug die Turmuhr nun einmal. Es war ein Uhr und die Geisterstunde war zu Ende.

Material:
ein Becken (Gong), ein Hocker oder eine große Trommel als Wendeltreppe, kleine Schilder, die den Keller, den Schrank, die Küche und den Turm kennzeichnen

Spiel:
Die Geschichte wird erzählt bzw. vom Erzähler oder der Erzählerin vorgespielt. Das leise, etwas lautere und laute Rufen der Vokale wird gemeinsam geübt.

Die Kinder wählen ihre Plätze. Der Ritter wartet an der Tür. Die Gespenster hocken sich in die vier Ecken des Raumes, der Uhrenspieler sitzt auf einem Tisch. Wenn alle ruhig geworden sind, wird das Licht ausgeschaltet, die Turmuhr schlägt zwölfmal, der Ritter schleicht los und die Geschichte wird gespielt. Wenn die Uhr ein Mal geschlagen hat, wird das Licht wieder angeschaltet und das Spiel ist zu Ende.

Wir haben noch die Rolle eines Knappen eingeführt, der dem Ritter auf seinen Weg durch das Schloss folgt.

Die Kinder haben das Spiel mit dem mutigen und ach so ängstlichen Ritter geliebt und wollten es immer wieder spielen. Der Geschichte folgend haben die Kinder, ohne dass es ihnen bewusst war, das Crescendo geübt, die Handhabung des Beckens erprobt und eine Spielstruktur eingehalten. Die größte Herausforderung für die stillen Kinder aber war der Einsatz ihrer Stimme. Wenn die Gespenster den Ritter in die Flucht schlagen wollten, mussten sie wirklich laut werden und ihre Stimme mutig einsetzen.

Musikalischer Aspekt:
Crescendo mit der Stimme von leise bis sehr laut.

Handhabung des Beckens: Treffsicherheit mit dem Schlegel auf das Becken, so dass schöne Glockentöne entstehen.

Sprachförderaspekt:
die Stimme laut zum Tönen bringen, besonders für schüchterne Kinder eine Herausforderung,

die Struktur der Spielabfolge einhalten.

Sozial-emotionaler Aspekt:
Es geht um Mut und Angst, „große Klappe“ und „Schiss in der Hose“.
Führen und Folgen ist ein weiterer Aspekt, wenn der Knappe dem Ritter folgt.

22. Kleine Igel[23]

Dies Spiel ist eher für jüngere Kinder.

Lied: *Kleine Igel schlafen gern*

Text: K.W. Hoffmann Melodie: traditionell

Kleine Igel schlafen gern den ganzen Winter lang.
Wenn sie Regen hören, kann sie das nicht stören,
denken, was soll das schon sein und schlafen wieder ein.

Wenn sie Sturmwind hören, kann sie das nicht stören,
denken, was soll das schon sein, und schlafen wieder ein.

Wenn sie Donner hören, kann sie das nicht stören,
denken, was soll das schon sein, und schlafen wieder ein.
Kleine Igel schlafen gern den ganzen Winter lang.“

Material:
Regeninstrumente: Rasseln, Regenmacher, Murmeltrommel
Windinstrumente: ein Heulschlauch, Winddrachen (Kiwido), Trommeln – dabei über das Trommelfell wischen

22 Elisabeth Heymann.

Donnerinstrumente: Trommeln
Decke und Kissen, evtl. eine Höhle, eine Spieluhr

Spiel:
Gespräch über die Igel und ihren Winterschlaf. Einüben des Liedes.

Auswählen der Instrumente, die zu Regen, Wind und Donner passen, und im Raum platzieren.

Einen Igel-Schlafplatz mit Decke und Kissen einrichten.

Vorstellen der Spieluhr, Gespräch über Erfahrungen der Kinder mit einer Spieluhr.

Die Kinder wählen ihre Plätze: auf der Decke oder in der Höhle als Igel oder an den Instrumenten. Das Licht wird ausgeschaltet.

Ruhe kehrt ein und die Spieluhr wird gespielt. Das Lied wird mit den jeweiligen Instrumenten zusammen gesungen. Zum Schluss erklingt wieder die Spieluhr.

Nachdem die Igel wieder wach werden, kann die Spielleiterin fragen: „Wie hast du geschlafen? Hat dich etwas gestört?“ Und die Kinder antworten gerne: „Ich habe geschlafen! Ich habe gar nichts gehört!“

Die einfache Idee, dieses kindliche Lied mit Instrumenten zu spielen, führte zu einem Spiel, das sich als besonders herausstellte. Jede noch zu unruhige Klasse wurde durch dieses Lied und die Musik ruhig.

Die Rückmeldungen nach dem Spiel haben bestätigt, wie sehr die Kinder die Ruhe genießen, wenn sie die Gelegenheit haben.

Musikalischer Aspekt:
ein Lied singen,
passende Klänge bzw. Instrumente zum Wetter auswählen und spielen.

Sprachlicher Aspekt:
den Lied-Text kennenlernen und mitsingen,
die Struktur des Liedes, des Spiels nachvollziehen.

Emotionaler Aspekt:
zur Ruhe kommen und die Ruhe genießen,
evtl. ein Gespräch führen über das Schlafen zu Hause und über Dinge, die den Schlaf stören.

23. Hexe im Sturm[23]

Geschichte:
Es war einmal eine Hexe, die lebte in ihrem Hexenhaus. Wenn es draußen schönes Wetter war, dann war ihr furchtbar langweilig. Sie dachte: Hoffentlich kommt bald schlechtes Wetter! Wenn es nämlich so richtig stürmte und regnete, dann kam sie aus ihrem Haus heraus und tanzte durch die Luft.

Material:
ein Hexenhaus (Tischhaus o. Ä.), ein Hexenhut, schwarze Tücher und Wetterinstrumente, eine Hexentanzmusik vom Tonträger *Hexentanz (instrumental)*, Fredrik Vahle, Album: *Der Friedenmaler* (nur antiquarisch oder bei YouTube) oder andere geeignete Musik: schnell, treibend, hell klingend (damit die Wetter-Instrumente übertönt werden), z. B. von der CD *Djingalla – Tanz- und Bewegungsmusik* (1. CD) die 1., 5. oder 7. Musik, oder *Ab Fab* Trio Töykeät, Album *Kudos.*

Spiel:
Die Hexe wartet in ihrem Haus. Die Geschichte wird erzählt, das schlechte Wetter beginnt und steigert sich, z. B. erst Windtrommel (wischen auf dem Trommelfell), Heulschlauch, Rasseln, Murmeltrommeln, Trommeln. Wenn es sehr laut ist, setzt die Tanzmusik ein, die Hexe kommt aus ihrem Haus und dreht sich wild herum. Sie kann dabei auf einem Besen (einem Stock) reiten oder mit schwarzen Tüchern in der Hand tanzen. Wenn die Hexenmusik endet, kehrt sie in ihr Haus zurück. Dann hören die Instrumente nach und nach auf zu spielen, bis es ganz still ist. Vielleicht hört man die Hexe noch in ihrem Haus schlafen.

Der Spielablauf wird durch die Spielleiterin dirigiert, damit die Steigerung und ebenso die Beruhigungsphase gelingen.

Bei diesem Spiel wird es richtig laut, das soll es und darf so sein. Inmitten dieses Getöses kommt die Hexe aus ihrem Haus und tanzt, dreht sich, wirbelt mit den Tüchern herum. Eine rhythmische Musik feuert zusätzlich an. Es ist eine Einladung, sich wie in einem kleinen Rausch der Musik hinzugeben.

Natürlich haben die Kinder Spaß an der Hexe, die das Gegenteil von dem tut, was normalerweise erwartet wird.

Dass die Hexe eine weibliche Figur ist, hat die Jungen nie abgehalten, mit Begeisterung in die Rolle einzusteigen.

Der Aufbau des sich langsam steigernden Wettergeschehens mit Klängen erfordert viel Aufmerksamkeit und Konzentration. Diese Anstrengung wird belohnt durch die wild tanzende Hexe.

---

23 Elisabeth Heymann.

Musikalischer Aspekt:
ein Crescendo spielen von leiser bis zu sehr lauter Wettermusik mit einer Reihe von Instrumenten, die nacheinander einsetzen, danach das Decrescendo.

Sprachlicher Aspekt:
aufmerksame Wahrnehmung der Klänge und der ansteigenden sowie der absteigenden Lautstärke.

Sozial-emotionaler Aspekt:
das Gegenteil tun dürfen, erwünschte Ausgelassenheit.

24. Die Maschine ist kaputt[24]

Material:
ein bis zwei Instrumente, mit denen man ein Maschinengeräusch darstellen kann, z. B. ein Guiro und ein kleines Becken; mehrere Instrumente, die als Werkzeug dienen können, z. B. ein weicher Schlegel, Kastagnetten, Rasseln, eine Klangschale

Spiel:
Ein Kind geht durch den Raum und macht mit ein oder zwei Instrumenten ein gleichmäßiges Maschinen-Geräusch.

Irgendwann bleibt die Maschine stehen, sie ist kaputt. Das Kind lässt sich auf den Boden fallen.

Das zweite Kind hat sich als Mechaniker Werkzeuge bereitgelegt und repariert nun die Maschine, z. B.

- mit einem weichen Schlegel hämmern.
- mit einer Rassel ölen,
- mit Kastagnetten klopfen und schrauben,
- mit einem Rassel-Ei über den Körper rollen und massieren,
- eine Klangschale über den Körper halten oder auf den Körper aufstellen und zum Klingen bringen,
- mit einem Seidentuch putzen.

Die „Maschine“ hat sich den „Mechaniker“ ausgewählt: Von wem möchte ich mich reparieren, berühren lassen?

Der Mechaniker hat den Auftrag, beim Reparieren zu beobachten oder auch zu fragen, ob es der „Maschine“ bei seiner Behandlung gut geht.

Wenn er mit dem Reparieren fertig ist, wartet er, ob die Maschine aufsteht und wieder läuft. Wenn nicht, gibt es eine Zugabe der Behandlung, oder die „Maschine“ darf sich noch etwas wünschen. Meistens wird die Maschine danach wieder laufen, es ist aber nicht zwingend notwendig.

---

24 Elisabeth Heymann.

Musikalischer Aspekt:
die Darstellung einer Maschine mit rhythmischen Klängen zur Bewegung, bei der Reparatur „schöne“, wohltuende Klänge behutsam spielen.

Sprachlicher Aspekt:
sprachfreie Interaktion mit Achtsamkeit.

Da bei Kindern mit sprachlichen Problemen nicht nur das Sprechen mit Worten leidet, sondern die Kommunikation überhaupt, habe ich es immer als meine Aufgabe angesehen, mit Musik und auch mit dem Körper die Ausdrucksmöglichkeiten zu erweitern, Sprache dadurch zu kompensieren und ihr dabei gleichzeitig den Weg zu ebnen.

Leider ist dieses Spiel zeitaufwändig, aber es lohnt sich, es mit Ruhe zu spielen. Es beinhaltet Themen wie „Ich kann nicht mehr.“ „Ich will nicht mehr.“ oder Sehnsucht nach Fürsorge oder nach Ruhe.

Die Kinder haben sich als kaputte Maschine genüsslich und theatralisch auf den Boden fallen lassen. Achtsames Berühren musste gelernt werden. Meistens habe ich neben dem Mechaniker gesessen, auch einmal behutsames Hantieren vorgemacht. Öfter war der Impuls notwendig: „Geht es der Maschine gut? Was meinst du? Du kannst sie auch fragen.“

Es ist auch vorgekommen, dass Tabu-Zonen besprochen werden mussten.

25. Du hast angefangen! Nein, du![25]

Bilderbuch: McKee, David (1994): *Du hast angefangen! Nein, du!*, Verlag Sauerländer, Aarau

Zum Bilderbuch:
In diesem Kinderbuch-Klassiker leben ein roter und ein blauer Kerl jeweils auf einer Seite eines Berges. Manchmal unterhalten sie sich durch ein Loch in dem Berg, aber gesehen haben sie sich noch nie. Als sie einmal in Streit geraten, rufen sie Schimpfwörter durch das Loch, fantasievolle und lustige Wörter. Dazu bewerfen sie sich mit Steinen. Nach und nach zerstören sie dabei den Berg, bis sie sich zum ersten Mal sehen.

Die Geschichte endet mit dem Satz: „Das hat Spaß gemacht“, grinste der blaue Kerl. „Ja“, kicherte der rote Kerl. „Nur schade um den Berg.“

Das Bilderbuch spricht die Kinder sehr an, besonders die comicartigen Bilder und die Quatsch-Schimpfwörter.

Material:
zwei Kongas oder andere Trommeln

25 Elisabeth Heymann.

Spiel:
Nach dem Vorlesen des Buches wählt ein Kind einen Partner. Beide sitzen sich an den Trommeln gegenüber. Spielleiterin: „Wir werfen nicht mit Felsbrocken und Schimpfwörtern, sondern mit Trommeltönen. Wer möchte der blauer Kerl sein und wer der rote?“ Die beiden Spielenden wählen ihre Rolle und trommeln abwechselnd. Wenn sie fertig sind, geben sie sich die Hand und sagen: Es hat Spaß gemacht.

Musikalischer, sprachlicher und sozial-emotionaler Aspekt:
Umsetzung einer sprachlichen und emotionalen Kommunikation in eine musikalische Auseinandersetzung.

26. Dialog-Trommeln (Streit-Trommeln)[26]

Material:
zwei Trommeln, am besten Schlagzeug-Trommeln mit Stöcken, oder Kongas

Spiel:
Ein Spieler wählt sich einen Partner. Beide sitzen sich gegenüber an zwei Trommeln. Die Regel wird erklärt: „Spielt abwechselnd. Fangt leise an, so leise wie möglich, werdet in jeder Runde immer ein bisschen lauter, bis ihr so laut seid, wie es für euch gut ist. Wenn möglich, schaut euch dabei an.“

Alle anderen Kinder dürfen sich die Ohren zuhalten, wenn es ihnen zu laut wird.

Zum Schluss äußern sich zuerst die beiden Spieler, wie es ihnen ergangen ist, dann können auch die Zuschauenden Beobachtungen mitteilen.

Bei diesem Spiel kommt es öfter vor, dass eine Spielerin aufhören möchte, weil es ihr laut genug ist, der andere Spieler aber noch weiter trommeln möchte. In dem Fall biete ich dem zweiten Spieler an, sich noch einmal eine Partnerin oder einen Partner zu wählen. Wenn er kein Kind findet, das passt, trommele ich mit ihm, damit er bis an seine Grenze laut werden kann.

Variation:

27. Ja-Nein-Trommeln[27]

Es gilt die gleiche Spielregel wie bei dem vorherigen Spiel „Dialog-Trommeln“.

Zusätzlich sagt einer der Mitspielenden „Nein“ und einer „Ja“. Die Stimmen sind genauso wie die Trommeltöne am Anfang so leise wir möglich auszuführen und werden bei jedem Wechsel etwas lauter.

26 Elisabeth Heymann.
27 Elisabeth Heymann.

„Wer will ja sagen, wer möchte nein sagen? Wenn es geht, guckt euch dabei an." Mit den Trommeltönen steigert sich die Stimme vom Flüstern bis zum Schreien.

Musikalischer Aspekt:
einen musikalischen Dialog von sehr leise bis sehr laut mit Trommeln und mit der Stimme gestalten.

Sprachlicher Aspekt:
Das in Kontakt-gehen und kommunizieren mit Trommelschlägen und den Wörtern „Ja" und „Nein" ermöglicht einen kurzen, aber sehr intensiven Streit-Dialog, ohne dass Sprache bis auf diese zwei Wörter nötig ist. Einerseits ist dies Spiel eine Entlastung für Kinder mit sprachlichen Einschränkungen, andererseits handelt es sich um einen aufmerksamen Dialog, und eine Kommunikationsübung.

Sozial-emotionaler Aspekt:
Die Spielregel erlaubt ein maximales Sich-anschreien, mit größtmöglicher Lautstärke der Trommeln, ohne dass jemand verletzt wird. Der spielerische starke emotionale Ausdruck ermöglicht in sehr kurzer Zeit einen spontanen Energiefluss, der Spaß macht, guttut und zu Erleichterung und Entspannung führt. Dieses Spiel war eine meiner besten Ideen und hat sich viele Male bewährt.

28. Hund und Katze[28]

Material:
ein Xylofon oder ein Glockenspiel, zwei Trillerpfeifen

Ein Kind wählt sich einen Spielpartner oder eine Partnerin und beide entscheiden, ob sie Hund oder Katze sein möchten. Es kann auch zwei Hunde oder zwei Katzen geben. Zusammen wählen sie einen Schiedsrichter oder eine Schiedsrichterin.

Die beiden Spielenden hocken sich einander gegenüber auf den Teppich. Die Fairness-Regeln sind besprochen worden: Hund und Katze dürfen miteinander spielen, sich kappeln, sich anbellen und miauen usw., aber sie dürfen sich nicht wehtun. Der Schiedsrichter beobachtet, pfeift ggf. und sagt, was er gesehen hat. Auch die Spielenden haben das Recht, durch ein „Stopp" das Spiel zu unterbrechen.

Die Spielleiterin gibt das Startzeichen für das Spiel mit einem Glissando auf dem Xylofon. Wenn sie als Schlusszeichen mehrmals den Ton c spielt, müssen die beiden Akteure ihr Spiel beenden, aus der Rolle aussteigen und aufstehen, sich die Hand geben und sagen: „Es hat Spaß gemacht". Während sie auf die Plätze gehen, spielt die Spielleiterin eine Beruhigungsmusik, langsam die Tonleiter abwärts von c bis c, jeden Ton wiederholend.

28 Elisabeth Heymann.

Anschließend hat zuerst die Schiedsrichterin das Wort, dann sagen Hund und Katze etwas zu ihrem Spiel und auf Wunsch auch die Zuschauer und die Spielleiterin. Die Reflexion ist wichtig.

Dieses Spiel gehörte zu den Klassikern in unserer Spielesammlung und wurde von den Kindern immer wieder gewählt.

Musikalischer Aspekt:
Bei diesem Spiel bilden musikalische Impulse den Rahmen und machen aus einer Balgerei ein Spiel, ein Ritual, in das die Kinder einsteigen und aus dem sie auch wieder aussteigen können. Die Musik am Anfang fordert auf zur Begegnung, der Schluss hat beruhigende Wirkung.

Sprachlicher Aspekt:
Ein sprachfreies Spiel, das aber dazu animiert, die Stimme zu benutzen. Es ist eine Chance für Kinder mit Sprachproblemen, als Tiere zu kommunizieren. Kontakt und Auseinandersetzung werden erprobt und tragen dazu bei, dass später auch sprachliche Kommunikation gelingen kann.

Sozial-emotionaler Aspekt:
Das Rollenspiel auf allen Vieren mit Körperkontakt und Stimme lässt die Kinder spielerisch Begegnungsstrategien erproben. Hier kann sich alles zeigen: Schüchternheit und Angst, Freude an der Berührung, Machtspiele und Bedrohung oder genüssliches Wälzen zu zweit über den Boden.

Die Schiedsrichterfunktion fördert die Beobachtung und Selbstbeobachtung, die Aufmerksamkeit in der Begegnung.

29. Die kleine Grille singt ihr Lied[29]

Bilderbuch: Carle, Eric (1996): *Die kleine Grille singt ihr Lied*, Gerstenberg, Hildesheim.

Zum Bilderbuch:
Eine kleine Grille mit Namen Varus ist unterwegs und trifft andere Tiere auf der Wiese. Als Erstes zirpt der alte Grillerich „Sei willkommen!“ Varus versucht zu antworten.

Es heißt in der **Geschichte**:

„Varus wollte etwas sagen, konnte es aber nicht.
Wie sehr er mit seinen Flügeln auch hibbelte,
wie schnell er damit auch ribbelte,
es kam kein Ton heraus.“

---

29 Elisabeth Heymann.

Eine Reihe weiterer Tiere spricht die kleine Grille auf ihre Art und mit ihrer Stimme an und heißt sie willkommen. Varus gibt sich bei jedem Tier alle Mühe, aber er bleibt stumm. Wie in einem Strophenlied mit Kehrreim wird der zitierte Vers jedes Mal wiederholt. Zum guten Schluss kommt „die Richtige", er findet seine Stimme und kann die Einladung endlich beantworten.

Material:
verschiedene Instrumente, zu den Tieren passend

Spiel:
Die Geschichte wird vorgelesen und in verteilten Rollen mit Instrumenten gespielt.

Musikalischer Aspekt:
eine Geschichte verklanglichen.

Interessant ist die Frage: Wie klingt die stumme Grille? Eine Möglichkeit ist das Spielen von Klängen auf einem Stabspiel oder auf einem Saiteninstrument, während mit einer Hand die Stäbe oder die Saiten abgedrückt werden, so dass stumpfe, „tonlose" Klänge entstehen.

Sprachlicher und sozial-emotionaler Aspekt:
Die Kinder fühlen sich verstanden durch diese Geschichte, wenn sie das Verstummtsein kennen, und spielen sie gerne. Die Geschichte ermöglicht ein Gespräch über das Nicht-sprechen-wollen oder das Nicht-sprechen-können.

30. Max und Moritz[30]

Text von Wilhelm Busch: *Max und Moritz und die Maikäfer*

Jeder weiß, was so ein Maikäfer
für ein Vogel sei.
In den Bäumen hin und her
fliegt und kriecht und krabbelt er.

Max und Moritz, immer munter,
schütteln sie vom Baum herunter.
In die Tüte von Papiere
sperren sie die Krabbeltiere.

Fort damit und in die Ecke
unter Onkel Fritzens Decke!
Bald zu Bett geht Onkel Fritze
in der spitzen Zipfelmütze;

30 Elisabeth Heymann.

Seine Augen macht er zu,
hüllt sich ein und schläft in Ruh.
Doch die Käfer, kritze, kratze
kommen schnell aus der Matratze.

Schon fasst einer, der voran,
Onkel Fritzens Nase an.
„Bau!“ schreit er. „Was ist das hier?“
und erfasst das Ungetier.

Und den Onkel, voller Grausen,
sieht man aus dem Bette sausen.
„Autsch!“ – Schon wieder hat er einen
im Genicke, an den Beinen;

Hin und her und rundherum
kriecht es, fliegt es mit Gebrumm.
Onkel Fritz, in dieser Not,
haut und trampelt alles tot.

Guckste wohl, jetzt ist‘s vorbei
mit der Käferkrabbelei!
Onkel Fritz hat wieder Ruh
und macht seine Augen zu.

Wilhelm Busch (1832–1908)

Material:
Matratze, Kissen und Decke, eine Zipfelmütze, Instrumente für die Tüte und die Käfer, z. B. Rasseln, Guiro, Rasselbänder und eine große Trommel für den Schluss

Zunächst üben wir gemeinsam das rhythmische Lesen des gereimten Textes.

Spiel:
Die Geschichte wird Zeile für Zeile gelesen und dazu im Rollenspiel und mit Instrumenten dargestellt.

Max und Moritz spielen das Herunter-schütteln der Maikäfer von den Bäumen mit Rasseln, die Papiertüte mit dem Guiro und die Maikäfer, die unter der Bettdecke versteckt werden, mit Rasselbändern. Dann geht Onkel Fritz ins Bett und die Geschichte wird pantomimisch weitergespielt. Max und Moritz holen die Rasselbänder hervor und krabbeln damit über die Bettdecke bis zum Onkel Fritz ins Gesicht. Der springt aus dem Bett, die Maikäfer umschwirren ihn immer weiter. Der

Onkel wehrt sich heftig, schlägt mit den Armen um sich und stampft und trampelt auf den Boden, bis Ruhe einkehrt.

Erleichtert wird der Vers gesprochen:
Onkel Fritz, in dieser Not
haut und trampelt alles tot.

Das „tot" kann von einem Spieler mit einem lauten Trommelschlag begleitet werden.

Ein zwischendurch wildes Spiel endet friedlich: Onkel Fritz schläft wieder im Bett, Max und Moritz sitzen ruhig daneben.

Dies Spiel war der Versuch, Sprache mit Musik zu verbinden.

Überraschenderweise spielten die Kinder den Onkel Fritz, der um sich schlägt und die Maikäfer tottrampelt, mit viel innerer Beteiligung und oft sehr heftig. Sie kennen diese Wut: „Lass mich doch in Ruhe! Fass mich nicht an! Ich will das nicht!"

Der Satz in dem Gedicht „Onkel Fritz in dieser Not haut und trampelt alles tot" verlangte noch nach Verstärkung, und wir wählten auf Wunsch der Kinder eine „Tot-Trommel". Der Schluss des Satzes wurde mit einem lauten Trommelschlag betont, und führte spürbar zu einer Bereinigung der vorher gereizten und geladenen Stimmung in der Geschichte.

Danach konnte Onkel Fritz sich tatsächlich wieder zur Ruhe begeben.

Natürlich würden die gleichen Kinder jeden Käfer, den sie in der Klasse finden, behutsam nach draußen tragen. Aber im Märchen war es erlaubt, die tiefe Wut auf alles ungewollte Berührt-werden kräftig zum Klingen zu bringen.

In einem anschließenden Gespräch berichteten einige Kinder ihre Erlebnisse, soweit ihnen ihre Wut bewusst war, und wir konnten darüber sprechen, wie wichtig es war, nein zu sagen.

Musikalischer Aspekt:
Verklanglichung einer Geschichte.

Sprachlicher Aspekt:
rhythmisches Sprechen eines Gedichtes.

Sozial-emotionaler Aspekt:
Ausdruck von Gefühlen im Rollenspiel und mit Klängen.

31. Schlafender Bär[31]

Lied: Schläft der Bär

Text: Margarete Jehn, Melodie: traditionell

Material:
eine Höhle, Rasseln oder Trommeln.

Spiel:
Ein Kind ist der Bär, der in der Höhle schläft. Alle anderen Kinder rasseln oder trommeln sehr leise eine Schlafmusik, dazu wird das Lied gesungen. Wenn das Lied beendet ist, kommt der Bär aus der Höhle. Je nach Laune brüllt er laut – dann rasseln oder trommeln alle Kinder laut dazu. Oder er kommt ruhig heraus, sucht sich ein Kind als Freund aus, um sich streicheln zu lassen – in dem Fall schauen die anderen Kinder zu und spielen leise Musik.

Musikalischer Aspekt:
Mit Rasseln oder mit Trommeln gemeinsam ein gleichmäßiges, leises Geräusch erzeugen, während das Lied gesungen wird, danach ein sehr kräftiges Getöse spielen. Die jeweilige Stimmung soll dabei deutlich werden.

Sozial-emotionaler Aspekt:
Zunächst haben wir nur den schlecht gelaunten, bedrohlichen Bären gespielt, dessen Darstellung für die meisten Kinder zunächst attraktiv war. Als die Idee entstand, dass der Bär sich wahlweise streicheln lassen konnte, bekam das Spiel Dynamik. Beide Seiten, stark sein und schwach sein, wollten ihren Platz haben. Manche Kin-

31 Elisabeth Heymann.

der spielten beides nacheinander: erst den gefährlichen Bären, der sich dann doch noch streicheln lässt.

32. Führen und Folgen[32]

Material:
kleine Instrumente

Spiel:
Wir gehen mit einem kleinen Instrument in der Hosentasche nach draußen, in den Wald, auf eine Wiese oder auch den Schulhof. Je ein Paar der Kinder geht zusammen. Ein Kind spielt sein Instrument, das zweite Kind schließt die Augen und folgt dem Klang. Das erste Kind geht langsam weiter und führt den Partner mit seinen Klängen, dann werden die Rollen getauscht.

Variante: Verstecken
Ein Kind versteckt sich und macht sich durch einen Klang bemerkbar.

Musikalischer Aspekt:
aufmerksames Hören auf die Klänge.

Sozial-emotionaler Aspekt:
sich anvertrauen und führen lassen, aufmerksames Führen.

33. Kleines Dirigier-Spiel[33]

Material:
Trommeln für alle Kinder

Alle Kinder haben eine Trommel. Ein Kind zeigt die Lautstärke für das Trommeln mit einer Handgeste:

Zunächst wird von der dirigierenden Person eine aufrechte Haltung eingenommen, die Handflächen werden flach vor der Brust zusammengelegt, wie beim Gebet. Es geht um Aufmerksamkeit, Konzentration und Präsenz.

Solange die Hände zusammengehalten werden, sind die Trommeln still.

Wenn die Hände sich langsam voneinander entfernen, wird erst leise und immer lauter (crescendo) getrommelt. Dann werden die Hände langsam wieder zusammen geführt, und alle trommeln nach und nach leiser (decrescendo). Wenn die Handflächen wieder zusammen liegen, ist es ganz still.

---

32 Aus einer Musik-Fortbildung.
33 Aus einer Musik-Fortbildung.

Die Bewegungen werden zunächst sehr langsam ausgeführt, im weiteren Verlauf vielleicht auch einmal schneller. Die Lautstärke kann sich zwischen ganz leise und ganz laut spielerisch hin- und her bewegen.

Die Musik soll in der Stille anfangen und in der Stille enden.

Musikalischer Aspekt:
Crescendo und Decrescendo, lauter und leiser spielen.

Sprachlicher Aspekt:
sprachfrei dirigieren.

Sozial-emotionaler Aspekt:
Es ist für das führende Kind oft eine ganz erstaunliche Erfahrung, durch die eigene Sammlung und Konzentration, aufrechtes Sitzen, kontrollierte Haltung und Bewegung der Hände zu erreichen, dass die anderen Kinder ruhig und aufmerksam werden und die gemeinsame Musik gelingt.

34. Musik-Inseln[34]

In diesem Spiel geht es darum, auf zwei Musikinseln gegensätzliche Klänge zu spielen. Es kann dabei um eine reine Klangerfahrung mit Instrumenten gehen, um Assoziationen zu Bildern wie Tag und Nacht, oder auch um Stimmungen und Gefühle.

Material:
verschiedene Instrumente, zwei größere verschiedenfarbige Tücher

Spiel:
Zwei Tücher auf dem Boden stellen zwei Inseln dar. Sie stehen für gegensätzliche Musik, z. B. eine Insel für laute eine für leise Musik, eine für rhythmische und eine für unrhythmische Musik, eine für Holzinstrumente und eine für Metallinstrumente. Die Farbe der Tücher kann die Stimmungen der Musik kennzeichnen.

Jeder Insel werden Instrumente zugeordnet, die dann auf die Tücher gelegt werden. Die Kinder wählen sich eine Insel und ein Instrument und hocken sich neben das Tuch. Ein Dirigent macht mit Handzeichen deutlich, welche Gruppe wie lange spielen soll.

Weitere Möglichkeiten für Gegensatzpaare, die in Musik umgesetzt werden können, sind z. B.: Vögel und Fische, Himmel und Erde, Tag und Nacht.

Das Spiel kann auch in eine Geschichte eingekleidet werden, oder die Themen der Inseln ergeben sich aus einer aktuellen Situation der Gruppe.

Therapeutischer gestaltet werden die Inseln mit Themen wie Kampf und Freundschaft, Lärm und Ruhe, Trauer und Freude, Stumm-sein und Sprechen.

---

34 Idee aus einer Musik-Fortbildung.

Musikalischer Aspekt:
passende Instrumente und Klänge zu einem Thema oder einer Stimmung finden und spielen.

Sprachlicher Aspekt und therapeutischer Aspekt:
Die gegensätzlichen Klänge können einen Erzählanlass unterstützen, z. B.:

Es war einmal ein Fischer, der fuhr übers Meer und kam zu einer Insel, die schön aussah. Als er an Land ging, merkte er, dass alle Menschen sehr traurig waren. Sie ließen den Kopf hängen und sahen all die Schönheit nicht.

Er wollte ihnen helfen, aber er wusste nicht wie. Er stieg wieder in sein Schiff, fuhr los und fand eine Insel der Freude. Alle Menschen waren fröhlich, lachten und tanzten und begrüßten ihn herzlich. Er fragte sie: Wie kann ich den traurigen Menschen helfen? …

Eine weitere Möglichkeit ist ein Austausch über erlebte Gefühle.

35. Trommeln im Wald[35]

Material:
eine Trommel mit einem Schlegel

Spiel:
Wir wählen im Wald einen Treffpunkt, am besten eine Bank o. Ä.
Ein Kind trommelt einen gleichmäßigen Rhythmus:

O O	O O	O O	O O
lau-fen,	lau-fen,	lau-fen,	lau-fen…

Alle Kinder entfernen sich in verschiedene Richtungen so weit sie wollen, allerdings müssen sie die Trommel noch hören können.
Nach einer Weile ändert sich der Rhythmus:

O O O	O O O	O O O
Komm zu-rück!	Komm zu-rück!	Komm zu-rück! …

Alle Kinder kommen zurück zum Treffpunkt. Das Spiel wird mehrmals wiederholt, wobei verschiedene Kinder trommeln.

Musikalischer Aspekt:
zwei verschiedene deutlich voneinander unterscheidbare Rhythmen trommeln und als Zeichen erkennen.

---

35 Elisabeth Heymann.

Hierbei brauchten die trommelnder Kinder meistens meine Unterstützung, um deutliche Trommelzeichen zu geben.

Sozial-emotionaler Aspekt:
Wir sind Augenmenschen und orientieren uns fast immer durch das Sehen. Sich auf das Hören zu verlassen und dem Klang der Trommel folgend den Rückweg finden, ist eine interessante Erfahrung.

Die Kinder konnten selbst steuern, ob sie sich einer möglichen Verunsicherung aussetzten und allein wegliefen oder lieber zu mehreren. Sie konnten auch entscheiden, ob sie sich weiter weg trauten oder lieber in Sichtweite blieben.

36. Zauberwald[36]

Ein Spiel für vier bis sechs Kinder.

Material:
diverse Instrumente

Das Spiel „Zauberwald“ hat anders als alle anderen Spiele keine Geschichte oder Spielregel, sondern nur eine Anfangssituation. Angenähert an eine freie Improvisation entwickelt sich im Rollenspiel und mit Instrumenten ein Geschehen, in dem, wie in einem Zauberwald, fast alles möglich ist.

Ich leite das Spiel an: „Hier ist ein Zauberwald. In diesem Zauberwald gibt es vielleicht Monster, Drachen, einen Zauberer oder eine Hexe, oder auch eine Fee oder eine Prinzessin. Was gibt es vielleicht sonst noch? Überlege dir, was du sein möchtest.“

Der Reihe nach wählen die Kinder ihre Rolle, ein Instrument dazu und den Platz im Raum, wo sie wohnen möchten. Dann frage ich jedes Kind nach seiner Vorstellung zu der gewählten Figur: „Wie siehst du aus? Bist du ein großer Drachen oder ein kleiner, und welche Farbe hast du?“

Wenn alle ihren Platz gefunden haben, gebe ich noch den Anstoß für die Spielhandlung. Ich sehe mich um und sage vielleicht: „Da, das Monster guckt schon aus der Höhle. Ob es ein bisschen spazieren gehen möchte? Vielleicht möchte es die Hexe besuchen?“

Dann geht das Spiel los.

Ein **Beispiel**:
Pascal spielt das Spiel zum ersten Mal. Als Monster geht er durch den Raum und knurrt etwas, leise und schüchtern. Ich sage: „Hey, Monster“, und fauche ein bisschen zurück. Da blitzt es in seinen Augen, er begreift plötzlich das Spiel, faucht zu-

36 Elisabeth Heymann.

rück, heftiger, und es wird ein wildes Gebrüll zwischen ihm und mir. Ein anderes Kind, der kleine Tim, ein ruhiges, zurückhaltendes Kind, sitzt am Schlagzeug. Er will Monster sein, spielt zwei, drei Töne auf dem Bass und sieht sich strahlend um. Ich antworte ihm auf der Trommel. Aber da kommt schon der Zauberer und will uns alle in Frösche verwandeln.

So geht es weiter.

Oft endet das Spiel in einer gemeinsamen Party im Zauberwald, in einem Tanz mit Musik.

Ich wähle keine Rolle für mich, spiele aber mit, gebe Resonanz, öffne den Freiraum zum Spielen, unterstütze, besonders stimmliche Äußerungen und halte die Fäden zusammen. Bei Bedarf greife ich ein, z. B. um eine Schlägerei zu verhindern. Wenn möglich, lasse ich das Spiel in einem gemeinsamen Schluss enden.

Die Kinder liebten das Spiel und wünschten es sich immer wieder. Hier durften sie laut werden, mächtig sein, Feuerspucken, zaubern und kämpfen, auch mit mir.

Wie ich von der Musikpädagogik zur Musiktherapie kam

Ein persönliches Erlebnis öffnete mir die Augen für einen für mich damals völlig neuen Weg in meiner musikalischen Arbeit.
Ich nahm während einer Tagung an einer Trommelgruppe mit einem Musiktherapeuten teil.

In dieser Trommelgruppe von etwa zwölf Erwachsenen wählte zunächst jede und jeder eine Trommel aus. Es gab kleine und große Trommeln, Rahmentrommeln, Bongos, verschiedene Djemben und Congas, vielleicht noch eine Tontrommel oder eine Blechtrommel.

Nachdem wir „unsere“ Trommel ausprobiert und gefunden hatten, kehrte zunächst Ruhe ein in der Runde. Eine Person begann, die ersten Klänge zu spielen, nach und nach stiegen andere ein, und bald trommelten wir alle.

Wir trommelten nach Spielregeln, die nichts mit einem perfekten Rhythmus oder anderem Können zu tun hatten:

In „Phasenspielen“ ging es um den Wechsel von laut und leise oder von rhythmisch und unrhythmisch. Die Gruppe spielte gemeinsam, die Phasen wechselten sich ab, ohne Absprache, evtl. mit geschlossenen Augen. Allein durch das Hören aufeinander entstanden interessante Übergange. In einem anderen Spiel wurden Tutti und Soli oder Tutti und Dialoge im Wechsel gespielt, wiederum ohne Vorgabe, wer dran wäre oder was zu spielen wäre. Es entstand mal laute und mal leise Musik, fließend, stockend, Pausen, „Chaos“ oder wir spielten gemeinsame Rhythmen.

In der anschließenden Reflexion tauchten noch andere, nicht musikalische Begriffe und Beschreibungen auf: Für sich sein, in Kontakt sein, mitspielen oder nicht mitspielen, anführen oder folgen, sich verstecken, provozieren, zögern. Manchmal ging es um den Wunsch nach einer bestimmten Musik, der sich erfüllte oder nicht erfüllte. Und auch Begriffe wie: aggressive, ängstliche, zärtliche, stimmige Musik wurden genannt.

Es stellte sich heraus, dass alle Mitspielenden nicht nur miteinander etwas erlebt hatten, sondern auch jeweils für sich selbst mit der eigenen Trommel: den Klang der Trommel, den optischen Eindruck, den Kontakt der Hände mit dem Trommelfell.

Manche wollten die zuerst gewählte Trommel gerne behalten, andere wollten lieber wechseln.

Ich war vollkommen erstaunt: Hier ging es nicht um Noten, Takt und vorgegebene Rhythmen oder Schlagtechniken. Es ging um den eigenen Ausdruck, die Kommunikation, das Trommelspiel als Spiegel meines inneren Erlebens oder verschiedene Möglichkeiten des Kontakts untereinander. Das Einbeziehen von freier

Improvisation, Hören und Antworten, „die Hände machen lassen", etwas geschehen lassen, präsent sein oder sich öffnen ermöglichten eine Musik als Mittel zur Selbsterfahrung und Gruppenerfahrung.

Damit war in mir eine Tür zu etwas Neuem geöffnet. Ich war neugierig geworden, wollte für mich mehr erfahren und Ähnliches mit den Kindern in der Schule ausprobieren. Ich wollte entdecken, ob Musik helfen konnte, den Umgang mit Emotionen zu verbessern oder mit Kontaktmöglichkeiten zu experimentieren.

Ich hatte zu diesem Zeitpunkt bereits fünfzehn Jahre Erfahrung mit Musikunterricht in der Primarstufe. Nach fünf Jahren in einer Grundschule kam ich an eine Sprachförderschule, an der ich als Musiklehrerin gebraucht wurde. Dort hatte ich Möglichkeiten erprobt, mit Kindern, die weniger musikalische Fähigkeiten besaßen, anders zu arbeiten, z. B. mit Klanggeschichten und spielerischen Übungen.

Mit dem berufsbegleitenden Studium für Musiktherapie an der Uni in Siegen bei Prof. Hartmut Kapteina, der auch der Leiter der Trommelgruppe gewesen war, begab ich mich auf einen Weg intensiver Erfahrungen, zunächst für mich selbst. Für den Beruf lernte ich vielfältige neue Methoden, die meine Arbeit mit den Kindern bereicherten und meine Möglichkeiten an der Schule erweiterten.

Die Siegener Ausbildung hatte einen Schwerpunkt in der pädagogisch-therapeutischen Arbeit, im Gegensatz zu anderen Musiktherapie-Studiengängen, die stärker auf klinische Arbeit ausgerichtet waren. Es gehörten neben der Theorie auch Praxis-Seminare dazu wie Instrumentenbau, Band-Musik, ebenso Erfahrungen im Tanzen und Malen nach Musik.

Vieles konnte ich direkt in der Schule anwenden.

Die Selbsterfahrung war ebenso wichtiger Bestandteil der Ausbildung wie schließlich die Praxisphase mit Supervision.

Mit einigen ergänzenden Seminaren und einer Lehrtherapie hatte ich die Voraussetzungen, die Zertifizierung als Musiktherapeutin durch die DMtG (Deutsche Musiktherapeutische Gesellschaft) zu beantragen und habe sie erhalten.

Kindermusiktherapie in der Schule

Musiktherapie mit Kindern

Definition, Einordnung

Ich zitiere einige Kernaussagen, die einen Überblick sowie Wesentliches zur Kindermusiktherapie ausdrücken:

Aus dem Artikel über Kindermusiktherapie im Lexikon Musiktherapie:

> „Unter Kindermusiktherapie versteht man den gezielten Einsatz von Musik und/oder musikalischen Elementen im Rahmen der therapeutischen Beziehung zu Kindern und Jugendlichen mit dem Ziel der Wiederherstellung, Erhaltung und Förderung psychischer und somatischer Gesundheit sowie der Entwicklungskorrektur und -förderung." (Stegemann, 2009, S. 228)

Hartmut Kapteina betont in einigen Kernsätzen die Freiheit und die Hoffnung in der Musiktherapie. Diese Aussagen gelten für die Musiktherapie allgemein, lassen sich aber ebenso auf die Kindertherapie anwenden:

> „Die Verantwortung des Therapeuten besteht darin, musikalische Strukturen zu finden, in denen die Ideen des Patienten aufgehoben sind.
>
> Der Fähigkeit des Klienten, sich frei auszudrücken, mitzuteilen und zu entfalten, entspricht die Fähigkeit des Therapeuten, auf diese Freiheit mit den passenden stilistischen Mitteln einzugehen.
>
> Der Aufbau von Hoffnung ist Grundvoraussetzung jeder Therapie. In der Musiktherapie kann Hoffnung entstehen, indem konsequent und verlässlich die Auffassung gilt,
>
> – dass es keine richtigen und falschen Geschehen gibt und
> – die Improvisation als ein Spiel in sicherem und geschütztem Rahmen erlebt wird."
>
> (Kapteina, 2003, Seminarpapier: Improvisation und Freiheit. Zitat aus: Boyce-Tillman, June (2000): Constructing Healing. The Wounds that Sing. London, S. 216, 217, 219)

Bettina Schreiber benennt das Wesentliche in der Kindermusiktherapie so:

> „Die Wirkung von Musik erstreckt sich auf den gesamten körperlichen und geistig-seelischen Bereich des Menschen. Musiktherapie knüpft dort an, wo Sprache versagt. Über die Musik entstehen Kommunikationsbrücken. (...) Gefühle und Empfindungen können mitgeteilt und verarbeitet werden.
>
> Die Musiktherapie ermöglicht Kindern, einen emotionalen Rückzug zu überwinden, aus ihrer Unansprechbarkeit herauszutreten und Eigeninitiative zu entwickeln." (Schreiber, 2004)

Es gibt verschiedene Ansätze, nach denen in der Kindermusiktherapie gearbeitet wird. In meiner Ausbildung stand ein psychotherapeutischer Ansatz im Vordergrund, speziell für die Kindertherapie verbunden mit gestalttherapeutischen und systemischen Aspekten. Ich habe mich später auch für lösungsorientierte und hypnotherapeutische Aspekte interessiert.

Eine Palette von Büchern zur Kindermusiktherapie zeigt, dass es reiche Erfahrungen von Musiktherapie mit Kindern gibt, in Kliniken (z. B. in der Onkologie oder im Hospiz) und in pädagogischen und therapeutischen Einrichtungen. Hier geht es um entwicklungsverzögerte, traumatisierte, zu ruhige oder zu unruhige Kinder (ADS und ADHS), Kinder mit sozialen Schwierigkeiten oder Lernproblemen.

Für meine Arbeit besonders interessant waren Veröffentlichungen zu den Themen Musiktherapiespiele für Kinder, Musik und Sprachförderung und Musiktherapie in der Schule (siehe Literatur im Anhang).

Künstlerische Therapien

Wer mit Kindern therapeutisch arbeitet, wird nicht streng bei einer Therapieform bleiben. Kinder folgen ihren Impulsen – so entsteht ganz von selbst eine Vielfalt der Ausdrucksformen.

Das entspricht den verschiedenen künstlerischen Therapien, die sich in ihren Methoden überschneiden:

Musik spielt eine Rolle beim Tanzen oder beim Musikmalen, beim Theaterspiel mit Musik oder bei Clownerie. Ich hatte selbst viel Freude daran, verschiedenste Materialien und unterschiedliche Spielformen zusätzlich zur Musik einzusetzen: Handpuppen, z. B. einen Zwerg oder eine Hexe und eine Kiste voller Tierhandpuppen, Verkleide-Tücher, bunte Kappen und einen Zauberhut, Decken und Kissen, Stifte und Ölkreide. Die Musikinstrumente standen an erster Stelle, alles andere konnte ich bei Bedarf hinzunehmen.

Das Spiel als Methode

In allen Beschreibungen von Kindermusiktherapie kommen die Vielschichtigkeit und Lebendigkeit der Arbeit mit Kindern zum Ausdruck. Wenn Therapeutinnen den Kindern in ihrer Beweglichkeit und Spielfreude folgen, finden sie sich in Rollenspielen wieder, in Streit- und Kampfszenen oder Trost- und Kuschelsituationen. Geschichten von Bedrohung und Ängsten werden dargestellt.

Der Buchtitel *Spiel – Musik – Therapie* von Sandra Lutz Hochreutener drückt treffend die Kombination von Musik und Spiel aus: Wenn Kinder mit Instrumenten spielen, bleiben sie nicht nur bei der Musik. Aus Trommeln wird eine Mauer gebaut, um sich dahinter zu verschanzen, in einer Klangschale wird schon einmal Essen gerührt, eine Konga kann man auf den Boden legen und darauf reiten.

Der Begriff des Spiels war für meine Arbeit mit den Kindern zentral.

Winnicott sagt: „Psychotherapie hat mit zwei Menschen zu tun, die miteinander spielen." (Winnicott, 1974, S. 49)

In diesem Sinn ging es in meiner Arbeit um zweckfreies Spiel, für das ich einen Freiraum anbieten wollte.

Da war zunächst der konkrete Raum, in meinem Fall der Musikraum, abgelegen in einem Nebengebäude, in dem wir ungestört waren.

Ebenso war es ein freier Zeitraum, 40 Minuten, in denen nichts vorgegeben war, nichts erreicht werden musste, kein Lernziel kontrolliert wurde. Es war ein Spielraum, in den ich gemeinsam mit dem Kind eintrat. Gerade im Kontext von Schule war ein Raum zum „Spielen" so besonders. Ich erfuhr jedes Mal, was mit den Kindern möglich wurde, welche Entwicklungskräfte in diesem Raum freigesetzt werden konnten.

Das Spiel ist nicht nur eine Methode in der Kindertherapie, sondern auch ihr erstes Ziel. Kinder, die nicht spielen können, verharren oft in inneren Strukturen, die sie unbeweglich machen und Entwicklung verhindern. Kindern zur Kreativität zu verhelfen, heißt Entfaltung der Persönlichkeit zu ermöglichen. So ist das Spiel Ziel und Weg zugleich.

Musikinstrumente waren eine gute Hilfe, wenn Kinder nicht so leicht ins Spielen fanden. Bei einem vielfältigen Angebot von Klangerzeugern fanden die Kinder ein Instrument, das sie neugierig machte und das sie ausprobieren wollten. Es konnte das Aussehen, die Haptik oder der Klang sein, die interessant erschienen. Ich spielte als Therapeutin mit, wir experimentierten gemeinsam und es entstand ein Musikspiel.

Die gemeinsame Musik ließ einen Raum entstehen, in dem sich Vertrautes oder Unvorhergesehenes ereignen konnte. Die Offenheit des zweckfreien Spiels führte in ein Geschehen, das niemals belanglos war. Verschiedene Gefühle zeigten sich: Lust und Freude, Macht oder Ohnmacht, Angst oder Aggression, vielleicht auch Ratlosigkeit, Irritation oder stockender Fortgang – alles durfte sein, wie es war, und machte Sinn im Prozess.

Für mich war wichtig, wach und präsent zu sein sowie emotional und körperlich zur Verfügung zu stehen.

Ich spürte die Schwingungen, die im Musikspiel entstanden, fühlte mich in das Kind ein und nahm die Resonanz bei mir wahr.

Ich schützte den Spielraum, ermöglichte das Spiel und begleitete das Geschehen, manchmal in verschiedenen Rollen wie kleine Katze, große Beschützerin, Angeklagte, Kämpferin, Freundin… .

Dabei folgte ich immer dem Kind, antwortend, auch lockend oder mit Klängen „anklopfend", aber niemals provozierend oder forcierend.

Nähe und Distanz

Ich setzte mich in der Therapiestunde mit den Kindern meistens zuerst auf unseren Teppich, eine Einladung zum Sich-Einlassen, zum Spielen, zum Geschehen-Lassen. Das folgende Spiel ergab, ob es auf Stühlen oder auf dem Teppich weiterging.

Kindlichen Wünschen nach Nähe und Geborgenheit begegnete ich mit einem zuverlässigen Beziehungsangebot, einem geschützten Raum der Aufmerksamkeit und Akzeptanz, dem Wahrnehmen der Bedürfnisse.

Zu dem Bedürfnis nach Nähe konnte auch Körperkontakt gehören. Es wäre schwierig gewesen, in der Kindertherapie körperliche Kontakte vermeiden zu wollen. Sie konnten spontan im Rollenspiel entstehen oder in Situationen, in denen das Kind Beruhigung und Trost brauchte. Ich war dabei immer besonders aufmerksam und bestrebt, die Grenzen der Persönlichkeit des Kindes zu schützen.

Ich konnte ein Kind ebenso mit meiner Stimme berühren, z. B. wenn ich es mit einer improvisierten beruhigenden Melodie tröstete. Auch in so einer Situation war ich mir der besonderen Nähe bewusst.

Die Stimme war für mich immer ein wunderbares Instrument, das ich gerne eingesetzt habe. Damit konnte ich unmittelbar auf emotionale Situationen reagieren, Resonanz geben, auch in eine Rolle einsteigen und „mitspielen“. Ich konnte Nähe herstellen und Vertrauen anbieten.

Katz-Bernstein sagt:

> „In der Therapie mit Kindern muss der erwachsene Therapeut über die Grenzen von Nähe und Distanz, über die Fairnessregeln (…) und über das Maß an Gewährenlassen oft alleine entscheiden.
>
> Manchmal muss der Therapeut direkt, körperlich, schnell und spontan reagieren, ohne die Zeit zu haben, alles durchdenken zu können und ohne auf die nötige therapeutische Distanz, Reflexion und Gelassenheit zurückgreifen zu können.“ (Katz-Bernstein, 1996, S. 134)

Spontaneität und eigene Reflexion

Diese Spontaneität, wie Katz-Bernstein sie treffend beschreibt, erlebte ich regelmäßig und nahm mir deshalb genügend Zeit, die Therapiestunden anschließend zu reflektieren und das Protokoll zu schreiben. Dazu gehörte evtl. auch, eine Aufnahme abzuhören und mir über das Resonanzgeschehen (mögliche Übertragungen) klar zu werden. Mir war wichtig, jedem unsicheren Gefühl auf meiner Seite nachzugehen und mir über mein Tun Rechenschaft abzulegen. So verstand ich manchmal erst in der Reflexion im Nachherein, was im intensiven, intuitiven Spiel geschehen war.

Die Bedeutung der Musik

Immer wieder war die Musik die besondere Möglichkeit, Nichtsagbares auszudrücken, das Geschehen zu intensivieren oder eingefahrene Wege zu verlassen. Ich konnte mit musikalischen Mitteln intervenieren, halten, nähren, präsent sein, Kontakt herstellen.

Wenn es nicht weiterging

Was passierte in den Therapiesituationen, in denen es nicht weiterzugehen schien? Das Spiel verlief stereotyp oder kam gar nicht erst in Gang. Bei mir stellten sich Müdigkeit und Ratlosigkeit ein, ich war genervt und zweifelte an mir. Ich sah nur winzige Entwicklungsschritte und dachte, ich würde die Stunden verschwenden.

Mir wurde klar: Zum Prozess konnte es gehören, dass das Spiel nicht fließend war, sondern stockte, wie im wirklichen Leben. Vielleicht befand ich mich mit dem Kind in einer Phase der Suchbewegungen, bis sich wieder ein Weg zeigte. Vielleicht war es ein Übergang zu etwas Neuem.

> „Auch hier soll betont werden, dass die Leistung der Therapeuten zunächst darin besteht, die eigenen ambivalenten Gefühle auszuhalten, ihnen Raum (...) zu geben. Ein Raum, in dem Ohnmacht und Ratlosigkeit so lange herrschen dürfen, bis sich eine neue Wendung, ein neuer Impuls, eine neue Differenziertheit, Trost oder Relativierung einstellen kann.“ (Katz-Bernstein, 1996, S. 137)

Reflexion mit den Kindern

Wichtig war die Frage der Reflexion mit den Kindern. Es lag nicht nur am verminderten Sprachvermögen, dass selten ein Austausch über die Probleme des Kindes oder am Schluss über das Spiel und das Geschehen in der Stunde möglich war. Es war auch eine Altersfrage.

Die sieben- bis achtjährigen Kinder gaben sich meist unmittelbar dem Spiel hin. Ihnen war kaum bewusst, dass sie im Spiel auslebten, was in ihrem Leben gerade wichtig war, was Ausdruck finden wollte. Ich bot zum Schluss immer das Gespräch an, aber ausdrücklich als Angebot, damit Nichts-Sagen auch in Ordnung war. Mir kam es manchmal so vor, als ob es für die Kinder wie ein Erwischt-werden war, wenn sie im symbolischen Spiel authentische Gefühle gezeigt hatten und dann darüber sprechen sollten. Das Angebot, z. B. mit der Frage: „Was war das Beste, was war blöd?“ oder nur: „Gibt es etwas zu sagen?“ war eine Möglichkeit für die Kinder, etwas loswerden zu können, besonders auch, etwas Negatives sagen zu dürfen. Für mich war oft schon ein Wort oder ein Satz aufschlussreich.

Bei den älteren Kindern, um die zehn Jahre alt, war es oft anders. Mit ihnen sprach ich am Anfang darüber, warum sie eine besondere Stunde bei mir hatten.

Auch diese älteren Kinder wollten oft am Ende der Stunde nicht über die Musik oder das Spielgeschehen sprechen und blieben auf der Spielebene. Anderen war sehr bewusst, was das Spiel mit ihren Problemen zu tun hatte. Manchmal planten wir gemeinsam den Prozess, und ein Kind brachte selbst Ideen ein, wie ein Thema gespielt werden konnte.

Spielformen

Das Spielen brauchte einen konkreten Anstoß, um beginnen und ins Fließen kommen zu können. Bei vielen Kindern genügten das Angebot der vielen unterschiedlichen Musikinstrumente und die Aufforderung, sich einige Instrumente für unser gemeinsames Spiel auszusuchen.

Wenn so ein spontaner Spielbeginn nicht gelang oder ein Spiel ins Stocken gekommen war, haben sich einige Impulse in meiner Arbeit bewährt, die ich hier zusammenfasse:

- Wir spielten nach einer musikalischen Regel, z. B. laut und leise.
- Wir wechselten uns in den Rollen von vor- und nachmachenden Spielenden ab.
- Ich bot den Kindern ein Rollenspiel mit Instrumenten an, z. B. Zwerg und Riese, Hund und Katze, krankes Häschen und Musiker, König und Diener.
- Wir erfanden ein Märchen, indem ich eine Hauptfigur vorschlug, die mir für das jeweilige Kind passend erschien: eine Prinzessin, ein Monster oder ein Zwerg. Das Kind konnte auch ein Lieblingstier wählen und beschrieb dann diese Figur nach der eigenen Vorstellung. Ich gab einen Anfangsimpuls, z. B.: „Der Zwerg geht in den Wald. Geht er allein oder findet er einen Freund? Wie könnte es weitergehen?“ Mit meiner Unterstützung imaginierte das Kind eine Geschichte. Danach wurde die Geschichte mit Instrumenten gespielt.
- Ich knüpfte an ein Musikspiel aus meiner Spiele-Sammlung an, z. B. „Die Maschine ist kaputt“, „Streit-Trommeln“, „Die kleine Grille singt ihr Lied“ oder „Musik-Inseln“.
- Das Kind suchte Instrumente für die Mitglieder seiner Familie aus und platzierte sie in selbstgewählten Abständen zueinander auf dem Spielteppich. Auch Kinder haben ein bewusstes und ein unbewusstes Wissen über ihr Familiensystem.

  Es gab aus der Gestalttherapie verschiedene Methoden, die eigene Familie durch Figuren darzustellen wie durch Steine, Münzen, Spielfiguren oder Tiere.

  Musikinstrumente waren in diesem Zusammenhang besonders interessant. Sie wurden nicht nur nach Größe, Form und Material ausgewählt und in einem bestimmten Verhältnis zueinander auf dem Boden platziert, sondern konnten auch zum Klingen gebracht werden. Die Spielweise des Kindes und die entstandene Musik sagten noch mehr über die Personen und ihre

> Beziehungen aus. Möglicherweise konnte durch das Spielen in dem Familienbild etwas in Bewegung kommen.[37]

Jede dieser Spielformen konnte zunächst diagnostisch zeigen, „was ist" und im weiteren Spiel auch zu Lösungsmöglichkeiten führen.

In den Fallgeschichten finden sich einige Beispiele, wie solche Spielideen Entwicklungen im Spiel und im Prozess ermöglichten.

Kindertherapeutin sein

Meine Kreativität, Spielfreude und Beweglichkeit waren gefragt, wenn ich mit Kindern arbeitete. Ich wollte der Energie der Kinder einerseits Raum geben, andererseits musste ich in der Lage sein, für Sicherheit zu sorgen und den Spielraum zu schützen.

> „Kindertherapie ist ohne pädagogisches Geschick, körperliche und personelle Wendigkeit, Festigkeit, Konsequenz und Humor (…) nicht vorstellbar.
>
> Es bedeutet immer wieder eine Gratwanderung zwischen Rahmen- und Schutzgeben, Versagen und Grenzen-setzen, Spiegeln und Sich-Zurückhalten." (Katz-Bernstein, 1996, S. 135 + 137)

Das therapeutische Arbeiten mit Kindern konnte an körperliche Grenzen bringen. Beweglichkeit war erforderlich, um mit den Kindern auf dem Boden zu agieren.

In der Musiktherapie mit Kindern waren es auch besonders die Ohren, die stark belastet wurden. Es gab viele Situationen, in denen es mir wichtig erschien, ein Kind nicht zu bremsen, wenn es in seinem Prozess sehr laute Musik machte, z. B. durch Schlagen auf das Schlagzeug-Becken oder eine Schlagzeug-Trommel. Meistens war ich so im Spiel beteiligt, dass ich es gut aushalten konnte.

Mit zunehmenden Berufsjahren wurde es schwieriger für mich, und ich musste mir für Notfälle etwas einfallen lassen. Z. B. habe ich gesagt: „Das Becken spielt heute nicht mit" und stattdessen eine Trommel angeboten. Sehr selten habe ich Ohrstöpsel verwendet, was in der Therapie schwierig war. Wenn es um aggressives Schlagen ging, das in der Spielsituation an (oder gegen) mich gerichtet war, entzog ich mich aus Sicht des Kindes mit Ohrstöpseln dieser Konfrontation. Ich habe dann erklärt, dass ich meine Ohren ein bisschen schützen müsste, dass ich aber alles ganz genauso hören würde.

Manche Situationen hielt ich bewusst aus und ließ anschließend auf jeden Fall eine ruhige Phase einkehren, um den Ohren von Kind und Therapeutin Erholung zu gönnen.

---

37 Ich möchte in diesem Zusammenhang bei dem Begriff einer Darstellung der Familie bleiben und nicht von einer Aufstellung sprechen. Die Therapiemethode der systemischen „Familienaufstellung" und auch der musiktherapeutischen Aufstellung ist ein sehr weites und differenziertes Feld, in dem durch persönliche Stellvertreter eine ganz andere Dynamik ins Spiel kommt.

Therapiearbeit war immer eine Mischung aus Belastung und Freude. Aber die Befriedigung überwog bei Weitem. Sehr oft war ich nach einer Therapiestunde beschwingt und erfüllt von der kindlichen Energie, dem Einfallsreichtum, den bewegenden Momenten und überraschenden Wendungen. Ich war berührt und begeistert von der Kraft des Spielraumes und den positiven Entwicklungen bei den Kindern.

Kindertherapie oder systemische Therapie?

Die Kinder, mit denen wir es in der Schule zu tun hatten, waren abhängige Mitglieder der Familie, in der sie aufwuchsen. Je kleiner sie waren, desto abhängiger waren sie noch. So war es naheliegend, bei Kindern, die Probleme hatten oder auffällig wurden, nicht nur das Kind im Blick zu haben, sondern auch seine Familie.

Ein Beispiel: Simon

Simon, neun Jahre alt (siehe seine Fallgeschichte) stotterte. Er litt spürbar unter seinem Stottern. Die Klassenlehrerin berichtete mir, dass die Mutter eine sehr bestimmende Rolle in der Familie zu spielen schien. Sie verlangte viel von Simon und seiner älteren Schwester. Im Gegensatz zur Schwester konnte Simon ihren ehrgeizigen Forderungen nicht gerecht werden. Der Vater passte sich offensichtlich an die Forderungen der Mutter an. Es entstand das Bild eines Jungen, dem in diesem Familiensystem Angenommen-Sein und Zuwendung fehlten.

Simon war eins der Kinder, bei dem ich zunächst ratlos war. Sollte ich eine Therapie mit ihm beginnen? Wenn die Bedingungen in der Familie sich ändern würden, würde es ihm sicher besser gehen. Eine Familientherapie schien hilfreicher zu sein als eine Einzeltherapie für das Kind.

Tatsächlich ist die Wirklichkeit oft vielschichtiger und verflochten und lässt sich nicht auf einen Gegensatz zwischen der Blickrichtung auf das Kind oder auf das Familiensystem reduzieren:

- Ein Kind lebt in mehreren Systemen: Da sind die Kleinfamilie, die erweiterte Familie (Großeltern spielen manchmal eine sehr wichtige Rolle), Kindergarten, Schule, Sportverein oder weitere soziale Gruppen.
- Ein Kind befindet sich in der Entwicklung: Es löst sich nach und nach aus den primären Beziehungen der Familie, findet in Gruppen hinein, orientiert sich neu, auch andere Erwachsene (z. B. Lehrerinnen) werden vorübergehend wichtige Bezugspersonen.
- Gerade das Nebeneinander dieser verschiedenen Systeme im Leben des Kindes oder die Loslösungs- und Neuorientierungsprozesse können zu Konflikten führen, bei denen das Kind Unterstützung braucht.
- Zur Stärkung des Selbstbewusstseins und der Autonomieentwicklung kann für das Kind die Beziehung zu einem Therapeuten oder einer Therapeutin

wichtig sein. Manchmal fehlt in der eigenen Familie das Rollenvorbild, das für eine gesunde Entwicklung wichtig wäre.
- Eine Kindertherapeutin hat durch begleitende Elterngespräche eine gewisse Chance, auf die Zustände in der Familie einzuwirken. Die Eltern sind dankbar, dass ihr Kind eine besondere Aufmerksamkeit erfährt, und öffnen sich möglicherweise im Gespräch.
- Ein Kind mit Beeinträchtigungen hat ganz eigene Probleme, die es zu bewältigen hat. Eine Therapie kann dabei unterstützen.
  Sprachförderkinder können mit therapeutischer Hilfe lernen, trotz ihrer Sprachprobleme zu kommunizieren und sich nicht zurückzuziehen, oder sie können bereits entstandene psychische Symptome wieder ablegen.
- Indem die Therapeutin das Kind in der Therapie stärkt, kann sie die Familie darin unterstützen, das Kind mit seinem Anderssein zu akzeptieren.

> „Kindertherapeutische Arbeit war und ist immer ein systemisches Spannungsfeld. Die Abhängigkeit des Kindes, sein Eingebettet-sein und sein Hineinwachsen in verschiedene soziale Bezüge bedingen eine Arbeit zwischen Systemen. Der systemische Anspruch, den ‚Symptom-Träger' nur gemeinsam mit seiner Familie zu behandeln, kann angesichts der Realität nicht als Prinzip aufrechterhalten werden." (Katz-Bernstein, 2000, S. 89)

Die Realität in der Schule war, dass wir meistens gar nicht wählen konnten zwischen dem Angebot von Kindertherapie oder Familientherapie. Gerade in den Familien, in denen dringend professionelle Hilfe nötig gewesen wäre, konnten oder wollten die Eltern oft keinerlei Beratung annehmen. Auch Simons Eltern waren weit davon entfernt, ein Problem bei sich zusehen.

So hatten wir oft nur die Chance, die Kinder zu unterstützen und zu stärken.

Ab dem zehnten Lebensjahr etwa sind die Kinder weniger abhängig von ihren Eltern und beginnen, sich ihre eigene Meinung zu bilden, einen eigenen Weg zu gehen. Das ergibt neue Chancen für die Therapie bei einem Kind.

Hier ein Beispiel:

Sara war zehn Jahre alt und ging in die 4. Klasse. Sie war eine gute Schülerin und ein Mädchen, das ein bisschen zu lieb war. Sara war übergewichtig, was ihre Klassenlehrerin nicht hinnehmen wollte. In mehreren Gesprächen mit der Mutter versuchte sie, mit Diätvorschlägen eine Änderung herbeizuführen, was nicht gelang. Offensichtlich bestand die mütterliche Fürsorge in dieser Familie in erster Linie in einem reichlichen Essensangebot, und Sara wehrte sich nicht dagegen.

Sara wollte gern Gitarre spielen lernen. Ich hatte ein paar Stunden zur Verfügung, um ihr einen Anfangsunterricht zu erteilen. In der ersten Stunde saßen wir mit den Gitarren im Musikraum. Ich war noch mit dem Stimmen der Instrumente beschäftigt, als ich bemerkte, dass Sara immer wieder zum Schlagzeug hinübersah. Ganz offensichtlich war ihr Interesse dort gerade viel mehr als bei der Gitarre.

Ich fragte sie, ob sie Schlagzeug spielen wollte. Mit leuchtenden Augen bejahte sie. Wir setzten uns zu zweit an die Schlagzeug-Trommeln, und ich ließ sie einfache Rhythmen probieren. Sie spielte sehr leise. Konzentriert, aber vorsichtig hantierte sie mit den Stöcken. Mein Gefühl war, dass sie sich bremste. Ich fragte sie, ob sie lauter spielen wollte. Sie zögerte und sagte schließlich: „Das würde meine Mama aber gar nicht gut finden." Jetzt zögerte ich, überlegte kurz und sagte: „Aber deine Mama ist ja jetzt gerade nicht hier."

Von Sara kam ein kurzes Innehalten und Überlegen, dann ein kleines Aufatmen, und deutlich lauter wiederholte sie die Rhythmen. Ich unterstützte sie und spielte mit. Im gemeinsamen Trommeln entwickelte sich Spielfreude.

Dann wollte sie noch Gitarre spielen. In den gemeinsamen Stunden, die wir hatten, spielte sie neben der Gitarre auch immer Schlagzeug. Ich konnte beobachten, wie sie sich traute, ihre eigene Spielweise, ihre Lautstärke und ihren Rhythmus zu finden.

Am Ende der 4. Klasse verließ Sara unsere Schule und ich habe ihre Entwicklung nicht weiter verfolgen können. Ich habe mich gefreut, dass sie in unseren wenigen Stunden etwas mutiger geworden war und eine eigene Musik gefunden hatte.

Das Safe-Place-Konzept

Ein sicherer Ort

Der Begriff des Safe Place wird in der Therapie-Arbeit immer wieder benutzt.

Ein „sicherer Ort", ein „Schutzraum" kann phantasiert oder erinnert werden. Kinder stellen sich zum Beispiel eine Burg mit dicken Mauern oder ein Baumhaus vor. Durch so eine Imagination kann ein innerer Raum installiert werden, der hilft, zur Ruhe zu kommen, Ängsten entgegenzuwirken oder wieder Freiheiten zu finden für eigene Gestaltungen im Leben.

Das „Konzept des Safe Place", wie ich es von Nitza Katz-Bernstein (Katz-Bernstein, 1996) übernommen habe, arbeitet mit einem konkreten Raum im Raum, in dem das Kind sich real verstecken kann.

Der Raum im Raum – das Konzept des Safe Place

> „Die Idee des Safe Place, am ehesten zu übersetzen mit ‚geschützter Raum im Therapieraum', begann in der Arbeit mit Angststörungen: Kinder, die Kommunikation und Sprache verweigerten, die die Fremdheit von Orten, Personen oder neuen Umständen nicht zu überwinden vermochten. Oder Kinder, die kämpfend, flatternd und abwehrend durch das Leben gingen, weil sie eine Reihe schlechter Erfahrungen im Gepäck hatten." (Gahleitner, Katz-Bernstein und Pröll-List, 2013, S. 166)

Beim Safe-Place-Konzept geht es darum, dem Kind einen Raum im Raum, eine Höhle, ein Versteck anzubieten. Ein verstörtes, eingeschüchtertes Kind hat z. B. Probleme, in Kontakt zu gehen und spricht nicht. Es versteckt sich in dieser Höhle. Aus dem geschützten Raum heraus kann Kommunikation gelingen, die vorher nicht möglich war. Das Kind entscheidet selbst, wie lange es in diesem verhüllten Raum bleibt oder wann es ihn öffnet.

Ich habe oft beobachtet, wie Kinder, wann immer sie dazu Gelegenheit hatten, Höhlen bauten. Auch Kinder im Klassenraum machten es. Sie suchten sich eine Ecke oder einen Platz unterm Tisch, stellten Stühle davor oder hängten Tücher als Grenze auf. Sie wollten in Ruhe ein Buch ansehen oder drückten sich zu zweit in ihr selbst gebautes Haus, um gemeinsam zu spielen. Sie wollten ungestört in ihrer eigenen Welt sein.

Nachdem ich in einer Vorlesung von Nitza Katz-Bernstein zum ersten Mal von ihrem Konzept des Safe Place gehört hatte, war ich begeistert und habe im Musikraum so eine kleine Hütte im Raum eingerichtet, einen Tisch mit Decke und Wänden aus Stoff. Später kam ein zweites Haus dazu. Wichtig war, dass man die Häuser öffnen und schließen konnte.

Katz-Bernstein berichtet in ihren Erfahrungen mit dem Safe Place, dass die Kinder sich selbst aus verschiedenen Materialien eine Höhle bauen. Die Kinder machen dadurch die sinnliche Erfahrung, sich selbst diesen Raum zu erschaffen, und dabei eigene Vorstellungen zu verwirklichen.

Ich hatte zeitlich und räumlich nicht die Möglichkeit, die Kinder selbst Hütten bauen zu lassen, weil der Musikraum jeweils nach 40 Minuten wieder für den Unterricht zur Verfügung stehen musste. Die fertig aufgebauten Hütten haben die Kinder sich trotzdem zu Eigen gemacht. Sie konnten zwischen zwei verschiedenen Höhlen wählen, konnten sie nach eigenen Wünschen ausstatten mit Kissen und Decken und auch Instrumente ihrer Wahl mitnehmen.

So wurde diese Höhle im Spiel als eigener Raum erlebt und die Art des Rückzugs selbst gestaltet.

Je nach Spielsituation benutzten die Kinder und ich die verschiedenen Begriffe: Haus, Hütte, Höhle oder Versteck.

Nach Katz-Bernstein ist eine konkrete Hütte für die Therapie mit Kindern wichtig. Je jünger Kinder sind, desto weniger können sie mit Vorstellungen arbeiten, die ausschließlich verbalisiert werden.

> „Die Erfahrungen in diesem Alter (bis neun Jahre) brauchen noch eine körperlich-konkrete Einbindung, und diese können noch nicht auf der sprachlichen Ebene verarbeitet werden." (Katz-Bernstein, 1996, S. 136)

Ich beobachtete die Kinder, wie sie auf das Angebot der Hütte im Musikraum reagierten. Sie nahmen es sofort an und zeigten mir wiederum vielseitige Gestaltungsmöglichkeiten.

Das Safe-Place-Konzept, die Hütte, bot in meiner Arbeit viele Spielmöglichkeiten, pädagogisch und therapeutisch. Die Verbindung mit Musikpädagogik und Musiktherapie ergab sich dabei wie von selbst.

Die Anwendung der Hütte im Musikunterricht:

- Wir machten Hörübungen, z. B. sollten die Kinder Instrumentenklänge unterscheiden. Für die Kinder war es attraktiv, sich zum Hören in die Höhle zu verkriechen.
- Wir spielten mit Trommeln und anderen Instrumenten eine Wettermusik. Die Kinder wählten ein Instrument zum Mitspielen oder durften auch einen Kuschelplatz in einer Hütte aufsuchen, um sich nur aufs Zuhören zu konzentrieren.
- Für Musikspiele und Rollenspiele fanden die Tischhäuser vielfältige Anwendung: als Hexenhaus, Monsterhöhle, als Wolfs- oder Igelhöhle.
- Ein Kind brauchte Trost. Es durfte sich einen Freund suchen und sich mit ihm für eine Weile in eine Höhle zurückziehen.

Die Anwendung der Hütte im therapeutischen Rollenspiel:

In einer Kleingruppe entstand ein Rollenspiel. Jedes Kind wählte sich eine Wohnung, eine der Hütten oder eine passende Ecke im Raum, und stattet seinen gewählten Platz mit Instrumenten aus. Es gab auch ein Instrument als Klingel an der Tür. Im Spiel besuchten die Kinder sich gegenseitig. Ein Kind klingelte an der Tür. Der Hausbewohner konnte die Besucherin hereinlassen, zum gemeinsamen Spiel. Er durfte aber auch nein sagen. Der oder die Abgewiesene akzeptierte es oder versuchte zu verhandeln, ein Angebot zu machen oder versuchte es später noch einmal.

Der eigene Raum wurde wahrgenommen, behauptet, geöffnet oder auch nicht. Grenzen ziehen und akzeptieren, einladen, Wünsche äußern, nein sagen – das konnte so erprobt werden.

Das Safe-Place-Konzept und die Anwendung in der Therapie bei traumatisierten Kindern

Das Konzept eignet sich besonders für alle Kinder, die in ihrer Kommunikation und den Möglichkeiten der Kontaktaufnahme eingeschränkt sind. Es können Kinder sein, die sehr ängstlich oder verstummt sind, die nur sehr leise sprechen oder die sich schämen und sich in sich selbst zurückgezogen haben. Manche wirken wie erstarrt, zeigen keine Rührung. Nicht nur die Sprache, auch die Mimik und die Gesten wirken wie eingefroren.

Es sind Kinder, die wie in einem unsichtbaren Schutzpanzer leben. Sie lassen niemanden an sich heran oder nur ausgewählte Menschen. Es ist kaum möglich, Kontakt mit ihnen aufzunehmen.

Die unterschiedlichen Ursachen können Verunsicherungen, angstmachende Erlebnisse oder schlimme Erfahrungen sein.

Das Angebot des Rückzugs in den Raum im Raum bietet Möglichkeiten, aus der Sackgasse der erschwerten Kommunikation herauszukommen. Hier einige Beispiele:

- Das Kind kann sich dort abgrenzen und schützen (z. B. mir als Therapeutin gegenüber).
- Ein Safe Place ist ein Raum, in dem das Kind in seiner Erregung herunterkommen und zur Ruhe kommen kann.
- Mit dem Safe Place wird dem Kind Zeit und ein Gefühl der Freiheit gegeben durch eine druckfreie Situation. Die optische Abschirmung ermöglicht einen Raum, in dem das Kind unbeobachtet ist. Es besteht keine Erwartung, Blickkontakt aufnehmen zu müssen.
- Das Kind kann sich selbst besser spüren, eigene Gefühle wahrnehmen, auch die „verbotenen“ Gefühle.
- Es darf sich verweigern: Das Nein-Sagen zum Kommunikationsangebot ist ein berechtigter Ausdruck der eigenen Gefühle.
- Im Safe Place handelt das Kind selbstbestimmt. Es experimentiert mit Klängen und mit der Stimme, prüft und erprobt vorsichtige Äußerungen.
- Das Kind kann im geschützten Raum nach und nach innere Erstarrungen aufweichen und den eigenen Schutzpanzer ablegen.
- Mit dem Safe Place als Rückendeckung werden Kinder ermutigt, Interaktionen oder auch Konfrontationen zu wagen, die sonst bedrohlich wären.

Es geht um das Entwickeln einer „altersgemäßen Autonomie“. Es „wird deutlich, dass eine primär auf Regression und ‚Nachnähren‘ zielende therapeutische Arbeit nicht genügen kann“ (Katz-Bernstein, 1996, S. 132).

> „Die heilende Wirkung besteht m. E. zunächst darin, dass das Kind die neue Erfahrung macht, dass der Erwachsene respektvoll vor den symbolisierten Grenzen des Kindes innehält. Damit wird dem Kind ermöglicht, das Geschehen ‚regisseurhaft‘ selber zu regulieren.“ (Katz-Bernstein, 1996, S. 130)

Für die Kinder werden Beziehungsqualitäten konkret erfahrbar gemacht.

> „Durch ‚ihr‘ Haus erleben sie einen Schutzraum mit sicheren Grenzen, sie müssen sich der Außenwelt nicht länger ausgesetzt fühlen. Sie erfahren das Gegenüber als verlässlich und fühlen sich deshalb frei, einfach nur zu beobachten, sich quasi mit Erlaubnis ‚zu verweigern‘. Entspannter und im Kontakt mit sich selbst können sie dann experi-

mentieren, wie viel Nähe zugelassen oder auf Distanz gegangen wird. Selbstwirksamkeit erleben sie, wie sie im eigenen Tempo die Interaktion mit einer fremden Person steuern können.“ (Subellok & Winterfeld, 2021, S. 33–35)

Safe-Place-Konzept und Musiktherapie

Aus meiner Erfahrung ergaben sich bei der Kombination vom Safe Place und Musikinstrumenten bzw. musiktherapeutischen Methoden zusätzliche Möglichkeiten:

- Das Kind, das sich in die Höhle zurückzog, hatte die Möglichkeit, die Stimme durch ein Instrument zu ersetzen oder mit einem Instrument zu unterstützen, was vielen Kindern leichter fiel.
- Mit unterschiedlichen Instrumenten konnten verschiedene Gefühle ausgedrückt werden – vorsichtig und zart oder heftig und laut.
- Als Therapeutin hatte auch ich mit Klängen vielfältige Möglichkeiten der Kontaktaufnahme, über die Sprache hinaus.
- Besonders mit Singen konnte ich, auch ohne Blick- und Körperkontakt, Nähe herstellen. Summen oder Singen ohne Worte konnte einen geradezu intimen Kontakt ermöglichen.
- Mit dem Aufbau von Instrumenten im Raum um die Höhle herum konnte das Kind aus dem Versteck hervorgelockt werden. Wenn zum Beispiel das große Schlagzeug-Becken, das in die Höhle nicht hineinpasste, draußen bereitstand, riskierte das Kind vielleicht, die Höhle kurz zu verlassen. Es wurde ermutigt, seine Möglichkeiten der Auseinandersetzung zu erweitern.

Die Fallgeschichte mit Micha ist ein Beispiel dafür, wie das Angebot eines Safe Place die Möglichkeiten in der Therapie auf geniale Weise erweiterte.

Zusammenfassung

Im Safe-Place-Konzept geht es um Kommunikation und Kontakt, um den Ausweg aus Sprachlosigkeit und emotionaler Erstarrung.

Wenn die Sprache als Weg der Verständigung und der Hilfe nicht ausreichend zur Verfügung steht, braucht es andere Möglichkeiten. Das Spiel, bei dem nicht gesprochen werden muss, ermöglicht es dem Kind, durch Handeln zu kommunizieren. Es kann sich verstecken oder das Versteck verlassen, es kann sich anders als durch Sprache äußern, mit Klängen oder mit der Stimme ohne Worte.

Die konkreten Erfahrungen von Schutz, akzeptiertem Rückzug und Kommunikationsangeboten durch die Therapeutin ermöglichen nach und nach Kontakt und auch wieder Sprache.

Therapie in der Schule – Möglichkeiten und Grenzen

Unsere Erfahrung in der Schule war, dass die Nachfrage nach Therapie für Kinder in unseren Klassen immer größer wurde. Leider gab es zu wenig Kindertherapeuten in der Nähe. Eltern hatten es sehr schwer, einen Therapieplatz zu finden.

Viele Eltern scheuten sich auch, Beratung für sich oder eine Therapie für ihr Kind in Anspruch zu nehmen.

Ein Therapieangebot in der Schule war insofern für viele Kinder eine große Hilfe.

So hat meine Schulleiterin einem Versuch zugestimmt, als ich fragte, ob ich musiktherapeutisch mit Kindern arbeiten dürfte. Zustimmung gab es auch von Kolleginnen. Ich konnte einige Stunden mit einzelnen Kindern oder Kleingruppen arbeiten.

Die Möglichkeit, überhaupt Musiktherapie im Stundenplan unterzubringen, hat mit dem Konzept der Sprachförderschule zu tun: Zusätzlich zu den vorgegebenen Unterrichtsstunden sind Stunden für Sprachförderung vorgesehen. Ich erklärte, dass ich mit der Musiktherapie an der Kommunikation arbeiten und in diesem Sinn auch Sprachförderung machen würde.

Den Begriff „Musiktherapie" habe ich in der Schule vermieden, um das Angebot offen genug zu lassen. Ich habe mich dafür entschieden, mein Angebot „Musikförderstunde" zu nennen, in der ich „mit musikpädagogischen und musiktherapeutischen Methoden" arbeitete.

Was als Versuch begonnen hatte, bewährte sich, und bald gab es mehr Kinder, die ich betreuen sollte, als mir Stunden zur Verfügung standen. Ich konnte gute Erfahrungen mit Kindern machen und bei Bedarf Kolleginnen in Elterngesprächen unterstützen.

Aufgehoben in einem engagierten Kollegium war ich jedoch die einzige Lehrkraft mit einer therapeutischen Ausbildung. Mir fehlte professioneller Austausch im Therapie-Bereich. Ich suchte mir eine externe Supervisionsgruppe. Außerdem waren für mich ausführliche Protokollierung und Reflexion meiner Stunden hilfreich.

Auswahl der Kinder

Meistens kamen Kolleginnen auf mich zu mit der Frage, ob ich mit einem Kind aus ihrer Klasse arbeiten könnte. In anderen Fällen habe ich von mir aus Kolleginnen angesprochen, weil ich auf ein Kind ihrer Klasse aufmerksam geworden war.

Es konnten Kinder sein, die Probleme im Zusammenhang mit ihren Sprachproblemen hatten:

- Störungsbewusstsein (das Gefühl von Kindern, die wissen, dass mit ihnen etwas nicht in Ordnung ist, und die sehr darunter leiden),

- Kommunikationsprobleme,
- Mutismus oder Stottern.

Die Behandlung von funktionalen Sprachproblemen übernahmen Kolleginnen in der Sprachtherapie.

Es konnten Kinder sein, deren Probleme nur teilweise oder gar nicht mit den Sprachproblemen zu tun hatten:

- schüchterne, stille, verstummte, ängstliche Kinder,
- auffallend laute und aggressive Kinder mit Problemen im Sozialverhalten,
- Kinder mit Entwicklungsverzögerungen,
- Kinder mit weiteren emotionalen Problemen.

Es konnten auch Kinder sein, bei denen es erstmal um eine Diagnose der Probleme ging.

Eine Kollegin kam z. B. zu mir und sagte: Lea verweigert oft das Lernen, sie kann es aber eigentlich. Ich weiß nicht weiter – kannst du mal gucken? In der offenen Spielsituation konnte ich u. U. mehr erkennen als die Kollegin in der Unterrichtssituation oder durch Gespräche.

Die Kleingruppe und das Einzelsetting

Kleingruppen konnten aus organisatorischen Gründen nur mit Kindern aus einer Klasse gebildet werden. Die Klassenlehrerin hat meist Kinder ihrer Wahl geschickt und ich habe probiert, ob es mit der Gruppenzusammensetzung funktioniert. Bei Bedarf konnte ich dann in Absprache die Gruppe verkleinern, die Zusammensetzung ändern oder ein Kind einzeln betreuen.

Die Thematik innerhalb der Gruppe musste einigermaßen einheitlich sein, z. B. drei Kinder, die ein geringes Selbstbewusstsein hatten oder entwicklungsverzögert waren in ihrem Kommunikationsverhalten o. ä.

Mehr als drei Kinder habe ich normalerweise nicht in eine Gruppe genommen, weil es mir wichtig war, den Kindern einen freien Spielraum anzubieten und möglichst prozessorientiert zu arbeiten. Oft entwickelte jedes Kind in der Gruppe innerhalb des gemeinsamen Spiels seine eigene Geschichte, die ich begleiten wollte.

Manchmal stellte sich heraus, dass ein Kind eine so starke Eigenproblematik hatte, dass die Integration in eine Kleingruppe nicht möglich oder nicht hilfreich war, und ich habe eine Einzelstunde für dies Kind organisiert.

Es konnte auch umgekehrt sein: Einige Male ist es vorgekommen, dass ein Kind, das ich einzeln betreuen wollte, mir gegenüber in dieser Situation gehemmt oder verschämt war. Möglicherweise hatte das Kind Erfahrungen von Übergriffigkeit durch Erwachsene gemacht. Mit einem weiteren Kind war die Situation aufgelockert und eine gute Arbeit möglich.

Die Möglichkeiten, das Angebot für das jeweilige Kind passend zu machen, habe ich sehr geschätzt.

Die Organisation der Therapie im Stundenplan

Die Musikförderstunden mussten während der Unterrichtzeit stattfinden. Die Kinder fuhren gemeinsam mit Schulbussen und konnten deshalb nicht einzeln vor oder nach dem Unterricht bestellt werden.

Wenn möglich, habe ich die Therapiestunden in die letzte Stunde vor dem Unterrichtsschluss oder vor einer großen Pause gelegt. So hatten die Kinder nach der Beschäftigung mit ihren ganz persönlichen Themen etwas Zeit, bis sie sich wieder der Gruppe und dem Unterricht zuwenden mussten.

Die Vorteile von Musiktherapie in der Schule

In der Schule bot sich die Möglichkeit, mit der Klassenlehrerin pädagogisch und therapeutisch im Gespräch zu sein:

- bei der Auswahl der Kinder,
- in der Beobachtung der Kinder,
- bei der Findung von Diagnosen,
- durch pädagogische Unterstützung des therapeutischen Prozesses,
- beim Auffangen von Verhaltensweisen, die durch die Therapie ausgelöst werden, wenn z. B. ein gehemmtes Kind eine aggressive Phase durchlebte und behutsam reguliert werden musste,
- beim Transfer von Therapieergebnissen in den (Schul-)Alltag,
- durch gemeinsame Beratung,
- bei Elterngesprächen.

Die schulinternen Absprachen ermöglichten große Flexibilität in der Organisation der Therapie, nicht nur bei der Gruppenzusammensetzung und der Entscheidungen über Einzel- oder Gruppenangebot, sondern auch bei der Dauer der Therapie.

Diese Vorteile der positiven Vernetzung galten besonders, weil ich Lehrerin und Therapeutin in einer Person und damit Teil des Kollegiums war. Ich kannte die Kinder, die Klassenlehrerinnen und teilweise die Eltern und konnte mit allen in Kontakt sein.

Meine Doppelrolle als Lehrerin und Therapeutin: Eine Herausforderung

Meine Doppelrolle als Lehrerin und Therapeutin war das Thema, das mich am Anfang meiner therapeutischen Arbeit in der Schule am meisten beschäftigt hat. Ich habe es immer als Chance gesehen, dass ich als Lehrerin auch Therapeutin sein konnte, es war aber auch eine große Herausforderung:

Als Lehrerin war ich Teil des Kollegiums, und es galten die Regeln der Schule: Inhalte vermitteln, Leistung bewerten, auch mal Verhalten disziplinieren. Wie vertrug sich das mit der einfühlsamen Therapeutin?

Ich habe festgestellt, dass der Spagat zwischen Geschehen-lassen (Therapie) und Erziehen (Unterricht) hauptsächlich in mir stattfand. Wenn für mich klar war, dass es in Ordnung war, demselben Kind in einer Situation freien Spielraum zu gewähren und einer anderen Situation Grenzen zu setzen, konnten die meisten Kinder das akzeptieren. Das hieß auch, in der Therapie nicht grenzenlos zu sein, und im Unterricht Grenzen klar, aber liebevoll zu ziehen. Es konnte sogar wichtig sein, dass Kinder beides erlebten, auch beides von einer Person.

Es war ein intensiver Lernprozess, bis ich diese Klarheit für mich gewonnen hatte.

Von Vorteil war, dass ich für die Kinder als Musiklehrerin bereits in einer besonderen Rolle war. Sie freuten sich immer auf den Musikunterricht als willkommene Abwechslung. Außerdem waren Leistungen und Zensuren hier weniger wichtig. So ließen sich die Rolle von Lehrerin und Therapeutin eher vereinbaren.

Die Grenzen der Therapie in der Doppelrolle

Aus meiner Sicht gab es einige wenige Kinder, die ich in meiner Doppelrolle nicht gut therapeutisch betreuen konnte.

Wenn ein Kind große und tiefgehende Probleme hatte, die die frühe Kindheit betrafen, brauchte es eine Therapeutin, die Regression zulassen und eine sehr enge, zuverlässige Beziehung zu dem Kind aufbauen konnte. In so einer Therapie waren auch Übertragungen möglich. Das Problem war nicht, dass ich dazu nicht bereit gewesen wäre, sondern dass für das Kind diese enge Beziehung verletzt wurde, wenn es mich im Unterricht wieder mit allen anderen Kindern teilen sollte.

Ein Kind in dieser Situation brauchte einen Therapieplatz außerhalb der Schule und eine Therapeutin, die mit dem Kind eine ausschließlich therapeutische Beziehung eingehen konnte.

So kam es einige Male vor, dass ich die Therapie für ein Kind nicht übernehmen konnte, obwohl es dringend Hilfe brauchte.

Meine Rolle als Therapeutin im Kollegium

Sich als Lehrerin in eine unübliche Richtung zu profilieren, stößt im eigenen Kollegium nicht ohne Weiteres bei allen auf Zustimmung. Ich hatte für mein Angebot erfreulicherweise weitgehende Akzeptanz. Nach und nach habe ich mit Kindern aus verschiedenen Klassen gearbeitet.

Therapeutin und Klassenlehrerin mussten nicht nur Vertrauen zueinander haben, sondern auch so mit den Kindern umgehen, dass diese nicht in einen Zwiespalt gerieten. Wenn diese Voraussetzungen gegeben waren, habe ich die sich gegenseitig unterstützende Zusammenarbeit genossen.

Verschwiegenheit war mir sehr wichtig. Dabei habe ich meistens die Klassenlehrerin und mich als Team betrachtet und jeweils entschieden, was ich mitteile.

Einerseits war ich als Therapeutin allein verantwortlich für meine Arbeit, andererseits war ich mit meiner therapeutischen Arbeit Teil des pädagogischen Teams, in dem wir gemeinsam für das Kind da waren.

Die Auswahl der Kinder traf ich zusammen mit den Klassenlehrerinnen und meiner Schulleiterin. Auch gemeinsame Absprachen über den Verlauf und die Dauer der Therapie waren immer wichtig.

Die Elterngespräche

Ich habe mit den Eltern gesprochen, wenn ich mit einem Kind therapeutisch arbeiten wollte. Ich habe ihnen mein Angebot beschrieben und den Musikraum gezeigt. Es gab keinen einzigen Fall, in dem die Eltern nicht einverstanden waren. Sie freuten sich über jede Hilfe für ihr Kind. Im Rahmen der Elternsprechtage war ich weiter mit ihnen im Gespräch, meistens auch bei weiteren Terminen zwischendurch.

Der zeitliche Rahmen

Die Therapiestunde war immer auf 45 Minuten begrenzt – mit der Zeit für den Weg zum Musikraum und dem Aufräumen danach standen letztlich kaum mehr als 30 Minuten zur Verfügung. Doch durch die Spontaneität und das Spieltempo der Kinder passierte auch in dieser begrenzten Zeit sehr viel.

Die Therapiestunden konnten im Vertretungsfall ausfallen, was immer wieder vorkam. Ich akzeptierte diese Begrenzungen und habe gelernt, die Zeit, die blieb, zu nutzen.

Meistens war es auch für die Kinder o. k., wenn eine Therapiestunde ausfallen musste. Ich hatte ja die Möglichkeit, z. B. in der Pause mit dem Kind zu sprechen, die Situation zu erklären, und ein bisschen Zeit für das Kind zu haben. Wenn es für das Kind dringend war, dass die Therapiestunde stattfand, versuchte ich durch einen Stundentausch eine Lösung zu finden.

Zusammenfassung

Insgesamt kann ich sagen, dass die Vorteile und Möglichkeiten der therapeutischen Arbeit in der Schule überwogen. Alle Beteiligten profitierten eindeutig, besonders die Kinder.

Voraussetzung war, mit Engagement und der Bereitschaft für Flexibilität immer wieder organisatorische Lösungen zu finden. Aber es lohnte sich!

Musikpädagogik und Musiktherapie: Übergänge

Als Musiklehrerin war ich Pädagogin. Ziel des Musikunterrichts war das Kennenlernen von Musik, z. B. von Musikformen, Musikstilen, Musikinstrumenten und Notation. Die Kinder agierten: Sie hörten und produzierten Musik, sie bewegten sich zur Musik. Auch das Improvisieren und Kommunizieren mit Musik gehörte zur Pädagogik – öffnete aber bereits eine Tür zum eigenen Ausdruck und damit zur Selbsterfahrung.

Musiktherapie wird als eine Form der Psychotherapie definiert.

In der Musiktherapie werden die Kinder und ihr Verhalten auf einer tieferen Ebene wahrgenommen und reflektiert. Die Therapeutin bezieht die Resonanz in ihren eigenen Gefühlen gezielt mit ein und entwickelt daraus therapeutische Interventionen.

In meiner Arbeit in der Schule habe ich Musikunterricht und Therapie deutlich voneinander getrennt – jedoch gab es ständig Übergänge und Überschneidungen.

Beides, Musikunterricht und Musiktherapie, fanden im gleichen Musikraum statt. Deshalb war es mir wichtig, für die Kinder die Eröffnung der Stunde unterschiedlich zu gestalten:

Im Musikunterricht saßen wir auf Stühlen im Halbkreis, und ich gab als Lehrerin vor, was gemacht wurde.

In der Therapiestunde setzte ich mich mit den Kindern auf den Teppich.

So sollte auch für die Kinder deutlich werden, dass es sich nicht um eine Unterrichtsstunde handelte. Das Kind konnte wählen, was es tun wollte. Ich folgte und stieg mit dem Kind in einen gemeinsamen Prozess ein.

Im Klassenunterricht bot ich neben Inhalten des Musikunterrichts Methoden und Musikspiele an, in denen es zusätzlich zu musikpädagogischen Zielen um Kommunikation, Ausdruck von Gefühlen und auch im Ansatz um therapeutische Ziele ging. In diesen Übergängen und Überschneidungen von Pädagogik und Therapie öffnete sich ein Raum für unterschiedliche Interventionen.

Dazu ein Beispiel in einem zweiten Schuljahr:

Wir spielten „Die Maschine ist kaputt“ (siehe Musikspiele-Sammlung). Die Kinder mochten das Spiel sehr und wollten gern die Maschine oder der Mechaniker sein.

Ein Kind spielte eine „Maschine“, die sich durch den Raum bewegte und dabei mit einem Instrument rhythmische Geräusche machte. Irgendwann stockte die Maschine, wurde langsamer und fiel schließlich um.

Ein zweites Kind war der Mechaniker, der die Maschine „reparierte“: Mit verschiedenen Instrumenten klopfte und strich er über den Körper, schraubte, ölte, hämmerte und putzte. Dabei sollte er darauf achten, dass sein Agieren wohltuend war für die Maschine.

Das musikalische Ziel bei diesem Spiel war, im Gehen mit den Instrumenten einen regelmäßigen Rhythmus zu spielen.

Das pädagogische Ziel war ein behutsamer Körperkontakt zwischen den Kindern, und die Verständigung, ob der Kontakt angenehm war.

Wenn der Mechaniker fertig war mit seiner Arbeit, stand die Maschine auf und lief wieder. Manchmal allerdings wollte die Maschine noch nicht aufstehen oder sie lief noch zu langsam und fiel wieder um. Das Kind wollte gern weiter behandelt werden. Wir hatten die Regel gefunden, dass die Maschine sich zum Schluss noch eine Behandlung wünschen durfte, die sie am liebsten hatte. Danach war das Spiel beendet und die nächsten Kinder kamen dran.

Es kam vor, dass ein Kind als Maschine nach der Reparatur immer wieder umfallen wollte oder gar nicht aufstehen mochte. Ich spürte, dass das Kind ein tiefes Bedürfnis hatte, liegen zu bleiben, um weitere Zuwendung zu bekommen. In der Einzel- oder Kleingruppensituation würde ich dem nachgehen. Ich würde eine beruhigende Melodie singen und im weiteren Prozess herausfinden, was das Kind brauchte.

Das war im Unterricht so nicht möglich, da weitere Kinder warteten, dass sie Maschine und Mechaniker spielen durften. Ich konnte dem Kind anbieten, sich einen Ruheplatz im Raum zu suchen und noch liegen zu bleiben. Es konnte sich in die Höhle kuscheln, und sich dazu einen Freund aussuchen, wenn es mochte. Vielleicht setzte ich mich neben das Kind auf den Boden und bot ihm so meine Nähe an.

Nach der Stunde konnte ich das Kind ansprechen: „Du wolltest gar nicht aufstehen. Das habe ich gesehen. Möchtest du sagen, warum?“

Als Lehrerin im Unterricht war die Therapeutin in mir dabei, sah und spürte und reagierte direkt, wenn es möglich war, oder wenn sich zu einem anderen Zeitpunkt eine Gelegenheit bot.

Die meisten Musikspiele, die in diesem Buch beschrieben werden, bieten die Möglichkeit, bei der Durchführung im pädagogischen Rahmen zu bleiben oder aber das Geschehen mehr therapeutisch zu reflektieren und zu gestalten.

Umgang mit Aggressionen

Kinder mit aggressivem Verhalten sind eigentlich nur ein Thema unter vielen, mit dem wir es an der Schule zu tun hatten. Leider war es aber ein bestimmendes Thema, denn aggressive, laute Kinder konnten das Lernen in einer Klasse verhindern und die Atmosphäre in der Schule belasten. Deshalb erfordert es an dieser Stelle ein gesondertes Kapitel.

Erfahrungen mit Aggressionen in der Gruppe oder in der Klasse

In der Schule fielen auf den ersten Blick die Kinder auf, die besonders laut waren, auf den zweiten Blick diejenigen, die sehr leise waren.

Musiktherapeutisches Arbeiten bot gute Methoden, leise Kinder aus ihrem Schneckenhaus hervorzulocken. Es gelang mit einiger Sicherheit, sie mit dem Angebot von Musikinstrumenten neugierig zu machen und sie zu für sie ungewohnten Experimenten zu animieren. Die Spiele mit der Stimme (s. o.) sind ein Beispiel dafür.

Aber wie sollte ich mit den zu lauten Kindern arbeiten? Meine Vorstellung am Beginn meiner musiktherapeutischen Arbeit war, dass ich den Kindern Raum geben wollte für ihren Wunsch nach Lautstärke sowie dem Ausdruck starker Gefühle. Die Kinder nahmen das Angebot an und trommelten intensiv, ausdauernd und oft mit all ihrer Wut darin. Das Ergebnis war, dass ich am Ende der Musikstunde aufgebrachte und aufgewühlte Kinder in die nächste Unterrichtsstunde entließ.

So fing ich an, Spielideen zu suchen, in denen lautes Spielen einen Platz hatte, aber auch zu einem Abschluss kam.

Ein Beispiel aus dem Musikunterricht:

An einem üblichen Unterrichtstag kamen die Kinder nach der Pause in den Musikraum. Sie waren unruhig und kribbelig, als der Unterricht beginnen sollte. Diese Spannungen konnte ich nicht so schnell aufklären und lösen.

In einer solchen Situation bot ich ein besonders bewährtes Spiel zum Abbau von Aggression an: Das Ja-Nein-Trommeln (siehe Spiele-Sammlung). So ein Spiel ermöglichte den Ausdruck von Wut, Unruhe oder Anspannung, ohne die schwierigen Gefühle zu befeuern.

Spielregel:
Jeweils zwei Kinder saßen sich an zwei Schlagzeug-Trommeln gegenüber. Sie trommelten abwechselnd. Dabei fingen sie mit dem leisesten Ton an, der möglich war. In jeder Runde musste die Lautstärke etwas gesteigert werden. Die Kinder entschieden, wann es für sie laut genug war, damit war das Spiel beendet.

Eine Erweiterung der Spielregel bestand darin, dass beim Trommeln eins der beiden Kinder der Ja-Sager und eins der Nein-Sager war. Mit der Stimme begannen sie ebenso zuerst so leise wir möglich ja oder nein zu sagen und wurden dann immer lauter. Wenn es ihnen möglich war, sollten die Spielenden bei ihrem Dialog Blickkontakt aufnehmen.

Manchmal beobachtete ich, dass ein Kind beim Trommeln Schluss gemacht hatte, weil es nach dem eigenen Empfinden nicht lauter werden wollte, das mitspielende Kind aber noch nicht fertig war. Das letztere Kind durfte dann noch einmal Mitspieler wählen. Wenn es keinen passenden Partner fand, habe ich mit getrommelt. Mir war wichtig, dass ein starkes Kind, das viel Energie und vielleicht auch Aggression ausleben wollte, an seine eigene Grenze kommen konnte und dabei ein Gegenüber hatte, das mit gleicher Kraft mitspielte.

Die Kinder spielten dies Trommelspiel sehr gerne. Die Möglichkeit, für einen kurzen Moment mit aller Kraft auf das Trommelfell schlagen und sich dabei anschreien zu dürfen, ohne dass jemandem wehgetan wurde (es war ja ein Spiel!), entlastete unmittelbar, und in der Regel verflog alle momentane Anspannung.

Es dauert kaum mehr als zehn Minuten, bis alle Kinder ein Mal dran gewesen waren und wir eine friedliche Stimmung erreicht hatten.

Statt eines Musikspiels konnte ich eine Übung mit Baterkas-Schlägern anbieten. Batakas-Schläger sind Schaumstoff-Schläger mit einem runden, etwa 30 cm langen Zylinder aus sehr festem Schaumstoff, mit Stoff umnäht, und mit einem Griff. Jeweils zwei Partner konnten mit den Schlägern kämpfen, ohne sich oder den anderen zu verletzen. Nur Schläge an den Kopf waren dabei nicht erlaubt.

Spielregel:
Ein Kind wählte sich einen Partner. Die beiden Kinder stellten sich gegenüber auf. Ich gab ein Startzeichen und sah auf die Uhr. Die Aufgabe war, ohne Unterbrechung abwechselnd zuzuschlagen. Bei den meisten Kindern reichten 30 Sekunden, um sich zu verausgaben. Kinder mit guter Kondition bekamen 60 Sekunden. Die letzten fünf Sekunden wurden von allen gemeinsam runtergezählt, danach mussten die Schläger abgelegt werden. Die beiden Kontrahenten gaben sich die Hand und sagten: „Es hat Spaß gemacht!“

Dieses Spiel bot auch die Möglichkeit, die Stimme einzusetzen, mit einem „Hej!“ oder ähnlich die Schläge zu verstärken.

Nach diesem Schlagabtausch – mit Instrumenten oder mit Schlägern – war mir eine kurze Reflexion wichtig.

Ich fragte die Kinder, wie sie das Spiel erlebt hatten.

Beim Trommeln oder beim Batakas-Spiel war immer wieder zu beobachten, dass bei einem Kind eigene starke, aggressive Gefühle ins Spiel kamen. Es war mir wichtig, das Kind damit nicht allein zu lassen. Ich fragte z. B.: „Ich sehe, dass du sehr wütend bist. Stimmt das?“ Und: „Auf wen bist du denn so wütend?“

Wenn es sich zeigte, dass ein Kind ein akutes Problem hatte, z. B. ein Geschwister-Konflikt, konnten wir ein Klassengespräch führen. Die Kinder berichteten sich gegenseitig, wie es ihnen mit ihren Geschwistern ging und vielleicht auch, was ihnen half, den überlegenen Bruder oder die nervige Schwester auszuhalten.

Solidarität in der Gruppe, Verständnis füreinander und Unterstützung konnten wichtig sein, besonders bei Familienproblemen, die sich nicht ohne Weiteres ändern ließen.

Wenn das akute Problem des Kindes nicht in der Gruppe besprochen werden konnte, suchte ich nach einer Möglichkeit, ein Einzelgespräch zu führen, z. B. in der anschließenden Pause.

Erfahrungen mit Aggression in der Einzeltherapie

In den Therapiestunden mit einzelnen Kindern hatte ich immer wieder mit Kindern zu tun, die häufig in Konflikte gerieten, aggressiv waren und ihr Verhalten schlecht regulieren konnten. In ihrer Musik wurden sie sehr laut, ich spürte, dass sie ernsthafte Probleme hatten.

Ich habe mich oft gefragt, wie Aggressionen bewältigt werden können, damit sie nicht mehr in destruktiver Form das Leben des Kindes beeinträchtigen.

Meine Erfahrung war, dass das „Ausagieren“ ihrer starken und schwierigen Gefühle allein zwar im ersten Moment entlastete, jedoch noch nicht zu einer Lösung führte.

In der Musiktherapie hatte ich die Möglichkeit, durch Mitspielen mit dem Kind in intensiven Kontakt zu gehen und Resonanz zu geben. Es ging zunächst nicht um Beruhigen, sondern um Akzeptieren und Verstehen.

Ein Beispiel aus der Therapie mit Paul:

Paul saß in einer Stunde am Schlagzeug und trommelte sehr heftig mit Stöcken auf die stabilen Felle. Er schlug mit voller Kraft, holte weit aus, traf auch mal den Rand. Ich spürte Verzweiflung und übergroße Wut, da war noch viel mehr in ihm als er ausdrücken konnte.

Ich setzte mich neben ihn, mit etwas Abstand, nahm die große Konga und spielte mit, schlug mit den Händen auf das Fell. Ich nahm seine Kraft auf, spielte in gleicher Intensität, um mit meinen Trommelklängen nah bei ihm zu sein. Ich wollte ihm Raum geben, ihn unterstützen, ihn nicht allein lassen in seiner Wut. Über meine innere Resonanz versuchte ich zu fühlen und zu verstehen was er fühlte.

Manche Kinder haben in der Therapiesituation, nachdem eine Tür zu ihren Gefühlen geöffnet war, so sehr ihre Wut gespürt, dass sie mich am liebsten direkt angreifen wollten.

Ich war froh über die Möglichkeit, mit Musikinstrumenten arbeiten zu können. Das Schlagen auf Trommeln (oder Becken oder andere große Klangkörper) war ein teils authentischer, teils symbolischer Akt: Der Wunsch zu schlagen war konkret und konnte mit der Trommel (stellvertretend für die Situationen, die aggressiv machen) realisiert werden.

Der wütende Schrei des Kindes durch das Trommeln verhallte nicht. Er wurde verstärkt und gleichzeitig „antwortete“ die Trommel mit lauten Klängen.

Als Therapeutin konnte ich durch das Mit-Trommeln kräftige und laute Resonanz geben, mit aushalten und mit-fühlen.

Ohne das wilde Spiel des Kindes abzublocken, bot ich nach und nach einen Rhythmus an, um aus den chaotisch-überwältigenden Gefühlen mit ihm in eine Struktur, ein kraftvolles Zusammenspiel zu kommen.

Im Laufe der Zeit konnten sich Variationen und kreative Ideen, eine kraftvolle gemeinsame Musik oder Dialoge entwickeln. Einmal wurde es ein kämpferischer Schlagabtausch, ein anderes Mal eine lustvolle Kappelei.

Zu den Trommelschlägen setzte ich gern meine Stimme ein. Ich sang das Kind an, mit kräftiger Stimme: Hej hej! Hej hej hej! Ich lockte, rief, und das Kind konnte antworten. Geschützt durch die Trommelklänge traute sich die Stimme hervor. Mit den Stimmen wurde der Trommeldialog oft intensiver im Ausdruck, vielleicht emotionaler, manchmal lockerer.

Daneben versuchte ich, in dem dichten Musik-Geschehen auch das leise Kind zu spüren, das hinter der Wut versteckt war: das traurige, vernachlässigte oder einsame Kind, dem niemand zuhörte.

Musikalisch hatte ich die gute Möglichkeit, auch dieses verborgene Kind anzusprechen. Ich konnte leise beruhigende Töne singen oder weitere Instrumente mit leiseren Klängen ins Spiel bringen.

Irgendwann klang die Musik aus. Wenn das Kind nicht zum Schluss kam, führte ich mit ruhigeren Klängen oder mit Singen das Ende herbei.

Nach der gemeinsamen Musik versuchte ich, mit dem Kind zu klären, woher seine Wut kam. Ich spürte, dass es wichtig war, dem Kind zu sagen: Ich habe gesehen, dass du richtig wütend warst. Stimmt das?

Auf wen bist du denn so wütend?

Manchmal berichteten die Kinder über Konflikte in der Familie, über den Eindruck, von den Eltern ungerecht behandelt zu werden, oder über die Erfahrung, dass ihnen niemand zuhörte. Manchmal ging es um Konflikte in der Schule.

Gemeinsam erkundeten wir, was getan werden konnte, und wie ich das Kind unterstützen konnte.

Manche Kinder konnten oder wollten lange nicht sagen, was ihnen Probleme machte. Dann musste ich abwarten.

Pädagogischer Kontext

An unserer Schule war aggressives Verhalten ein alltägliches Problem, dem viel Aufmerksamkeit gewidmet wurde. Einer der Gründe war, dass etwa drei Viertel unserer Kinder Jungen waren.

Wütendes, lautes, chaotisches und konfliktreiches Verhalten beeinträchtigte das Lernen und eine freundliche Atmosphäre im Schulleben.

Einige Grundsätze fand ich besonders hilfreich:

- Die Schule musste ein sichere Ort (Safe Place) zum Miteinander-lernen sein, kein Kind und keine Lehrerin sollten mit Angst vor Aggressionen in die Schule kommen.
- Regeln, die für die Gemeinschaft galten, mussten durchgesetzt werden, mit Klarheit und Deutlichkeit.
- Jede Lehrerin durfte sagen, dass sie mit einem Kind, einer Klasse oder einer Situation ein Problem hatte, dass sie alleine nicht lösen konnte. Von Seiten der Schulleitung wurde immer ein Weg ermöglicht, Hilfe zu bekommen.
- Ein akzeptierender Umgang mit „störenden“ Kindern war oft nicht leicht. Die Aussage „Kinder, die Probleme machen, haben Probleme“ half, sich diesen Kindern mit Geduld und ehrlichem Interesse zuzuwenden.

Die Puppe in der Puppe – persönliche Überlegungen

Ebenen der Professionalität

Als ich Therapeutin wurde, habe ich mich mit meinen unterschiedlichen Funktionen in der Schule auseinandergesetzt: Lehrerin, Kollegin, Therapeutin, Beraterin.

Als Lehrerin war es stets meine Aufgabe, bestimmte Ziele zu erreichen, Lernziele und soziale Ziele. Pläne mussten eingehalten und Vorgaben befolgt werden. Das alles geschah im Interesse der Kinder und ihrer Bildung, ging aber manchmal auch genau an dem vorbei, was die Kinder eigentlich gerade brauchten.

Als Therapeutin hatte ich das Vorrecht, ausschließlich das Kind im Mittelpunkt zu sehen und meine Beziehung zu ihm. Ich öffnete einen freien Spielraum, in den ich mich mit dem Kind begeben konnte, begleitete den Prozess und reflektierte das Geschehen. Bei Bedarf ergaben sich daraus Gespräche mit der Klassenlehrerin oder den Eltern.

In der Auseinandersetzung mit diesen verschiedenen, manchmal als schwer vereinbar erlebten Rollen fielen mir die russischen Puppen ein, die man öffnen kann, um in ihrem Inneren eine immer kleinere Puppe zu finden. Eine Matrjoschka mit sieben Puppen ist für mich zu einem wichtigen Bild geworden.

Die äußerste Puppe steht für mich für Alltagskommunikation, zum Beispiel: Guten Morgen! Wie geht es dir?

Die zweite Puppe präsentiert pädagogisches Handeln. Dabei stelle ich mich auf die Kinder ein und unterstütze ihre Entwicklung.

Die dritte Puppe berücksichtigt besonders die Gefühle. Über das Organisieren von Lernprozessen hinaus nehme ich wahr, wie es einem Kind gerade geht mit seinen Emotionen und in seinem sozialen Umfeld.

Die vierte Puppe steht für die therapeutische Arbeit: Ich biete einen freien Raum an, einen Spielraum, in dem die Bedürfnisse des Kindes sich zeigen können, in dem Selbstheilungskräfte zur Entfaltung kommen können.

Die fünfte Puppe meint das Resonanzgeschehen zwischen Kind und Therapeutin. Ich spüre in mir die Angst, Scham oder Wut des Kindes, oder auch Impulse zu schützen, zu unterstützen, Widerstand zu leisten oder in Ruhe zu lassen.

Die sechste Puppe verweist auf einen Grundgedanken hinter dem professionellen Handeln, auf die Würde jedes Menschen. Sie steht für Hingabe an die Liebe, an

Freiheit, an einen Sinn des Lebens außerhalb von Leistung und Zweckbestimmtheit, an das Spiel.

Die innerste, die siebte Puppe, könnte die Verbindung zur großen Schöpferkraft sein, zu einem göttlichen Kern. Sie steht damit auch für Transzendenz. Ich habe mir diese Puppe immer als entpuppt, als Schmetterling vorgestellt. Dieser innerste Raum erscheint mir gleichzeitig der alles umfassende Raum.

Alle Schichten sind gleichzeitig in mir da. In verschiedenen Situationen aber werden unterschiedliche Ebenen angesprochen, und ich kann entscheiden, mit welcher „Puppe“ ich aktiv werde. Die anderen Ebenen schwingen mit, ich nehme sie wahr und lasse mich durch sie leiten.
Um die inneren Puppen hervorzuholen, sind Ungestört-sein und ein geschützter Raum wichtig.

Es war eine Freude für mich, dass ich in meiner Arbeit in der Schule alle Ebenen zum Klingen bringen konnte.

Fallgeschichten

Nadine
Ich trau mich, ich verstecke meine Sprache nicht

– Sprechverweigerung wegen Stotterns –

Nadine war sieben Jahre alt und ging in die zweite Klasse. Sie war ein freundliches Mädchen und hatte einen offenen Blick.

Nadine stotterte, wie auch ihr Vater und ihre Oma. Weil sie ihr Stottern verbergen wollte, so vermuteten wir, verweigerte sie in der Schule das Sprechen. Ihr mutistisches Verhalten zeigte sich nur im Unterricht und im Kontakt mit den Lehrerinnen. In den Pausen hatte sie guten Kontakt zu den Kindern und sprach mit ihnen. Dafür war ihre Sprachverweigerung in den Unterrichtsstunden anfangs so konsequent, dass ihre Sprachfähigkeiten zunächst kaum beurteilt werden konnten.

Am Ende des ersten Schuljahres sprach sie einzelne Worte im Unterricht.

Ihre Mutter hatte hohe Erwartungen an die Schule. Sie schien ärgerlich und vorwurfsvoll, weil die Sprachprobleme noch nicht behoben worden waren.

1. Stunde

Als ich mit Nadine in den Musikraum kam, blieben ihre Blicke beim Schlagzeug hängen und wir spielten zusammen. Es entstand ein Eisenbahn-Spiel: Trillerpfeife, langsam losfahren, Tempo steigern.

Danach spielte sie mit den Tierhandpuppen, wählte die Maus und ich nahm den Waschbären. Maus und Bär spielten miteinander, kuschelten und besuchten sich. Im Dialog antwortete die Maus mit „ja“ und „nein“.

Ein erstaunlich guter Kontakt war schon in der ersten Stunde entstanden.

2. Stunde

Nadine ging sofort wieder ans Schlagzeug. Sie schlug sehr laut auf das Becken. Es klang für mich nach einem bösen Zauberer. Ich wollte herausbekommen, ob sie Märchen kannte, und zählte ihr einige auf. Sie entschied sich für die Hexe, die ich als Handpuppe hatte. Schon bald war ein wildes Spiel im Gange. Sie jagte mich als Hexe durch den Raum, schlug immer wieder heftig auf das Becken. Ich wehrte mich mit der Chekere, musste aber fliehen und war schließlich in einer Ecke eingesperrt. Sie verzauberte mich in einen Hund, wobei sie sich mit einzelnen Worten verständlich machte. Ich bellte und bat um Entzauberung. Aber der Hund hatte keine Chance und lag endlich platt auf dem Rücken.

Es war ein kraftvolles Spiel mit viel Streitlust. Von Nadine ging eine große Energie aus, sie stellte sich mir wirklich entgegen.

Im anschließenden Spiel mit Tierhandpuppen setzte sich das lebendige Streitspiel mit Maus und Fuchs fort. Nadine zettelte wiederum einen heftigen Kampf an, an dessen Ende der Fuchs tot war und die Maus mit dem Bären kuschelte.

Nadine hatte kein Problem, einzelne Worte zu sprechen. Wenn sie mehr sagen wollte, stotterte sie stark und ich verstand kaum etwas.

Aber sie zog sich nicht zurück, ihr Gesicht zeigte Entgegenkommen.

3. Stunde

Nach einem Streitspiel am Schlagzeug folgte eine Fortsetzung des Hexen-Spiels. Kurz nachdem wir angefangen hatten, war ich wieder in einen Hund verzaubert. Die Hexe bewohnte ihr Hexenhaus, der Hund seine Hundehütte (die beiden Tischhäuser), dazwischen gab es ein wildes Hin und Her von Angriff und Verteidigung und vom Kampf um das Schlagzeug-Becken. Nadine wurde als Hexe fast handgreiflich, sie war sehr hartnäckig. Ich fühlte Ohnmacht und rief um Hilfe. Ich hielt mir die Ohren zu, wenn es zu laut wurde, und lag halb tot am Boden. Dann kam die Hexe, brachte mir die Chekere, damit ich mich verteidigen konnte, und das Spiel ging weiter.

Plötzlich holte Nadine sich das Metallofon und spielte mit einem weichen Schlägel zarte Töne. Ich antwortete mit Klängen auf dem Glockenspiel, und mitten im wilden Kampf ertönte eine ganz andere, ruhige Musik.

Das Hund-Hexe-Spiel war noch nicht fertig. Der Hund bettelte, er wollte entzaubert werden. Die Hexe verweigerte den Wunsch. In ihrem Blick schien es mir, als hätte ich Hass gesehen, sogar Verachtung. Ich fühlte Demütigung.

Sie attackierte mich weiter, wollte mir das Glockenspiel wegnehmen, was ich nicht zuließ. Dann versperrte sie die Hundehütte mit Stühlen. Ich war eingesperrt und wusste nicht, was los war. Wollte die Hexe Ruhe haben? Wollte sie mich außer Gefecht setzen?

Als ich das Ende der Stunde ankündigte, stellte Nadine bereitwillig die Stühle beiseite, damit ich die Höhle verlassen konnte. Sie entzauberte den Hund und räumte mit mir auf.

Ich spürte viel Kraft, Macht und Streitlust, daneben Ohnmacht, Hemmungen und Sprachlosigkeit. Und zwischendrin gab es eine zarte Zaubermusik.

4. Stunde

Die Stunde wurde wieder mit einem Schlagzeug-Spiel eröffnet. Uns gelang ein schöner gemeinsamer Rhythmus.

Als Hexe holte Nadine sich erstmals das Mikro und macht ein Hexengeheul, es klang klagend und eindringlich. Ich antwortete mit meiner Stimme.

Ich fragte mich, was passierte. Kam etwas Neues?

Nadine holte sich das Metallofon, neben dem Schlagzeug war es ihr Instrument seit der ersten Stunde. Ich antwortete ihr mit Tönen auf dem Xylofon. Lautes Hexengeheul und Schläge auf das Becken wechselten mit Metallofon-Klängen. Ich heulte leiser zurück, sang auch zum Xylofon. In diesem wilden Dialog spürte ich

Nadines Lust, ihre Stimme herauszuschreien. Sie steigerte sich noch einmal, ihre helle Stimme klang durch das Mikro.

Plötzlich hörte ich in ihrem Heulen mit Metallofon ein Melodiestück von *Alle meine Entchen*. Ich antwortete und sang die Melodie, wir sangen beide, und ich spielte einfache Begleittöne auf dem Xylofon. Ich spürte Lust an dieser gemeinsamen Musik. Ich begann *Bruder Jakob* zu singen und Nadine stimmte mit ein. Dann schlug sie ein Lied vor, das ich nicht kannte, sie sang es mir vor und ich trommelte dazu.

Ich fragte: „Wo ist denn die Hexe?" Nadine: „Weg!" „Schläft sie?" „Ja."

„Bist du eine Musikmacherin?" Nadine bejahte mit strahlendem Gesicht.

Wir fanden noch ein oder zwei Lieder, die wir gemeinsam sangen. Nadine konnte gar nicht genug kriegen.

Beim abschließenden Lied gingen wir singend und trommelnd durch den Raum. Beim Gehen wurde Nadines Stimme kräftiger und klang laut und klar.

Es war eine besondere Wendung in dieser Stunde. Durch das Hexengeheul kam die Stimme zum Vorschein, Nadine hatte Freude am Lieder-Singen und die Hexe durfte schlafen gehen.

Stotterer können beim Singen ihre Sprache ohne Stocken erklingen lassen. Das stellte sich auch bei Nadine als entlastend heraus.

In den folgenden Stunden sprach ich mit ihr über das Stottern, wie es ihr damit ging, wie es in der Familie war und wie in der Schule. Einerseits war sie erleichtert, über ihr Problem sprechen zu können, denn in der Familie schien es tabuisiert zu werden. Andererseits sah ich ihre Traurigkeit und ihre Belastung.

Ich spürte Gehemmt-Sein und auch Ratlosigkeit.

Es kam über längere Zeit kein Spiel in Fluss, weder mit Instrumenten noch mit Tierhandpuppen oder im Rollenspiel.

8. Stunde

Auf einem Flohmarkt hatte ich einmal eine Zwergen-Stoffpuppe gefunden, die keinen Mund hatte. Ich zeigte sie Nadine. Dieser Zwerg, der ja offensichtlich nicht sprach, führte mich zu einer Spielidee mit einem Rede-Haus und einem Nicht-Rede-Haus. Nadine ging sofort darauf ein, wusste auch gleich, welche der beiden Tischhäuser im Musikraum das Rede-Haus und welche das Nicht-Rede-Haus sein sollte.

Sie nahm den Zwerg und legte ihn ins Nicht-Rede-Haus, die kleine Hexe, die pausenlos redete, ins Rede-Haus. Ich nahm den Hund: „Ich glaube, der Hund redet auch nicht. Hund, willst du reden?" Der Hund schüttelte den Kopf. Nadine suchte noch zwei Tiere für das Rede-Haus, und verweilte dann bei dem Igel. „Willst du den Igel spielen?" „Ja." „Dann kannst du ja auch in ein Haus gehen." Nadine ging ins Nicht-Rede-Haus und hantierte dort herum. Ich wählte das kleine Pferd im Rede-Haus.

Es kam ein lebendiges Spiel in Gang, in dem wir beide die Häuser wechselten. Nadine kam mit dem Igel ins Rede-Haus, sprach nicht viel, antwortete mit einzelnen Worten. Sie ging zurück ins Nicht-Rede-Haus. Pferd: „Soll ich mitkommen?" „Ja." Unterwegs fragte das Pferd: „Kann man denn so ‚hm hm' machen?" Igel: „Ja."

Im Nicht-Rede-Haus fühlte ich bei mir Entspannung, aber auch das Ungewohnte. Wir wechselten wieder zum Rede-Haus. Ich spielte die Hexe, die viel redete, und fühlte mich auch hier erleichtert, ungezwungen drauflos plappern zu können, ohne Hemmungen der nicht-sprechenden Nadine gegenüber.

Im Verlauf des Spiels weigerte die Hexe sich, ins Nicht-Rede-Haus zu gehen: „Das halte ich, glaube ich, nicht aus!" Der Zwerg kam dagegen ins Rede-Haus (mit Nadine), aber er weigerte sich auch hier zu sprechen. Die Hexe wunderte sich darüber.

Dieses spielerische Sprechen und Nicht-sprechen nahm Druck aus dem „Problem". Wir waren im Fluss, das Spiel machte Spaß und es führte zu kreativen Ideen.

In einer der folgenden Stunden erklärte Nadine mir ein Spiellied, das ihr gefiel, und sang es mir vor. Ich bot ihr an, das Lied einmal mit der Klasse im Musikunterricht zu singen. Tatsächlich sprach sie mich vor der nächsten Musikstunde an und wollte das Lied spielen. Sie strahlte mich dabei an. Im Musikraum traute sie sich erst nicht, sang dann aber doch das Lied vor, und wir spielten es, wobei sie die Bewegungen erklären und vormachen konnte.

Von da an sprach sie mich häufig auf dem Schulhof an. Auch in unseren Stunden sprach sie viel mehr. Sie stotterte zwar noch, aber es störte sie nicht mehr. Sogar im Klassenunterricht sprach sie viel mehr.

Nadines Entwicklung

Am Ende des Schuljahres war von ihrer Sprechverweigerung nichts mehr zu spüren. Sie sprudelte zwar nicht von sich aus, aber beantwortete gerne Fragen und erzählte ausführlich. Das Stottern, das mal mehr, mal weniger vorhanden war, hielt sie nicht vom Sprechen ab. Sie konnte verbal am Unterricht teilnehmen, war selbstbewusster geworden und hatte Freundschaften in der Klasse geschlossen.

Mein Resümee

Die Arbeit mit Nadine zeigte, dass die Möglichkeiten der Musiktherapie geholfen hatten, dass ein verstummtes Kind seine Stimme wiederfinden konnte.

Spielen und Kreativität halfen, bestehende Grenzen durchlässig und schließlich überflüssig zu machen.

Cora
Vom Mäuschen zum Katzentanz

– leise Stimme, zurückhaltende Kontaktaufnahme –

Cora nahm an einer Dreiergruppe teil.

Ein Jahr lang arbeitete ich mit Maik, Cora und Lars, alle drei waren sieben Jahre alt. Maik war am auffälligsten, er war in der Klasse ein Außenseiter. Er störte so oft mit lautem, unangemessenem Verhalten, dass er häufig abgelehnt wurde. Cora war in der Gruppe, weil sie sehr scheu war und mit leiser „piepsiger" Stimme sprach. Lars war oft Einzelgänger und hatte Probleme, in Kontakt mit anderen Kindern zu treten.

Es war eine sehr lebendige Gruppe. Ich beobachtete, wie leicht die Siebenjährigen in Spiele einstiegen und sie zu ihren eigenen machten. Von der Klassenlehrerin bekam ich den Auftrag, die Wahrnehmung, Struktur, Kommunikation und das Selbstbewusstsein der Kinder zu fördern.

Wir begannen mit Trommelspielen, Vor- und Nachmachen, Klangstraßen mit verschiedenen Instrumenten sowie mit lauten und leisen Klängen. Sehr schnell entwickelten sich daraus Rollenspiele und andere Spiele, in denen die Kinder ihre Gefühle zum Ausdruck brachten. Oft liefen dabei zwei oder drei verschiedene Spielstränge parallel. Ich wechselte hin und her und war mal mit dem einen, mal mit dem anderen Kind beschäftigt.

Eine Schlussrunde bestand meistens darin, dass jedes Kind sich noch einmal ein Instrument wählen durfte. Sie spielten dann reihum und konnten entscheiden, ob und wer aus der Gruppe mitspielen sollte. Oft spielten die Kinder in dieser Runde noch etwas, was für sie nicht fertig geworden oder zu kurz gekommen war, z. B. wollten sie gern noch einmal mit mir spielen.

Ganz zum Schluss fragte ich dann, was das Beste oder was vielleicht nicht so gut gewesen war.

Rückfragen zu Gefühlen, die sich im Spiel gezeigt hatten, wollten oder konnten die Kinder kaum beantworten. Nach meiner Beobachtung spielten Kinder in diesem Alter „drauf los" und waren sich in der Regel nicht bewusst, was sie im Spiel ausdrückten. Gespräche über Probleme in der Familie oder in der Schule hatten in dieser kurzen Gruppenzeit auch kaum Platz. Im Austausch mit der Klassenlehrerin bekam ich für mich notwendige Informationen über die Kinder, und ich berichtete ihr, was ich mit den Kindern erlebt hatte. Dazu führten wir, wenn es passte, die Elterngespräche gemeinsam.

Im Folgenden berichte ich schwerpunktmäßig über die Fallgeschichte von Cora innerhalb dieser Gruppe.

Cora war ein kleines, zierliches Mädchen. Sie sagte wenig, war insgesamt sehr zurückgenommen und wirkte mit ihrer leisen Stimme wie ein Mäuschen.

Sie konnte nicht alle Laute bilden, und ihre Sprache war noch dysgrammatisch. Ein Grund für ihre leise Stimme war vielleicht, dass ihr bewusst war, dass sie noch keine richtigen Sätze sprechen konnte.

Im Gespräch mit der Mutter erfuhr ich, dass Cora eine ältere Schwester hatte, und dass der Vater öfter „laut wurde" in der Familie.

1. bis 4. Stunde

In den ersten Stunden erlebte ich Cora insgesamt als sehr scheu. Sie sprach wenig, und wenn, dann sehr leise. Oft antwortete sie auf meine Fragen mit Gesten wie z. B. mit einem Kopfnicken.

Sie mochte leise Musik und wählte gerne kleine Instrumente, z. B. ganz kleine Zimbeln. Einmal spielte sie mit Lars zusammen, der über die Saiten einer Gitarre strich. Es entstand eine zarte Musik, die ihr gefiel. In der Rolle der Zuhörerin bei einer mit Instrumenten gespielten Wettergeschichte lag sie ganz ruhig auf dem Teppich im Gegensatz zu den Jungen, die gar nicht ohne Zappeln zuhören konnten.

Als wir *Bruder Jakob* trommelten und jedes Kind einmal den schlafenden Bruder Jakob spielte, äußerte sie, dass sie am liebsten nur schlafen wollte. Das Thema Schlafen wiederholte sich bei ihr.

Ich vermutete, dass sie in ihrer Familie zu wenig zur Ruhe kam. Vielleicht war sie auch wegen ihrer Sprachprobleme sehr gefordert und brauchte mehr Zeiten für sich allein.

5. Stunde

Am Anfang spielten wir eine Musik mit den Instrumenten, die die Kinder sich gewählt hatten. Cora spielte große Zimbeln und äußerte plötzlich, dass sie schlafen wollte. Sie legte sich hin und wir anderen spielten eine „Schlafmusik". Maik machte das Licht aus. Die Jungen hatten ein Metallofon und eine Gitarre gewählt, ich hatte eine kleine Trommel. Cora lag diesmal sehr unruhig auf der Matratze, wälzte sich hin und her, nahm das Kissen, warf es weg und holte es wieder, schlug mit den Kissen auf den Boden. Ich nahm ihre Bewegungen mit der Trommel auf, das Schlagen des Kissens wurde zu einem Trommelrhythmus. Lars stimmte auf einer Schlagzeug-Trommel mit ein.

Coras Blick wurde sehr unruhig. Ich stoppte das Trommeln, machte das Licht an, und sagte: „Da ist ja ein Kissen herumgeflogen!"

Ganz plötzlich kam Cora auf allen Vieren auf mich zu, sehr nah, ich ging sofort runter auf den Boden. Sie fauchte mich an, ich knurrte zurück, wir waren wie eine Katze und ein Hund. Es war ein kurzes, sehr heftiges, intensives Spiel. Ihr Gesicht wirkte dabei sehr böse. Es ging laut hin und her auf dem Teppich, bis Cora unvermittelt wieder zurück auf ihre Matratze krabbelte und mich ansah. Es war ein klarer Blick.

Wir spielten mit allen Kindern eine kurze Trommelrunde. Cora wollte sich dabei nicht auf den Stuhl setzen, sondern blieb auf dem Boden: „Ich immer noch Katze!“

6. Stunde

In den nächsten Stunden wiederholte sich die Katzenszene mit mir. Es ging weniger heftig zu, aber doch war eindeutig, dass Cora angreifen, gefährlich sein und in Konfrontation gehen wollte.

Gleichzeitig suchte sie immer wieder die Gelegenheit zu „schlafen“, lag ganz still und ruhte sich aus.

7. Stunde

Es entstand eine neue Spielidee, die in der Folge wiederholt gespielt wurde. Die Kinder bauten sich Wohnungen und besuchten sich gegenseitig. Ein Kind beschlagnahmte die vorhandene Hütte, die beiden anderen stellten Stühle und Trommeln als Wände auf, so dass sie sich jeweils in einer Ecke des Raumes eine Wohnung einrichteten. Die Wohnungen hatten einen Eingang und waren mit ihren Lieblingsinstrumenten ausgestattet.

Mark wollte Cora besuchen und stürmte in ihre Wohnung. Ich merkte, dass Cora das nicht wollte, sich aber kaum wehren konnte gegen seine Zudringlichkeit. Ich intervenierte, Mark musste noch einmal Coras Wohnung verlassen, am Eingang klingeln und warten. Sie konnte entscheiden, ob sie ihn hereinlassen wollte. Mit einiger Unterstützung lernte sie, nein zu sagen. Selbst seinem hartnäckigen Werben gegenüber widerstand sie. Sie blieb auch bei dem Nein, ob wohl er mit immer neuen „Geschenken“ kam, z. B. einer kleinen Trommel oder einem blauen Tanzband. Ich hatte das Gefühl, dass es in diesem Fall für beide Kinder wichtig war, Coras „Nein“ und Marks Akzeptieren ihrer Ablehnung.

9. Stunde

Die Jungen waren in dieser Stunde beide nicht da. Weil ich Coras Unbehagen spürte, mit mir allein in den Musikraum zu gehen, durfte sie ein anderes Mädchen aus der Klasse mitnehmen. Mit Sara zusammen übernahm sie eine Art Führungsrolle, spielt ihr das Schlagzeug vor und den Xylofon-Bass. Beides hatte sie vorher noch nie gespielt. Sie verteidigte mit lauter Stimme die Ukulele, als Sara und sie das Instrument beide haben wollten, und gab sie nicht her. Ohne die Jungen als Krachmacher konnte sie eine andere Seite von sich zeigen. Lautstark spielten die beiden Mädchen große Trommeln, Cora aufrecht und stolz und mit weit ausholenden Bewegungen!

12. Stunde

Mark baute sich wieder eine Wohnung und wünschte sich, dass Cora ihn besuchen sollte. Sie aber holte sich ein Tanzband und tanzte allein, fantasievoll, drehte sich, bis ihr schwindlig wurde. Sie tanzte im ganzen Raum herum, beachtet Mark nicht, der sie rief, und drehte sich genussvoll immer weiter. Ich spielte Gitarrenakkorde, ihre Bewegungen aufnehmend. Wenn jemand in den Kreis ihres geschwungenen Bandes kam, lachte sie und freute sich über den Kontakt, ohne sich gestört zu fühlen. Lars holte sich ein Band und eine Weile tanzten sie zu zweit, sich spiegelnd, so schön, dass ich berührt war. Als Lars wieder ging, versuchte sie, mit zwei Bändern zu tanzen.

13. Stunde

Ein zweites Mädchen, Line, kam mit in die Gruppe. Sie war neu in der Klasse und sollte auf Wunsch der Klassenlehrerin an der Gruppe teilnehmen. Ich war einverstanden, weil ich meinte, dass die Gruppe ein weiteres Kind vertrug. Wir machten einige Trommelspiele gemeinsam, damit Line in die Gruppe hineinfand.

Im Laufe der Stunde inszenierte Cora mit mir wieder einmal ein Katzenspiel. Sie schlich sich an und wollte mich mit einem Trommelschlag erschrecken. Ich ging auf den Boden und spielte mit. Es wurde ein Schlagabtausch auf der kleinen Trommel, kräftig, aber ohne das Gefühl von Bedrohung. Die Szene wiederholte sich noch einige Male.

In den nächsten Stunden fand das Katzenspiel auch mit Line statt. Erst spielten die beiden Mädchen mit mir, später zu zweit ohne mich. Cora wünschte sich immer wieder „Miau“ und erfand viele Variationen ihrer Katzenkommunikation.

19. Stunde

Am Anfang der Stunde äußerte Cora einen Wunsch durch Gesten, den wir leider nicht verstanden, aber es hatte wohl mit dem Katzenspiel zu tun.

Es war für mich schwer auszuhalten, wenn Kinder sich aufgrund ihrer Sprachprobleme nicht verständlich machen konnten.

In einer Ecke des Musikraumes baute ich die Matratze mit Kissen und Decke auf, eigentlich für Maik. Ich war kaum fertig, als Cora die Matratze für sich und Line eroberte. Sie kuschelten ein bisschen, dann stand Cora auf und spielte Katze, und ich improvisierte ein Katzenlied dazu. Cora legte sich wieder auf die Matratze und wollte ein Baby sein. Ich sang ein Miau-Miau-Lied. Um nicht auf der nonverbalen (regressiven) Ebene zu bleiben, sprach ich sie an:

„Bist du ein Baby?“ „Ja.“

„Kannst du nicht sprechen?“ „Nein.“

„Babys brauchen nicht zu sprechen“.

Cora entspannte sich sichtbar.

Ich hatte den Eindruck, dass es nicht so sehr um Regression und Baby-sein ging, sondern darum, nicht sprechen zu müssen. Für Kinder wie Cora, die noch so viele Sprachprobleme hatten, war der Unterricht eine ständige Anforderung und manchmal Überforderung. Ich fand immer wieder wichtig, solchen Kindern eine Situation anzubieten, in der klar war, dass sie nicht reden brauchten.

In der Schlussrunde sprach sie überraschenderweise in ganzen Sätzen: „Baby spielen gut war. Blöd war, es laut war“, denn die Jungen hatten Schlagzeug gespielt.

20. Stunde
Cora und Line spielten Katzenkind und Katzenmama. Es ging lautstark zu mit relativ viel Sprache. Ich stimmte ein Katzenlied an, beide fielen in den Rhythmus ein mit kleinen Trommeln durch den Raum laufend. Das Baby schien weit weg zu sein.

Später kam es zu einer ganz ruhigen Musik. Ich spielte leise Töne auf der Gitarre, Cora probierte ebenfalls die Saiten aus, bemerkte „viele Töne“. Plötzlich war eine ganz ruhige Atmosphäre im Raum. Ich spürte, wie gut es war, mich in der Gruppe immer einmal einem Kind ganz zuzuwenden, so wie jetzt im nahen Kontakt mit Cora. Wie schon öfter genoss sie die leisen Klänge und brauchte sie offensichtlich.

21. Stunde
Es kam zu einem Konflikt zwischen den Mädchen und den Jungen. Ich hatte im Musikraum eine neue, etwas größere Hütte aufgebaut. Die Mädchen bemerkten sie zuerst und besetzten sie für sich. Die Jungen wollten auch gern in die Hütte. Sie bettelten, forderten, boten Geschenke an, aber die Mädchen ließen sich nicht erweichen. Ich beobachtete die Situation, nahm eine Djembe und trommelte laut, um der Spannung, die zu spüren war, Ausdruck zu verleihen. Doch die Situation blieb unbeweglich, die Kinder fanden allein keine Lösung. Ich schlug verschiedene Lösungen vor. Schließlich wurde von allen akzeptiert, dass die Mädchen zuerst in der neuen Hütte bleiben durften und sie nach zehn Minuten den Jungen überließen.

Nach dem Wechsel ging Cora ans Schlagzeug und fing an zu spielen. Ich fiel in ihr Trommeln mit ein, und es entstand eine lebhafte Szene mit Schlagzeug, mehreren Trommeln im Raum und lauten Miau-Schreien. Die Stimmen wurden sehr laut, Cora schrie aus voller Kehle. Es schien aber Spaß zu sein, nach meinem Eindruck. Als ich auch etwas spaßig reagierte, wurde Cora gleich wieder ernster, als wollte sie sagen: „So lustig ist es nun auch wieder nicht.“ Line schloss sich uns als Mitspielerin an. Ich wechselte zwischen Trommel und Gitarre und improvisierte ein Lied. Cora nahm Stöcke und baute Trommeln um sich herum auf. Mit den hoch erhobenen Stöcken trommelte und tanzte sie zwischen den Instrumenten umher und rief: One, two, three, four! Ich antwortete ihr und wunderte mich, dass sie englisch zählte, mit meinem Lied. Es war ein kraftvolles Spiel. Weil die Stunde bald um war, versuchte ich, zu einem Ende zu kommen, was nicht gelang. Erst langsam ebbte die Musik ab und wir kamen zum Abschluss.

Ich fragte: „Hier war ja was los! Was war das denn?“ Cora strahlte und sagte: „Katzenparty!“

In der abschließenden Musikrunde mit allen Kindern blieb Cora bei den Trommeln und spielte wiederum kräftig, um dann in eine ruhige Musik mit einzustimmen.

In der Schlussrunde mit der Frage „Was war gut und was war blöd?“ sagte sie: „Katzenparty gut war!“ Cora war sehr glücklich in dieser Stunde.

Das war eine der letzten Stunden mit Cora und der Gruppe.

Coras Entwicklung

Die Klassenlehrerin berichtete mir schon nach den ersten Stunden, Cora würde gar nicht mehr „so piepsig“ sprechen, seit sie bei mir trommelte.

Ihre Stimme war kräftig geworden, ihre Kommunikationsfähigkeit hatte deutlich zugenommen. Sie konnte sich besser durchsetzen und hatte Spaß am Kontakt mit anderen Kindern, obwohl sie immer noch starke Sprachprobleme hatte.

Die kleine verängstigte Katze, die anfangs wechselte zwischen vollkommenem Rückzug durch Schlafen und verzweifeltem Miau-Geschrei und Um-Sich-Schlagen hatte ihre Balance und ihre lebendigen Ausdrucksmöglichkeiten gefunden.

Mein Resümee

Die Arbeit mit Cora war eine große Freude für mich. Kinder in diesem Alter zu erleben, ihre Energie, ihre Spielfreude, letztlich ihre Fähigkeit, manchmal Probleme einfach wegzuspielen, erstaunten und belebten mich als Erwachsene. Cora hatte keine Hemmungen, was sie gerade fühlte, zu äußern und in das Spielen einzubringen. Immer wieder hat sie mit ihren Ideen das Gruppengeschehen maßgeblich gestaltet.

Ich bin ihr gefolgt und habe dadurch bei Cora erfahren, dass sie selbst den Weg fand zu dem, was sie brauchte.

Ein Thema war für mich offen geblieben. Bei Coras heftigen Reaktionen, dem häufige Schlafen-wollen und dem Ausrasten in der 5. Stunde, habe ich mich gefragt, ob sie möglicherweise Übergriffigkeit durch Erwachsene erfahren hatte. Ich habe die Frage mit der Klassenlehrerin besprochen. Es gab keine weiteren Hinweise, z. B. auf Erfahrungen von sexualisierter Gewalt. Wir beschlossen damals, Coras Entwicklung gut zu beobachten.

Andererseits war es so, dass allein ihre stark eingeschränkte Kommunikationsfähigkeit und dazu phasenweise eine Unfähigkeit, sich verständlich machen können schwerwiegende Beeinträchtigungen darstellten. Dies konnte zu nachhaltigem Rückzug und auch zu starken Aggressionen führen. Coras innerer Druck, der sich anfangs heftig in ihrem Katzenspiel entlud, war für mich so erklärbar.

Micha
Ein Monsterkind findet seinen Weg

– Erfahrung sexualisierter Gewalt –

– Safe-Place-Konzept –

Micha war neun Jahre alt. Er war groß für sein Alter, etwas übergewichtig und wirkte ungeschickt und unbeholfen.

Micha sprach nicht viel, und wenn er etwas sagte, war seine Sprache verwaschen.

Er hatte eine jüngere Schwester. Seine Mutter hatte sich von seinem Vater getrennt. Sie äußerte den Verdacht, dass der Vater ihn missbraucht hätte, es schien aber unklar. Das Gericht hatte es beim Scheidungsprozess nicht anerkannt, und sie war unsicher. Die sexuellen Übergriffe konnten vor der Trennung passiert sein oder/und auch bei späteren Besuchen beim Vater. Diese Besuche gab es zur Zeit unseres Kontaktes nicht mehr. Es hatte zudem Gewalttätigkeiten in der Familie gegeben. Micha hatte mit ansehen müssen, wie der Vater die Mutter gewürgt hatte.

Micha wurde seit der Einschulung als zurückhaltend und verschlossen beschrieben, er hatte ein geringes Selbstwertgefühl. Dank guter Leistungen gewann er etwas Selbstbewusstsein, war aber in der Gruppe nicht gut integriert.

1. Stunde

Micha kam ohne Zögern mit in den Musikraum. Zielstrebig nahm er sich die Tenor-Ukulele, dann die Tischtrommel und das Plastik-Mikrofon. Ich wählte die Gitarre und eine Djembe.

Micha begann, mit klagenden Lauten ins Mikro zu heulen. Ich assoziierte ein weinendes Kind und spielte behutsame Gitarrenklänge. Mit der Stimme tönte ich mit, ein bisschen wie ein Echo. Die Musik wurde lebendiger, witziger und wir landeten bei Tierstimmen. Micha spielte seine Ukulele dazu, wir waren im Dialog. Das Spiel setzte sich fort mit weiteren Instrumenten, mit unseren Stimmen und mit dem Ausdruck von wechselnden Gefühlen. Mal sang ich ein Schlaflied, dann wieder befanden wir uns in einer Kampfstimmung.

Micha kam mit dem Mikro in meine Ecke, kam auf mich zu, ich spürte, dass er mir zu nah kam. Ich spielte mit ihm, versteckte mich hinter der Gitarre, die ich schützend vor mich hielt. Er griff um die Gitarre herum, wollte die Saiten erreichen. Mein Gefühl war: Das geht zu weit! Ich spielte: „Nein, nein, Hilfe!“ Ich schlug auf die Djembe, Micha holte die afrikanische Glocke. Immer wieder näherte er sich an, zog sich zurück, wenn ich mich wehrte, und kam wieder.

Ich fühlte bei ihm Distanzlosigkeit.

Wir mussten zum Schluss kommen. Micha fiel es schwer, das Spiel zu beenden. Ich sang: „Auf Wiederseh’n, bis nächsten Donnerstag.“

2. Stunde und folgende
In der nächsten Stunde wiederholte sich der „Kampf" um die Gitarre. Wieder rückte Micha sehr nah an mich heran, zu nah. Es wurde klar, dass es nicht um die Gitarre, sondern um das Kämpfen ging.

Immer wieder nahm Micha die Ukulele und wollte auch Akkorde greifen lernen. Ebenso wählte er oft Stabspiele. Er konnte eine kleine Melodie spielen, *Morgen kommt der Weihnachtsmann*, und wiederholte sie immer wieder.

Gespräch mit der Mutter

Die Mutter verschob den Termin zweimal. Ich hatte den Eindruck, dass sie Angst hatte. Als wir uns trafen, war sie aber sehr aufgeschlossen. Ich zeigte ihr den Musikraum und einige Instrumente. Micha hatte zu Hause nichts über die Musikstunden mit mir erzählt.

Die Mutter erzählte, dass Michas kleine Schwester viel redete, Micha umso weniger.

Die Mutter berichtete von den Gewalttätigkeiten, die Micha früher vom Vater miterlebt hatte. In Bezug auf den Verdacht, dass sexualisierte Gewalt stattgefunden haben könnte, schien sie sehr unsicher.

Das Gespräch war offen, die Mutter schien Vertrauen zu fassen.

6. Stunde
Ich fragte Micha, ob er etwas über das Gespräch mit seiner Mutter wissen wollte. Sie hatte ihm offensichtlich nichts erzählt, und ich merkte, dass er deshalb verunsichert war. Ich berichtete ihm, dass ich seiner Mutter den Musikraum und die Instrumente gezeigt hätte, ihr aber nicht erzählt hatte, was für Musik wir gemacht hätten. Ich sagte ihm, dass ich gehört hätte, er würde zu Hause wenig sprechen, und er bejahte. Er hörte sehr aufmerksam zu, als ich auf seinen Vater zu sprechen kam.

„Du redest nicht gerne über deinen Vater, oder?"

Micha schüttelte den Kopf.

„Du erinnerst dich aber noch an ihn?" „Ja".

„Du erinnerst dich auch an Sachen, die damals passiert sind?" „Ja."

„Es ist nicht schön, wenn Kinder so schlimme Dinge mitkriegen."

Micha nickte.

„Das steckt so in einem drin, nicht?" Micha nickte wieder.

Ich war froh über die Offenheit, die möglich war.

Micha ging erstmalig ans Schlagzeug, wechselte bald das Instrument, probierte verschiedene Klänge aus, auch das Plastik-Mikrofon. Ich antwortete ihm und es gab einen ausdrucksstarken Dialog mit unseren Stimmen, der kurz bedrohlich wurde. Mit einer Flöte schien er zu weinen, um dann zum Schluss zu seiner Ukulele zurückzukehren. Intensiv ließ er die Saiten klingen. Ich sagte: „Das klingt schön!" Micha: „Ja, so eine wünsch ich mir."

Es war eine gute Atmosphäre, genießen, spielen, lauschen. Zu seinen Klängen sang ich: „Auf Wiederseh'n." Heute war das Schluss-machen kein Problem.

Die ganze Zeit über nahm er intensiven Blickkontakt mit mir auf, ruhig und lange. Sein Kinderblick berührte mich.

10. Stunde

Micha hatte jetzt häufiger Konflikte mit anderen Kindern. Wir baten die Mutter in die Schule und sprachen darüber. Als ich Micha in unserer nächsten Stunde traf, war er sehr still und guckte mich verunsichert an. Ich fragte ihn, ob er wissen wollte, was wir mit seiner Mama besprochen hätten. Er reagierte verschlossen, schüttelte den Kopf und zuckte mit den Schultern: „Alles egal."

Ich antwortete: „Dann lass uns erstmal Musik machen." Offensichtlich erleichtert holte Micha die Ukulele, spielte wie für sich allein Töne. Ich kam noch nicht in Kontakt mit ihm.

Ich schlug ein Laut-Leise-Spiel vor. Micha stimmte zu und wählte für uns das Schlagzeug und die Gitarre für laute Musik sowie die Ukulele und eine Zimbel für leise Musik.

Wir begannen mit lauter Musik. Micha spielte sehr kräftige Töne auf der Gitarre, und ich begleitete ihn auf den kleinen Trommeln des Schlagzeugs. Micha nahm Blickkontakt auf. Die anschließende leise Musik mit Michas Zimbel und behutsamen Tönen auf den hellen Saiten der Ukulele von mir klang sehr zart, wir waren in der Musik nah beieinander.

Micha ging ans Schlagzeug und es folgte wiederum eine laute Musik. Die Klänge wurden sehr heftig, Micha legte los, und ich schlug auf den Klangkörper der Gitarre, um mit seiner Lautstärke mithalten zu können. Als mir die Hände wehtaten, unterbrach ich und holte mir eine Trommel dazu: „Ich habe sonst keine Chance gegen dich!" Micha grinste ein bisschen, und unser Schlagabtausch steigerte sich noch einmal. Micha hatte für einen kurzen Moment ein verzerrtes Gesicht, ich sah Wut und Aggression und ahnte, was in ihm steckte.

Nach einer Weile wurde Micha ruhiger vor Erschöpfung und wir spielten noch einmal eine leise Musik.

„Soll ich dir jetzt erzählen, was wir gestern mit deiner Mama geredet haben?" Micha nickte.

Ich erklärte ihm, dass wir uns Sorgen machten: „Es ist prima, dass du dich wehrst, wenn jemand dich ärgert. Aber du machst es zu doll. Treten ist gefährlich. Du kannst lernen, es nicht zu heftig zu machen. Es wäre schön, wenn du öfter schaffst zu sagen, was passiert ist."

Micha reagierte offen und verstand, was ich ihm sagen wollte.

„Ich habe keine Geheimnisse mit deiner Mama, die ich dir nicht sage. Ich möchte mich gut mit dir verstehen." Micha lächelte ein bisschen.

11. Stunde und folgende
Wir spielten eine erfundene Geschichte. Ich hatte selbst gezeichnete Bildkarten mitgebracht, um sie auf den Boden zu legen und Instrumente dazu zu suchen. Folgende Bilder hatte ich bis jetzt einfarbig und skizzenhaft dargestellt: Max, eine Hexe und einen Zauberer. Micha zeichnete auch eine Karte und wählte einen Hund. Er fragte nach einem roten Stift für das Maul und zeichnete ein unnatürlich großes, offenes Maul.

Micha wählte für Max seine Ukulele und eine Kalimba für die Hexe. Beim Hund zögerte er, nahm Kastagnetten und schaute mich fragend an. Auch für den Zauberer suchte er sehr lange und nahm Zimbeln. Michas Zögern bei der Wahl der letzten Instrumente war auffällig. Ich vermutete, dass es um zwiespältige Gefühle gehen musste.

Er wollte Max und den Hund spielen, ich übernahm die Hexe und den Zauberer. Durch behutsames Nachfragen entlockte ich Micha den Fortgang der Geschichte: „Da ist Max. Der trifft einen Hund. Sie gehen zusammen.“ Im weiteren Verlauf verzaubert die Hexe den Hund, zauberte ihn später wieder zurück, der Hund biss die Hexe, er hörte gar nicht auf zu beißen! Die Hexe versteckte sich, der Hund war zufrieden, und der Zauberer kam und sagte: „Das hast du gut gemacht!“

Die Geschichte verwirrte mich. Bemerkenswert war, dass zeitweise nicht klar war, ob eine Figur gut oder böse war.

Es war deutlich für mich, dass hier reale Emotionen von Micha ins Spiel kamen.

In den nächsten Stunden spielten wir immer wieder die Geschichte, um neue Figuren erweitert und mit unterschiedlichem Verlauf. Micha zeichnete nach und nach eine Katze, eine Eule und ein Gespenst. Auch für die Katze wollte er einen roten Stift: Sie bekam einen roten Kopf, ebenfalls mit einem großen offenen Maul, mit Zähnen und einer herausgestreckten Zunge. Das Maul wirkte unförmig und erschreckend. Auch der Schwanz der Katze wurde rot und stand steif wie ein Stock nach oben.

Die Bilder gaben zu denken, ich blieb aufmerksam für eventuelle weitere Hinweise auf die Erfahrung von sexualisierter Gewalt.

Immer wieder fiel mir auf, dass Micha manchmal merklich zögerte, stumm war oder verstört wirkte. In seiner Geschichte ging es heftig zu. Die Figuren wurden nicht nur verjagt, sondern getötet, nacheinander die Hexe und die Katze. Max und der Hund riefen: „Juhu, sie sind tot!“ Mit einem schwarzen Tuch wurden sie begraben. Als die Eule ins Spiel kam, bedrohte sie die Katze: „Ich fresse dich!“ Wieder musste die Katze sehr bald tot sein, und diesmal auch der Hund. Und wieder sagte der Zauberer zu Max: „Das hast du gut gemacht.“

Ich spürte beim Spielen der verschiedenen Rollen das Verwirrspiel: Wer war Aggressor, wer war Opfer? Und ich fühlte die Wut, die so gnadenlos im Spiel tötete, sich dann aber bestätigen ließ, dass es in Ordnung war.

18. Stunde
Micha war in den letzten Tagen durch sexualisiertes Verhalten in der Klasse aufgefallen. Als ich ihn für unsere nächste Stunde abholte, bekam ich mit, wie er bei den Kindern mit Sex-Vokabular prahlte und Irritationen auslöste.

Ich sprach ihn darauf an, und er berichtete, ein Freund hätte ein Buch, und sie hätten Sachen aus dem Buch gezeichnet. Ich sagte: „Wir können ja auch mal zeichnen."

Im Musikraum holte ich Zeichensachen und zeichnete einen Mann und eine Frau mit Geschlechtsorganen. Ich fragte ihn: „Willst du auch was zeichnen?"

Michael zeichnete mehrere Figuren: Mann und Frau, mit Geschlechtsteilen, auch einen Käfer mit einem überdimensionierten Schwanz. Zuletzt zeichnete er eine Kopulations-Szene, die nicht missverstanden werden konnte. Die Geschlechtsteile waren übergroß dargestellt.

Ein Kind stand daneben und sagte in Sprechblasen: „Was machst du da?" Der Mann: „Nichts." Das Kind: „Ich bin doch nur ein Kind."

Ich fragte Micha: „Das Kind will nichts damit zu tun haben?" Micha: „Nein."

„Du willst auch nichts damit zu tun haben?" Micha verneinte.

Ich sagte: „Vielleicht kannst du das Buch einmal mitbringen, das ihr euch angesehen habt? Du solltest in der Klasse nicht so laut über solche Sachen reden. Die anderen Kinder interessiert das im Moment gar nicht, und die finden das blöd und lachen vielleicht über dich."

Nach anschließenden Gesprächen mit der Klassenlehrerin und meiner Schulleiterin war für uns klar: Micha hatte sexuelle Erfahrungen gemacht, die ihn immer noch beeinträchtigten. An diesem Punkt konnten wir als Schule nicht allein die Hilfe übernehmen.

Ich fragte in einer Beratungsstelle gegen Misshandlungen und sexualisierte Gewalt bei Kindern nach. Ein Berater kam für ein Gespräch mit der Mutter in die Schule, um den ersten Kontakt zur Beratungsstelle für sie herzustellen.

Im Gespräch mit uns und der Mutter kam die Überraschung: Sie war sehr erleichtert bei unserer Aussage, dass die Anzeichen für negative sexuelle Erfahrungen eindeutig wären. Sie hatte es schon immer gedacht, aber ihr war beim Gericht nicht geglaubt worden, was sie verunsichert hatte. Sie war sofort zu jeder Zusammenarbeit auch mit der Beratungsstelle bereit.

Die Arbeit mit Micha war nach wie vor nicht leicht. Es kam vor, dass er zur Therapiestunde gar nicht so gerne mitkommen wollte.

Das Spiel kam selten ins Fließen. Mal war er gehemmt, hielt sich an seiner Ukulele fest, schraubte an den Wirbeln oder versuchte Akkorde zu greifen.

Ein andermal führte das Spielen auf Instrumente zum Ausdruck von Gefühlen, es konnte aber gleich sehr heftig werden. Als wir zu zweit am Schlagzeug spielten, versuchte er plötzlich, mit seinen Stöcken auf meine Stöcke und auch auf meine Hände zu schlagen.

Mir blieb, immer wieder den Spielraum anzubieten, ihn zu begleiten, abzuwarten, bis er sich etwas mehr öffnen konnte. Wir wussten damals noch nicht, wie viel Schlimmes er als kleines Kind erlebt hatte.

Durch einen Zufall kam in der 21. Stunde Ole aus seiner Klasse mit in die Therapiestunde. Ole war ein schmächtiger Junge, etwas vernachlässigt, aber freundlich und ohne starke Eigenproblematik. Es stellte sich heraus, dass Micha durch ihn lockerer wurde und die Situation weniger verschämt war, als wenn er mit mir alleine war. Die Klassenlehrerin war damit einverstanden, dass Ole während der weiteren Therapie-Stunden dabei sein durfte.

Micha hatte inzwischen die Beratungsstelle kennengelernt und ging offensichtlich gerne hin.

In der Klasse gab es immer noch häufig Konflikte mit Micha. Wenn er wütend war, konnte er bedrohlich aggressiv werden. Manchmal verschloss er sich beim Versuch, den Streit mit ihm zu klären, manchmal ließ er mit sich reden.

24. Stunde

Ich schlug „Störspiele“ vor: Zwei von uns machten „schöne Musik“, der oder die Dritte sollte stören. Micha und Ole wollten beide stören. Ole fing an.

Micha und ich spielten auf Stabspielen, Ole wählte die Blechtrommel zum Stören. In Wirklichkeit spielte er mit, störte kein bisschen, es wurde eine lebendige Musik.

Micha ging als Störer ans Schlagzeug, spielte laut und einen eigenen Rhythmus. Ich antwortete auf seine Schlagzeug-Töne. Es wurde ein sehr offenes, kreatives Spiel. Micha spielte kraftvoll, suchte Blickkontakt, und wir fanden einen gemeinsamen Rhythmus, den Ole auch aufnahm.

Aus dem Störspiel entwickelte sich die Idee eines Monsterspiels: Einer der Jungen sollte ein Monster sein, das sich in der Höhle mit Instrumenten versteckte und dann herauskam.

Micha war zuerst Monster, er wählte den Bass und das Plastik-Mikrofon. Micha wollte wohl bedrohlich klingen als Monster, aber seine Stimme klang durch das Mikro eher kläglich, klagend, fast wie ein weinendes Kind. Als Ole sich an das Monster anschlich, wurde das Monster etwas lauter, für Michas Verhältnisse schon ausdrucksvoll. Ole war als Monster harmlos, fast witzig. Micha spielte trotzdem ein ängstliches Gegenüber.

Bei einer weiteren Spielidee bewegten Micha und Ole sich beide als Monster von verschiedenen Seiten aufeinander zu mit ihren Instrumenten. Ole war ganz streitlustig, Micha schien völlig ohnmächtig und unterlegen, wehrte sich kaum. Als er etwas die Oberhand bekam, beendete ich das Spiel, so dass er als gleichstarker Gegner aus dem Spiel gehen konnte.

25. Stunde
Ich nahm mir vor, nicht wieder das Monsterspiel anzubieten, weil Micha so sehr unterlegen war. Aber Micha wünschte sich, Monster zu spielen, und fing sofort an. Ausgestattet mit Ukulele, Mikro, Schellen und einer großen Rahmentrommel verkroch er sich in der Höhle. Wiederum schienen seine Klänge harmlos und ich hörte klagende Töne. Ole und ich schlichen uns an. Micha kam aus der Höhle, stand aufrecht und wirkte für einen Moment tatsächlich bedrohlich. Ich fühlte mich bedrängt, schlug auf meine Trommel, nur kurz. Micha zog sich daraufhin sofort wieder in die Höhle zurück.

Rollenwechsel: Ole war Monster, spielte lauter, und Micha spielte Angst: „Oh, oh, oh!“ Micha ging ans Schlagzeug, trommelte laut, wütend, überlegen. Als das Monster herauskam, verkroch Micha sich in eine Ecke, schien wieder völlig hilflos. Er rief: „Das ist ja lebendig! Das ist ja lebendig!“ Ich reichte ihm eine Trommel: „Hier, damit bist du stärker!“ Es nützte kaum etwas. Ich wollte ihn unterstützen und ging mit ihm zum Schlagzeug, damit er sich wehren konnte.

Ich beendete das Spiel und schlug eine neue Spielregel vor: „Keiner von uns ist das Monster. Wir stellen uns ein Monster vor und vertreiben es gemeinsam“. Micha lächelte!

Jeder von uns wählte sich ein Instrument zum Vertreiben: Ole ging ans Schlagzeug, Micha nahm die Gitarre und ich die große Rahmentrommel.

Ich fragte: „Was für ein Monster ist es denn, das wir vertreiben?“

Micha: „Ein großes, schreckliches!“

Ich sagte: „Und du sagst uns, wann wir losspielen und wann das Monster weg ist. Und ob wir laut oder leise spielen sollen.“

Micha: „Ganz laut!“ Ole und ich spielten einen lauten Rhythmus, Micha strich über die Gitarrensaiten. Ich ließ eine Pause entstehen: „Ist das Monster weg?“

Micha: „Nein, weiter!“ Nach einer Weile fragte ich: „Hat das Monster jetzt Angst bekommen?“ Micha: „Es ist weg.“

Ich stimmte ein Lied an: „Alle Monster sind jetzt weg!“

Micha dichtete weiter: „Holen sie zurück, holen sie zurück.“

Tatsächlich mussten wir noch einmal das Monster vertreiben.

Weil die Stunde zu Ende ging, fragte ich: „Spielen wir jetzt eine letzte Monstervertreibe-Musik?“ Micha war einverstanden und danach konnten wir Schluss machen.

In der Abschlussreflexion sagte Micha: „Alles war gut“.

Bevor wir den Musikraum verließen, sagte ich: „Die Monstergeschichte ist jetzt vorbei, und du bist wieder Micha und du bist Ole. In Wirklichkeit darf man ein bisschen ärgern und sich wehren, aber man darf nicht wirklich wehtun."

Ich fühlte in dieser Stunde, dass Micha sehr nah an seinen Gefühlen war und an seinen Erfahrungen. Das Monster, das wirklich lebendig war, das groß und schrecklich war, das noch längst nicht weg war aus seinem Leben, und seine unglaubliche Hilflosigkeit, sein Ausgeliefert-Sein, seine kindlich-klagende Stimme wurden immer wieder spürbar.

Die Absprache mit der Beratungsstelle war, dass Micha dort die Möglichkeit bekam, sich konkret zu erinnern und seine Erinnerungen zu benennen, und dass er parallel dazu in der Musiktherapie den Raum zum Ausdrücken seiner Gefühle bekam.

Gleichzeitig war es wichtig, immer wieder eine Brücke in die Realität und das Gemeinschaftsleben in der Schule zu bauen.

Der Berater berichtete beim nächsten Treffen, dass der Missbrauch durch den Vater nun klar geworden war: Der Vater hatte „nichts ausgelassen". Auch Pornofilme hatte er gedreht, auch noch in der Zeit nach der Trennung bei Besuchen. Der Berater war der Meinung, dass Micha sicher noch ein Jahr Beratung und Therapie brauchen würde.

Während dieser Zeit trafen wir uns mehrmals zu einem Runden Tisch: der Berater, die Mutter, die Klassenlehrerin, die einfühlsam und engagiert den ganzen Prozess begleitete und stark gefordert war mit Micha in der Klasse, und ich.

26. und 27. Stunde

Das Schuljahr ging zu Ende mit zwei Stunden, in denen Micha und Ole sich mit ihren Instrumenten als Monster in der Höhle einrichteten und mir die Rolle eines Zauberers gaben. Ich spürte Spannungen. Micha sagte, der Zauberer sei böse. Mit grellen Pfeiftönen und Trommelklängen aus der Höhle heraus trieben die beiden Monster mich in eine Ecke des Raumes, um mich wieder anzulocken und dann wiederum zu bekämpfen.

28. Stunde

In der ersten Stunde nach den Sommerferien wählte Micha sich Kati als Mitspielerin, weil Ole nicht da war. Kati war ein hübsches und bezauberndes Mädchen. Micha schien in ihrer Gegenwart etwas aufzutauen. Er erzählte sogar einiges von den Ferien, während wir in den Musikraum gingen.

Micha zeigte Kati, was er auf dem Xylofon spielen konnte.

Ich schlug ein Spiel mit Monster, Fee und Ritter vor. Erwartungsgemäß spielte Kati die Fee, und Micha wollte, für mich nicht unbedingt erwartungsgemäß, Monster sein. Mir blieb die Rolle des Ritters. Wir wählten Instrumente, die

Fee eine Flöte, das Monster Mikro und Kuh-Horn, der Ritter eine Trommel. (Das Kuh-Horn mit abgesägter Spitze und einer Öffnung zum Blasen erzeugt einen lauten, rauen Ton.)

Ich ritt als Ritter durch den Raum, tanzte und spielte etwas mit der Fee. Das Monster kam aus seiner Ecke, stellte sich in den Raum und blies in das Kuh-Horn. Zum ersten Mal wirkte Micha im Spiel bedrohlich, er trieb mich mehrmals in die Enge. Ich war froh, dass ich die Trommel unter dem Arm hatte und schlug kräftig, um mich zu wehren. Es wurde ein sehr lebendiges Spiel, in dessen Verlauf das Monster und die Fee sich schließlich zusammentaten. Zum Schluss blies die Fee in die Schlauchtrompete und es wurde lustig.

Was so eine Fee bewirken kann! Mit ihrem unbekümmerten Spiel war sie in dieser Stunde wirklich eine Fee gewesen.

29. und 30. Stunde

In den nächsten beiden Stunden mit Micha und Ole gab es viel Gefühlsverwirrung. Die beiden spielten wieder Monster, besetzten jeder eine Höhle mit ihren Instrumenten. Ich sollte Fee spielen, fühle mich aber nicht als Fee. Ich meinte, mich schützen zu müssen, und glaubte nicht an meine Kräfte als Fee. Ich versuchte zu flöten, ging mit dem Glockenspiel durch den Raum. Michas Stimme mit dem Mikro, die ich aus der Höhle hörte, klang halb gruselig und halb wie das Jammern eines Kindes. Immer wieder wollte er schlafen.

Ich blieb ratlos. Mit „Dribbeln" auf einer Trommel spielte ich die Spannungen, die ich im Raum fühlte. Mir war klar, dass Michas widerstreitende Gefühle, die er als Kind erlebt haben musste, sich hier spiegelten. Ich fand in dieser Stunde nicht meine Rolle oder meine Musik, die hätten weiterhelfen können.

Nach einigen Überlegungen entwickelte ich für die nächste Stunde eine Idee:

Das Monster, das so gerne gefährlich und bedrohlich sein wollte, aber wie ein bedürftiges oder verletztes Kind klang, wollte ich als ein Monsterkind ansprechen. So ließ sich der Zwiespalt lösen, den ich immer wieder aus seiner Musik hörte, und er konnte beides sein, Monster und kleines Kind.

31. Stunde

Ich schlug den Jungen vor, dass die Monster noch klein wären und Feuerspucken lernten. Micha und Ole machten sofort mit und verschwanden mit einigen kleinen Instrumenten in der Höhle. Ich stellte die Snare-Drum vom Schlagzeug als Feuer-Instrument im Raum bereit.

Micha heulte ins Mikro. Ich nahm seine Klänge auf, sang ihn als Mama an und trommelte dazu. Das kleine Monster antwortete mir! Ole kam heraus und wollte

Feuer spucken. Micha blieb im Versteck und sagte, er wollte schlafen. Ich improvisierte ein Schlaflied und wischte die Chekere dazu.

Abwechselnd kommunizierte ich mit Oles Feuertönen und besang Micha, dessen Klagetöne immer wieder aus der Höhle kamen. Einmal kam Micha kurz aus der Höhle, schlug kräftig auf das Schlagzeug-Becken und verschwand sofort wieder in der Sicherheit der Höhle.

In unserer kurzen Abschlussreflexion blieb Micha stumm, wirkte verschämt. Als ich sagte: „Ich habe gern mit euch gespielt“, sah er mich an und lächelte erleichtert, so schien es mir.

Meine Rolle als Mama der Monsterkinder hatte sich stimmig angefühlt. Das klagende Kind zu besingen, mit meiner Stimme zu wiegen und zu trösten war ein Schritt in eine besondere Nähe zu Micha. Er hatte es zugelassen und angenommen. Dass er sich weiter versteckte und nichts dazu sagte, empfand ich als ein Schützen des Erlebten.

Das Thema Monsterkinder begleitete uns auch in den folgenden Stunden.

Aus meiner Sicht erlebten wir in eine besondere Phase in unserem Prozess: Micha konnte als Monsterkind das Regressionsangebot annehmen und seine kindliche Not zum Ausdruck bringen. Und er nahm mich als tröstende und wohlwollende Mama an, um sich in eigener Regie zu holen, was er brauchte. Ich war froh, dass dies „Spiel“ in unserem Kontext möglich war, dass Micha einsteigen und wieder aussteigen konnte.

35. Stunde

Micha und Ole hatten die neuen Sticks entdeckt und spielten zu zweit am Schlagzeug, Micha in der Mitte, fast alle Trommeln benutzend, Ole etwas am Rand, ihm blieb eine der kleinen Trommeln. Sie spielten einen gemeinsamen Rhythmus, es klang, als sei etwas Gemeinsames zwischen ihnen gewachsen.

Dann richteten die beiden kleinen Monster sich wieder mit ihren Lieblingsinstrumenten in der Höhle ein.

Ich war mir gar nicht so sicher, ob es im Moment Monsterkinder waren, und ob ich noch Mama war. Ich nahm einen Schellenring und wanderte durch den Raum, ich fühlte mich frei, laut zu spielen. Ich hörte Micha wie einen kleinen Hund, aber seine Stimme war kräftiger, er war gewachsen. Ich antwortete, schlug bei meinem Rundgang durch den Raum hier und dort auf verschiedene Instrumente. Die Lautstärke war stimmig für mich. War es das Eröffnen eines Freiraums? Micha spielte noch lauter.

Es entwickelte sich ein lebendiges Spiel mit vielen Gefühlen: zwischen Scham, Angst und Wut entstand eine Prise Unbekümmertheit und Spaß!

In der folgenden Weihnachtszeit schienen die Monster eine Pause zu haben. Micha und Ole wollten „richtige Musik“ machen und übten Melodien von Weihnachtsliedern auf Stabspielen. Es schien etwas Druck gewichen zu sein.

Ich spürte immer noch oft Scham bei Micha und im Übertragungsgeschehen bei mir die Sorge, ihn wiederum zu beschämen.

38. Stunde

Nach den Weihnachtsferien berichteten Micha und Ole ganz lebendig von ihren Erlebnissen, besonders von der Silvesterknallerei.

Sie wollten wieder Monster spielen, suchten ihre Instrumente und gingen jeder in eine Höhle.

Ich spielte Gitarre, kräftige Akkorde in G und D. Als ich auch die Stimme einsetze, stimmte Micha sofort mit Geheule ein. Ich hatte die Idee, etwas Knallerei zu spielen und schlug mit Stöcken auf die Kongas. Micha kam aus der Höhle und spielte laut auf dem Schlagzeug. In unserer Musik floss Energie, es fühlte sich kraftvoll an. Aus Oles Höhle hörte ich die Spieluhr, ging auf den Teppich zurück und antworte mit einer kleinen Klangschale.

Micha rief plötzlich: „Ich fresse euch!“ Ich blieb bei den zarten Tönen der Klangschale und spielte eine ängstliche Rolle: „Hilfe, friss mich nicht!“ Micha kam aus der Höhle, er war angriffslustig und ich hielt die Gitarre schützend vor mich. Micha kam nah heran und strich über die Gitarrensaiten auf der von mir abgewandten Seite der Gitarre. Ich erinnerte mich an sein übergriffiges Verhalten am Anfang der Therapie. Jetzt war es anders, ich fühlte mich nicht bedroht. Es war eine intensive Kontaktaufnahme. Micha zog sich wieder in die Höhle zurück, schaute heraus. Es war wie ein Versteckspiel. Er traute sich heraus, nahm Kontakt auf, griff mich an und schützte sich wieder, so wie er es brauchte.

39. Stunde

Das Monsterspiel ging weiter. Micha war immer noch sehr schüchtern mir gegenüber. Er wollte ins größere Haus. Ole ließ es ihm und wanderte ins kleine Haus. Ole wünschte sich das Mikro, und Micha ließ es ihm, beanspruchte dafür das Kuh-Horn. Die beiden verhandelten und einigten sich!

Ich richtete mich in einer Ecke des Raumes ein. Mit Gitarre und Djembe ausgestattet, setzte ich auch die Stimme ein.

Ole kam aus seiner Höhle auf mich zu. Ich verließ meine Ecke, es gab ein kurzes Hund-Katze-Spiel, dann gingen wir gemeinsam zu Michas Haus und spielten zusammen nonverbale Dialoge mit unseren Stimmen und Instrumenten.

Micha hatte während des ganzen Spiels immer wieder mit Schlägen auf einen Metallteller die Uhrzeit angegeben: 8 Uhr Frühstück, 12 Uhr Mittag usw. Nach unserer kurzen Begegnung läutete er den Abend ein und das Monster ging schlafen. Ole verkündete: „Ich bin ein liebes Monster, ich mach nichts.“

So endete dies Spiel sehr friedlich.

Die Musik und die Aktionen waren verspielter als sonst und weniger bedrohlich. Wir sangen viel. Micha übte mit seiner Uhr eine gewisse Kontrolle aus, was ihm scheinbar guttat.

40. Stunde
Am Vortag hatte es einen heftigen Konflikt in der Klasse zwischen mehreren Jungen gegeben. Micha war daran beteiligt gewesen. Der Sportlehrer war dazugekommen und musste eingreifen und die Jungen trennen. Micha konnte anschließend gerade noch daran gehindert werden wegzulaufen. Ich sprach mit ihm, wobei herauskam, dass es schlimm für ihn war, vom Lehrer angefasst zu werden. Seine Tränen liefen und ich fragte nach, ob es besonders schlimm wäre für ihn, wenn ein Mann ihn anfasste. Micha nickte, und ich bot ihm an, den Sportlehrer anzusprechen.

Ich hatte gehofft, dass der Kollege nach meinem Gespräch die Sache in angemessener Form mit Micha klären würde. In der nächsten Stunde weinte Micha. Er hatte sich nicht verstanden gefühlt. Ich musste noch einmal intervenieren und Anwältin für Micha sein.

Das Spiel in dieser Stunde wurde wieder von Michas Uhr und seinen Ansagen strukturiert. Ole war der Erste, der aus seinem Haus heraus kam. Ich verließ meine Ecke, diesmal bewusst, ohne mit Instrumenten „bewaffnet" zu sein, nur mit meiner Stimme. Die Gitarre hatte ich vor mich hingelegt. Micha guckte durchs Fenster seines Hauses, kam heraus, schnappte sich meine Gitarre und spielte kräftig und lustvoll los. Es ging hin und her, mal spielte er draußen, mal versteckte er sich. Wieder in seiner Höhle hörte ich sehr helle, laute Rufe in sein Mikro. Er formte Worte dabei, die ich nicht verstand. Sein Schrei klang wie „Mama, hilf mir!" Es berührte mich, und ich antworte ebenso mit heller Stimme. Ich spürte den Wunsch, wie eine Fee seine Not einfach wegzuzaubern. Doch ich konnte im Moment nicht mehr tun, als einfach da zu sein, und sein Schreien auszuhalten.

Irgendwann schlief das Monster wieder, und ich hatte das Gefühl, seinen Schlaf behüten zu wollen, und sang ein Schlaflied.

Die Musik in dieser Stunde war lebendig, laut und leise, auch verspielt, es war viel Bewegung im Spiel. Micha verließ oft seine Höhle, er brachte sehr intensiv seine Gefühle zum Ausdruck: Schmerz, Wut und Schutzbedürfnis.

42. Stunde
Es war schon fast Gewohnheit: Die beiden Jungen bezogen jeder ein Haus und statteten sich mit ihren Instrumenten aus. Seit einiger Zeit sagte Micha dann: „Licht aus!" und das Spiel begann. Der etwas dunklere Raum ließ die Jungen noch leichter auf die Spielebene gleiten.

Micha hatte die Ukulele, die ihm Sicherheit gab, den Metallteller, mit dem er die Uhrzeiten schlug, und wie immer das Mikro und auch den Heulschlauch für seine Monsterstimme.

Ich richtete mich auf einer Decke neben Michas Haus ein mit Gitarre, Djembe, Metallofon und Rassel.

Ganz schnell entstand mit Micha ein Baby-Mama-Dialog mit Stimmen, Mikro und Gitarre.

Ich geriet etwas in Konflikt, weil Ole laut Hund und Katze mit mir spielen wollte. Ich wechselte hin und her, bemüht, beiden gerecht zu werden. Zwischen dem Hund-Katze-Spiel mit Ole sang ich mit Micha, es war ein berührender Dialog mit dem Baby-Monster. Dann ging es auch gemeinsam. Ich konnte Ole einladen, das Schlaflied für das Monsterkind mit seinen Trommeln zu begleiten, und es gefiel ihm. Als er dann das Glockenspiel nahm und mit meiner Gitarre eine schöne Musik entstand, stimmte Micha auf Monster-Art aus seiner Höhle heraus mit ein.

Es gab mehrere Annäherungen in dieser Stunde. Micha kam aus der Höhle heraus, näherte sich zögernd und spielte auf der Gitarre, die auf meiner Decke lag. Ich rückte ganz behutsam etwas an ihn heran und spielte mit. Er ließ es zu, um dann wieder in seine Höhle zu verschwinden, wobei er sie nicht mehr ganz schloss. Das Fenster blieb offen.

Ole ging zu Micha ins Haus. Micha versuchte sofort, ihn rauszuschmeißen und ich unterstützte ihn verbal: „Wer geht denn da in ein bewohntes Haus, ohne anzuklopfen!“ Ole verstand sofort und suchte sein eigenes Haus auf.

Nach einer Weile spielte ich eine kleine Katze und fragte Micha, ob ich ihn besuchen dürfte. Beim zweiten Versuch öffnete er die „Tür“ und ließ mich in sein Haus hineinsehen. Er zeigte mir stolz, was er auf der Ukulele spielen konnte. Ganz leise sang er dazu, und ich hörte ihm zu.

Später ging das Monsterkind wieder schlafen, und als es aufwachte, rief es: „Ich habe Hunger!“ In der Regel hieß das: „Ich will dich fressen!“ Ich wollte mich diesmal nicht fressen lassen. Nach meinem Gefühl war der Druck nicht mehr so groß, dass Micha mich in der Übertragung vernichten musste. Ich bot dem Monster etwas zu fressen an, in Form einer Rassel. Das Monster biss nicht an. Ich war unsicher, zettelte einen kleinen Kampf um das Fressen an, aber das Monster spielte nicht mit. „Schmeckt nicht“ erwiderte es. Schließlich warb ich um seine Gunst, indem ich noch einmal etwas kochte und ihm vorsetzte. Dem Monster schmeckt auch das nicht. Es schien ein neues Spiel zu entstehen: Noch ein- oder zweimal kochte ich etwas, doch Micha schien zu entdecken, dass er ablehnen, „nein“ sagen konnte.

Plötzlich rief er: „Kuchen!“ Ich holte eine kleine Trommel und gab sie ihm als Kuchenstück. Nun spielte er, dass er fraß, und rief: „Mehr, mehr!“ Ich holte weitere kleine Trommeln, und das Monsterkind fraß mindestens fünf Stück Kuchen. Auch Ole holte sich Kuchen. Micha rief: „Mehr, mehr! Hunger, Hunger! Ich sterbe vor Hunger!“ Ich war etwas ratlos, wie ich darauf eingehen konnte. Ich hatte das

Gefühl, dass ich das Monsterkind an die Brust nehmen wollte. Micha lag auf dem Boden, ich holte den Regenmacher, setzte mich neben ihn, versuchte auch, eine Hand auf seine Schulter zu legen, was er zuließ. Das beruhigende Rauschen des Regenmachers war für mich stimmig. Das Monsterkind grunzte ein wenig, wirkte entspannt, um dann zum Schluss mit einem „Äh!“ zu bemerken, dass es ihm natürlich auch diesmal nicht schmeckte.

Damit war die Zeit vorbei.

Auf meine Schlussfrage: „Gibt es etwas zu sagen?“ schüttelt Micha kaum merklich den Kopf, äußerte nichts. Aber sein Blick sagte mir, dass alles in Ordnung war.

43. bis 49. Stunde (Abschlussphase)

Offenheit

Michas Haus war nicht mehr verschlossen. Er bewohnte es noch, aber das Spiel fand immer mehr auch im Raum außerhalb der Höhle statt. Einmal sang er aus seiner Höhle heraus, ohne seine Stimme mit dem Mikro zu verstecken. Er schlug immer noch mit seiner Uhr die Stunden an, aber es kamen keine nächtlichen Geisterstunden mehr vor.

Kontakt

Im Spiel mit Ole kam es zu Konflikten, zu Verhandlungen oder zu spaßigem Spiel, es war weniger Druck zu spüren. Michas Spiel und sein Kontakt zu mir waren viel unbefangener geworden, sein Blick war offener.

Die Klassenlehrerin berichtete mir, dass Micha sehr aufgeräumt auf sie wirkte, der Kontakt mit ihm sei unkomplizierter und freier geworden.

Inzwischen ging Micha nicht mehr in die Beratung. Er konnte sich aber jederzeit wieder dort melden.

Thema Hunger und Fressen

Das Thema Hunger und Fressen wurde vielfältig fortgesetzt. Mal fraßen die beiden Jungen sich gegenseitig, mal hatten beide Hunger ohne Ende. Die Jungen in der Rolle als kleine Monster schienen unersättlich zu sein. Den beiden gefiel dieses kindliche Spiel.

Ich fragte mich: Was bedeutete das Thema Fressen?

Das Fressen bzw. Gefressen-werden spiegelte die Erfahrungen des Kleinkindes, als sein Vater sexuell gewalttätige Handlungen an ihm vornahm.

Der Ruf nach Essen konnte zwei Seiten haben: Einerseits wollte er nun selbst aggressiv fressen, attackieren, verletzen und vernichten. Andererseits war es der Hunger nach dem, was das Kind wirklich brauchte: konkret genährt werden, Nähe und Zuwendung bekommen, gestillt, beruhigt und getröstet werden.

Körperkontakt

Immer mal, wenn Micha draußen war aus seiner Höhle, versuchte ich einen ganz vorsichtigen Körperkontakt, zum Beispiel ein bisschen am Fuß zu streicheln. Ich freute mich, wenn er es zuließ. Einmal zog er sich zurück, und ich akzeptierte es. In der Schlussrunde fragte ich ihn: „Ich habe versucht, dich anzufassen. Ich weiß nicht genau, ob es o. k. ist für dich.“ Micha grinste. Ich verstand: Ihm war wichtig, dass ich ihn fragte, ihm die Kontrolle überließ, dann war es o. k. Ich freute mich darüber, dass er offen genug war für solche Klärungen. In der nächsten Stunde wünschte er sich das Wetterspiel, eine Rückenmassage, und genoss es.

Nachnähren

Es entstanden immer noch Situationen, in denen bei mir der Impuls entstand, Micha „nähren“ zu wollen. Es war jetzt sogar außerhalb der Höhlen möglich, ihm nahe zu kommen, mit Klängen zu beschenken, ihn zu berühren.

Weiblichkeit – Männlichkeit

Einmal tanzte Micha durch den Raum, sehr frei, und ich trommelte dazu. Seine Bewegungen waren eher weiblich. Ich freute mich über seine Freiheit, die femininen Bewegungen wirkten authentisch. Später entstand eine Szene, in der Micha auf der Matratze lag und sich wie eine Geliebte für einen Mann präsentierte. Mir war unwohl dabei. Ich telefonierte mit dem Berater der Beratungsstelle und erfuhr, dass manche missbrauchte Jungen sich zu schwulen Jungen entwickelten. Mein Eindruck war, dass Micha auf der Suche nach seiner Identität war.

Aggressivität

Aggressive Situationen gab es immer wieder, anfangs oft explosiv und unkontrolliert. Inzwischen war immer noch viel Energie da, aber sie war nicht mehr bedrohlich.

Häufig stellte ich das Schlagzeug-Becken in den Raum, als Möglichkeit, sich aggressiv zu äußern. Micha nutzte es oft, und manchmal inszenierten wir einen Wettstreit.

Einmal spielten die beiden Jungen „Rotkäppchen und der Wolf“: „Warum hast du so ein großen Maul?“ „Damit ich dich besser fressen kann!“ Es gab ein lautes Geschrei, und viel Wut kam heraus.

Einmal gab es eine wilde Kissenschlacht der beiden Jungen gegen mich. Ich freute mich über jede spielerische Auseinandersetzung.

Weitere Beratung

Bei einer Auseinandersetzung in der Klasse wurde Micha plötzlich stumm, senkte den Kopf und wirkte verschämt.

Ich sprach später mit ihm: „Du bist wieder ganz stumm geworden.“ Micha: „Ja.“

„Das kann immer wieder passieren bei Jungen, denen solche Sachen passiert sind, wie dein Vater mit dir gemacht hat. Du solltest noch einmal zu Herrn M. in die Beratung gehen." Michael schaute mich an und hatte mich verstanden, er schien zuzustimmen.

Die letzte Stunde

Die Jungen waren am Ende der vierten Klasse und würden die Schule wechseln. Micha schien es nicht viel auszumachen, es war in Ordnung für ihn.

Die beiden Jungen bewohnten noch einmal ihre Häuser. Micha wählte die Ukulele, sein Instrument der ersten Stunde, das Metallofon und den Metall-Teller. Ole hatte das Mikro, eine Trommel und eine Flöte.

Ich nahm zur Gitarre eine Djembe.

Zuerst entstand eine „schöne Musik", sie zeigte, wie aufeinander eingespielt wir waren. Dann wurde es laut, beide Monster kamen heraus, sie wollten fressen und es ging hoch her. Micha kam mit offenem Blick auf mich zu und relativ nah heran. Es folgte eine wilde Kissenschlacht, die beiden Jungen gegen mich, dann stürzten sie sich aufeinander.

Das Schluss-machen fiel den Jungen nicht leicht, es war aber doch in Ordnung für sie.

Ich sagte zu Micha: „Du hast noch Wut in dir." Er bejahte.

„Du kennst diese Wut. Sie kommt manchmal bei Konflikten. Manchmal hast du sie im Griff, und manchmal nicht. Es kann sein, dass sie dir noch Probleme macht. Dann hol dir Hilfe und geh in die Beratung.

Das Jahr ist zu Ende, wir müssen jetzt aufhören."

Ich schenkte beiden einen Lochstein an einem Lederband als Erinnerung. Beide hängten sich das Band um den Hals.

Michas Entwicklung

Ich hatte zum Schluss ein gutes Gefühl. Micha war gewachsen, er war ein großer, schlanker Junge geworden und schaute mit offenem Blick um sich. Ein guter Kontakt mit ihm war möglich geworden.

Die Mutter bedankte sich von Herzen bei uns. Sie berichtete, dass die Familie die positive Veränderung bei Micha erstaunt zur Kenntnis nahm und sie gefragt wurde: Was hast du nur mit dem Jungen gemacht?

Mein Resümee

Die Arbeit mit Micha über zwei Jahre war herausfordernd. Ich habe sie als intensiv, aber nicht als schwer empfunden. Ich war in der Zusammenarbeit mit der Beratungsstelle, der Klassenlehrerin und, wie immer, mit meiner Supervision gut aufgehoben. Ich hatte Rückendeckung für das, was ich tat. Es war ein besonderes und befriedigendes Erlebnis, Michas Prozess zu begleiten.

Die Möglichkeiten der Musiktherapie, starke Gefühle zum Ausdruck bringen zu können, bewährten sich.

Eine besondere Entdeckung war für mich, wie hilfreich die Arbeit mit dem „Safe Place“, mit dem Raum im Raum, für ein durch sexuelle Gewalt traumatisiertes Kind sein konnte. Micha hatte sich wie in einem Panzer eingeschlossen, um sich zu schützen, nachdem sein kindliches Vertrauen missbraucht und beschädigt worden war. In dem Versteck der Höhle konnte er sich sicher fühlen. Über diesen Raum konnte er verfügen, er konnte ganz allein entscheiden, ob und wann er ihn öffnen würde. Es war vollkommen klar, dass ich seinen Raum nicht betreten oder antasten würde. In dieser geschützten Höhle konnte er nach und nach seinen Panzer ablegen und Schritte nach draußen wagen.

Dabei hatte ich die Möglichkeit, durch Klänge immer mit ihm in Kontakt zu sein, was er aus seinem sicheren Ort heraus zulassen konnte.

Sinem
Die wunderschöne Prinzessin darf laut werden

– Selektiver Mutismus –

Sinem war neun Jahre alt und ging in die dritte Klasse. Sie war als türkischstämmiges Mädchen gut integriert in der Klasse.

Sinem sprach im Unterricht ganz wenig, und wenn, dann flüsterte sie. Wir hatten ihre Stimme noch nie gehört.

Sie kam aus einer eher traditionell-fundamentalistischen Familie, in der auch abergläubische Vorstellungen herrschten, wie Sinem von ihrer Oma berichtete. Die Oma sagte z. B.: Wenn man auf die Toilette geht, muss man einen bestimmten Spruch sagen, sonst kommt der Teufel aus der Toilette.

Möglicherweise war eine deutsche Schule für ihre Familie und damit auch für sie eine fremde Welt, in der sie ängstlich war. Welche Ursachen es sonst dafür gab, dass sie fast verstummt war, und wie sie da herauskommen konnte, wollte ich mit ihr ausprobieren.

Ich erfuhr erst später, dass sie zu Hause in normaler Lautstärke sprach und auch herumschrie, ebenso auf dem Schulhof, wenn nur Kinder in der Nähe waren.

Es ist ein bekanntes Phänomen beim sogenannten selektiven Mutismus oder einer abgeschwächten Form wie bei Sinem, dass die Weigerung zu sprechen, sich nur auf bestimmte Situationen oder Personen bezieht.

1. Stunde

Sinem war sehr unsicher, als sie mit mir in den Musikraum ging. Sie hatte stets ein Taschentuch in der Hand, wie ich es von ihr auch aus dem Unterricht kannte, und hielt es sich beim Sprechen bzw. beim Flüstern vor den Mund.

Im Musikraum ging sie sofort auf die Instrumente zu und wollte gern Gitarre spielen. Ich gab ihr eine Gitarre, deren Saiten in einem C-Dur-Akkord gestimmt waren, und legte meine Gitarre daneben auf den Boden. Da sie von sich aus nicht anfing zu spielen, strich ich auf meiner Gitarre über die Saiten und zupfte einzelne Saiten, um die Schwingung der Saite zu beobachten. Ich spielte so unbefangen es ging auf den Saiten herum und ließ verschiedene Töne erklingen. Sie ahmte mich vorsichtig nach. Ihre Gesten der Unsicherheit wie das Drehen ihrer Hände, zögerliches Verhalten und auch das Taschentuch in ihrer Hand beachtete ich nicht.

Wir ratschten mit dem Fingernagel an der tiefsten Saite entlang.

Ich fragte sie: „Wie klingt das?“ Sinem antwortete nicht.

Ich fragte: „Vielleicht wie eine Katze? Geht es der Katze gut oder schlecht?

Sinem flüsterte: „Schlecht.“

Ich antwortete in einem „jaulenden“ Singsang: „Oh, wie geht es mir schlecht!“

Sinem vollzog das Klagen auf der Gitarre mit.

Ich fragte weiter: „Ob da ein Hund kommt?“, und sah Zustimmung bei Sinem.

Dann schlug ich ihr vor: „Such doch mal eine Trommel für einen Hund.“

Sinem holte eine Bongo und stellte sie auf den Teppich.

Ich schob ihr die Trommel hin und spielte die Katze auf der Gitarre.

Sinem machte tatsächlich mit und spielte den Hund auf der Trommel, leise, aber schon kräftiger, als ich erwartet hatte.

Ich rief als Katze: „Hund, geh weg!“

Sinem als Hund klopfte so auf die Trommel, dass ich eindeutig verstand: „Nein, ich geh nicht weg!“

Ich freute mich sehr darüber, dass sie in das Spiel einstieg.

Es ging weiter, ich blieb in der Rolle der Katze. Die Katze provozierte: „Ach, das war aber gar nicht laut!“ Der Hund spielte etwas lauter. Die Katze zuckte ängstlich zurück, was Sinem offensichtlich belustigte.

Katze: „Ich glaube, ich muss mir etwas Lauteres holen!“

Ich wählte zwei kleinere Becken und rieb sie aneinander.

Katze zum Hund: „Hol dir doch auch eine größere Trommel!“

Sinem wählte eine halb hohe Trommel, das Spiel wurde kräftiger, wobei ich mich immer noch sehr zurücknehmen musste, weil Sinem sich nur wenig steigerte.

Ich holte ein großes Becken und Sinem eine große Trommel. Ich bot ihr Schlägel an für die Trommel, damit sie evtl. kräftiger schlagen konnte als mit den Händen.

Sinem machte das Spiel gerne mit und irgendwann war das Taschentuch in der Hosentasche verschwunden.

Ich rief als Katze: „Geh weg, das ist mein Hof!“ Der Hund verteidigte sich mit Trommelklängen. Aus den beiden Becken, die ich mir über den Arm und die Hand gehängt hatte und mit Schlägeln spielte, wurden zwei Katzen, die gemeinsam den Hund vertreiben wollten.

Ich schlug vor, die Rollen zu tauschen. Sinem spielte die beiden Becken und fing an zu sprechen! Sehr leise, aber doch verstehbar sagten die Katzen: „Das ist unser Spielplatz!“ Ich fühlte mich in die Hunderolle ein und sagte: „Nein, ich bleibe hier!“ Mein Gefühl dabei war: Standhalten, Lust am Widerstand.

Damit war die Geschichte für uns beide für diese erste Stunde auserzählt.

2. Stunde

Vier Wochen waren vergangen, es waren Ferien gewesen. Sinem war wieder sehr gehemmt, flüsterte nur mit mir.

Meine Frage, ob wir wieder Katze spielen wollten, fand heute keine Resonanz bei ihr.

Auf meinen Vorschlag, laute und leise Musik zu spielen, stieg sie ein. Wir wählten viele verschiedene Instrumente und platzierten sie auf zwei Klanginseln. Eine dritte Insel entstand für „normale“ Musik.

Wir experimentierten mit den Klängen, kommunizierten miteinander, jeweils mit den Instrumenten einer Klanginsel. Als ich ganz verschiedene Klänge auf einer Trommel produzierte, wie Schläge auf das Trommelfell, auf den Rand und den Trommelkörper, hatte Sinem Spaß daran, lachte und sagte: „Lustig!“

Sinem spielte insgesamt leise, vorsichtig, wie festgehalten. Sie holte z. B. mit dem Schlägel nicht aus, um die Trommel oder das Becken zum Klingen zu bringen, sondern setzte den Schlägel auf das Fell oder das Metall. Sie wechselte auch kaum die Instrumente.

Ich spürte, dass ich den Wunsch hatte, sie zu provozieren. Mein Gefühl war, ich würde sie wie mit einem Gummi hinter mir her ziehen.

Ich hielt inne: Statt ungeduldig und angestrengt zu sein oder Druck ausüben zu wollen, entspannte ich mich in unserer leisen Musik.

3. Stunde

Wir erfanden ein Märchen von einer wunderschönen Prinzessin. Sinem war ein Mädchen, das auf jeden Fall schön sein wollte, deshalb wählte ich diese Figur. Die weitere Geschichte dachte Sinem sich aus.

Ein Schloss, ein Garten, der dunkle Wald und eine Hexe kamen ins Spiel. Die Hexe verzauberte die Prinzessin, so dass diese hässlich war, und sich selber verzauberte sie in die schöne Prinzessin.

Die verzauberte Hexe ging ins Schloss und wurde für die Prinzessin gehalten. Sinem betonte, dass die Hexe zwar schön, aber immer noch böse war.

Die verzauberte Prinzessin jedoch wurde im Schloss nicht erkannt. Sie war ganz traurig, verließ das Schloss und ging in eine Hexenhütte im Wald. Hier endete Sinems Geschichte.

Ich war erstaunt über diese einfallsreiche Verwirr-Geschichte.

Bei der Verklanglichung hatte Sinem viel Spaß, sie spielte weniger gehemmt.

Sie fand noch eine Fortsetzung: Ein schöner, reicher Prinz kam auf einem Pferd in den Wald und klopfte an das Hexenhaus. Die Prinzessin hatte Kuchen und Saft für ihn und erzählte, was ihr passiert war. Der Prinz glaubte ihr.

Ich überlegte in meiner Reflexion, was diese vertauschten Rollen von Prinzessin und Hexe bedeuten konnten. Wollte die Prinzessin wie eine Hexe sein?

4. Stunde

Sinem bejahte sofort meine Frage, ob die Prinzessin ein bisschen Hexe sein wollte. Ja, ein bisschen frech sein wollte sie, aber nicht böse. Ihre Augen glänzten, als sie ausmalte, dass die Prinzessin als Hexe ohne Wissen des strengen Königs allein im Wald sein konnte.

Sinem hatte großen Spaß an ihrer Geschichte.

5. bis 7. Stunde

Das Märchen wurde weitergesponnen und Musik dazu gespielt. Immer wieder beobachtete ich blitzende Augen bei Sinem, wenn sie mit der Hexe in Kontakt kam. Mit Fantasie suchte Sinem Instrumente aus, um den differenzierten Rollen Ausdruck zu verleihen. Zum Beispiel wählte sie für die Prinzessin das hell klingende Glockenspiel, für die Hexe dunkel klingende Xylofon-Bässe, für die nette Hexe das Metallofon, für den Prinzen, der in dieser Stunde ein bisschen nett, ein bisschen böse und manchmal wütend war, das Xylofon und für den König eine große Trommel.

Ich interpretierte: Von zu Hause zu einem braven Mädchen erzogen, spielte sie mit neuen Möglichkeiten. In ihrem Märchen stellte sie eine wohl geordnete Welt mit festgelegten Rollen infrage.

Im Verlauf der Geschichte kam die Prinzessin nach Hause, behauptete, sie sei im Garten und nicht im verbotenen Wald gewesen. Es kam zu Verhandlungen mit dem König, und die Geschichte näherte sich ein bisschen dem realen Leben.

Sinem flüsterte kaum noch, sondern sprach mit leiser Stimme, wobei sie sich noch manchmal verlegen räusperte.

8. Stunde

Sinem berichtete von einem Konflikt: Sie hatte einen Freund, „so ein bisschen". Ihre Augen leuchteten, als sie mir seinen Namen verriet und dass er nett wäre und elf Jahre alt. Ihre Freundin wollte ihn unbedingt kennenlernen. Sinem: „Sie fragt immer, aber ich will nicht. Ich bin ganz wütend. Dann weint sie, und dann bin ich noch mehr wütend."

Meinen Vorschlag, je ein Instrument für sich, für die Freundin, für ihre Wut und ihr Geheimnis zu wählen, griff sie sofort auf. Sie wählte für sich die große Konga, für die Freundin die kleine Bongo, für die Wut das große Schlagzeugbecken, für das Geheimnis das Glockenspiel.

Sie spielte die Bongo und die Konga für ihre Freundin und für sich ziemlich kräftig. Die Wut auf dem Becken klang sehr gemäßigt. Da sie ihre Wut so deutlich artikuliert hatte, wunderte ich mich, dass sie immer noch so leise spielte. Nach kurzem Überlegen meldete ich ihr zurück: „Die Wut klingt für mich freundlich!“ Ich ging in die Rolle der Freundin und quengelte: „Jetzt sag mir doch, wer dein Freund ist!“ Sinem trommelte eine Nuance lauter. Ich sagte: „Wenn ich deine Freundin wäre, und du spielst so das Becken, würde ich weiter quengeln.“

Sinem sagte, dass sie befürchtete, dass das Becken kaputtgehen würde. Ich schraubte das Becken, das alt und schon eingerissen war, vom Ständer ab und forderte sie auf, sich draufzustellen, um ihr zu demonstrieren, dass es auf keinen Fall kaputtgehen würde.

Wir wiederholten das Spiel von Bongo und Becken, und diesmal schlug sie sehr kräftig zu.

Sie erzählte mir, dass sie zu Hause laut sprechen würde, auch schreien. Wir probierten mit der Konga so laut zu spielen, wie ihre Stimme zu Hause war.

Wir überlegten, wie sie ihrer Freundin ihre Meinung sagen konnte, nicht unbedingt laut, sondern mit einer deutlichen Ansage.

Es folgte ein Gespräch über ihren Freund und ihre Freundinnen, die sie schöner fand als sich selbst, und darüber, was sie bei sich selbst schön fand.

9. Stunde

Ein Konflikt mit ihrem Bruder war Thema. Dass Sinem so viel erzählte, war neu, und auch, dass sie sich zu Hause nicht mehr alles gefallen lassen wollte.

10. bis 12. Stunde

Sinem überraschte mich mit dem Wunsch, dass sie singen wollte. Sie wünschte sich eine Aufnahme für ihre Schwester und wählte das Lied *Hab ’ne Tante aus Marokko*. Sie sang sehr, sehr leise, so dass ihre Stimme kaum zu hören war. Scheinbar hatte sie zwar den Wunsch zu singen, konnte aber nicht über ihren Schatten springen. Sie erklärte, dass sie sich nicht trauen würde und sich schämte.

Ich bot ihr einen „Trick“ an. Sie konnte mit einer Trommel durch den Raum gehen und dazu singen. Wir probierten es gemeinsam, gehen, trommeln und singen. Es klappte, ich hörte ihre Stimme, war erstaunt über ihre schöne Stimme und dass sie alle Töne sicher traf und lobte sie. Es folgten Aufnahmen, Sinem mit der Trommel und ich mit der Gitarre, die wir dann anhörten. Ein wenig war ihre Stimme zu hören. Als Nächstes ging sie näher ans Mikro heran und ich blieb weiter hinten, damit sie besser zu hören war. Sie nahm jedes Mal ihren ganzen Mut zusammen und schaffte es, immer ein bisschen lauter zu singen. Wir hatten beide Spaß an diesem Spiel.

Sinem gefiel das Trommeln in der Aufnahme nicht, sie wollte ohne ein Instrument singen. Ich begleitete sie, sang und spielte die Gitarre mit Abstand. Sehr aufgeregt hörte sie sich jeweils die Aufnahme an. Ich hörte zum ersten Mal richtig ihre Stimme! Sie wollte noch lauter werden, wir versuchten es im Stehen und sie sang noch ein bisschen mutiger. Nach jeder Aufnahme bestärkte ich sie und lobte ihre Stimme.

Dazwischen ergaben sich Gespräche. Ich fragte: „Hast du noch mehr Stimme in dir drin? Ja! Und wo?“

Sinem zeigte auf Brust, Bauch, Arme und sagte: „Überall!“ Sie strahlte und schien kraftvoll.

Später: „Deine Stimme kommt noch nicht richtig heraus. Ist sie in einer Höhle versteckt?“ Sinem zögerte und überlegte, sie schien überrascht von dem Bild. Dann bejahte sie. Ich fragte: „Und jetzt machst du die Tür auf?“ Sinem, sofort begeistert: „Ja!“ „Und auch die Fenster?“ „Ja!“ „Und du brichst die ganze Wand weg?“ „Ja!“ „Aber noch ist die Wand nicht weg, oder?“ „Nein.“

Es war schön zu erleben, wie ihre Stimme sich in einer Art Geburtsvorgang immer mehr zeigen konnte.

Ich fragte sie, ob sie zu Hause schon einmal gesungen hätte. Sie erzählte, dass sie einmal im Auto gesungen hätte. Sie hatte vergessen, dass ihr Papa dabei war, und als es ihr einfiel, hätte sie sofort aufgehört. Mama hätte sie noch nicht singen gehört. Sie hütete ihre Singstimme wie ein Geheimnis.

Ich bat sie, ihrer Klassenlehrerin die Aufnahme vorspielen zu dürfen, und sie erlaubte es schließlich. Im Lehrerzimmer hatte meine Kollegin Tränen in den Augen, weil sie Sinems Stimme noch nie gehört hatte.

In der letzten Stunde vor den Ferien sprachen wir noch einmal über ihre Stimme, darüber, dass die Tür der Höhle weit offen war, die Stimme aber noch nicht ganz draußen war. Wir sprachen über ihre Ängste. Sinem hatte viel Angst, etwas falsch zu machen, z. B. etwas falsch zu sagen.

Ich fragte sie: „Was würde passieren?“ Sinem: „Die Kinder würden lachen, besonders Benedikt lacht mich aus.“

Ich fragte weiter: „Und was würde dann passieren?“ Sinem: „Ich würde ihn in der Pause verhauen. Aber wir haben eine Regel: Ich darf nicht hauen. Dann muss ich fünfmal die Regel schreiben.“ Ich meinte: „Du kannst dir das ja überlegen. Wenn du Benedikt unbedingt verhauen musst, dann schreibst du eben fünf Sätze.“

Bei jeder kleinen Erlaubnis in unserem Gespräch sah ich ein Aufleuchten in ihrem Gesicht und sagte zu ihr: „Du bist ein schönes Mädchen. Wenn du wütend bist und Benedikt verhaust, bist du trotzdem ein schönes Mädchen.“ Sinem verstand mich.

Ich wollte wissen: „Was sagen deine Eltern dazu?“ Sinem: „Papa sagt, Mädchen dürfen nicht hauen. Mama versteht mich ein bisschen.“

Zehnjährige Kinder verstanden es richtig, wenn ich ihnen die Möglichkeit nannte, in Bezug auf Verbote mal ein Risiko einzugehen. Verstummte und so streng erzogene Kinder brauchten etwas Unterstützung dabei, auch mal „über die Stränge zu schlagen“, um sich zu befreien.

Sinems Entwicklung

Im folgenden Halbjahr nahm Sinem an einer Dreiergruppe teil, zusammen mit ihrer Freundin, die kaum sprach, und einem Jungen, der sehr schüchtern war. In Geschichten und Experimenten ging es um Angst und Scham, um Mut und um Quatsch-machen. Wir inszenierten wieder leise und laute Klänge und Spiele mit der Stimme. Sinem beteiligte sich lebendig und immer etwas unbefangener.

Als im Dezember ein Krippenspiel in der Klasse anstand, übten wir das Sprechen mit dem Mikrofon. Sinem brauchte immer noch viel Mut zum Laut-sprechen. Im Gottesdienst sang sie alleine ein Lied mit Mikro und bekam viel Beifall.

Auch im Unterricht beteiligte sie sich jetzt, immer noch mit leiser Stimme, aber sie konnte zeigen, was sie alles wusste.

Mein Resümee

Die Arbeit mit Sinem war ein fließender Prozess, der meistens von Leichtigkeit geprägt war. Die Möglichkeiten der Musik und des Spiels führten erstaunlich schnell dazu, dass Sinem Schritt für Schritt ihre Sprechverweigerung aufgeben konnte.

Das lag auch daran, dass Sinem offensichtlich unbedingt sprechen wollte, aber es alleine nicht schaffte.

Überrascht und erfreut war ich von ihrer Fantasie beim Erfinden ihrer Geschichte: Sehr schnell kam neben der schönen, schüchternen Prinzessin, die alles richtig machen wollte, die Hexe zum Vorschein. Beide Figuren wurden zu einer abenteuerlustigen und mutigen Prinzessin, die etwas riskierte und schließlich beim König ihre Interessen vertrat.

So entwickelte sie gleichzeitig mit ihrem Sprechverhalten eine andere Rolle als Mädchen. Sie fing an, mutig ihre Meinung zu vertreten und sich in Konflikten zu behaupten.

Weil sie gerne singen wollte, war sie motiviert, ihre Scheu immer mehr zu überwinden und mutiger zu werden.

Eine zusätzliche Überraschung war für mich, dass Sinem nicht nur gerne singen wollte, sondern auch die Töne richtig traf und eine wunderschöne Stimme hatte.

So endete ihre Geschichte fast märchenhaft mit dem Solo-Lied vor der Schulgemeinschaft.

Simon
Der Zwerg und der Riese

– Stotterer –

Simon war neun Jahr alt. Er war klein und zierlich, dabei ein quirliger, unruhiger Junge. Er stotterte und litt offensichtlich sehr unter seiner Sprachstörung. Insgesamt wirkte er unglücklich und unausgeglichen. Er konnte sich nicht gut auf Lernsituationen einstellen, mal war er verschlossen, mal spielte er den Clown.

Simon hatte eine zwei Jahre ältere Schwester, die allen Vorstellungen der ehrgeizigen Mutter entsprach. Mit Simon war die Mutter unzufrieden, ihre leistungsorientierten Forderungen konnte er nicht erfüllen.

Simon hatte Ängste, besonders abends im Dunkeln oder wenn er einmal allein in der Wohnung bleiben sollte. Beim Elterngespräch zeigte der Vater sich aufgeschlossener unserer Beratung gegenüber. Aber beide Eltern zeigten kaum Verständnis für unsere Empfehlung, Simon so zu nehmen, wie er war, und ihm zu geben, was er brauchte.

1. Stunde

Simon kam gern mit in den Musikraum und freute sich auf die Instrumente. Er wählte das Metallofon und die Metallofon-Klangbausteine. Die einzelnen Klangbausteine ordnete er ganz ordentlich in eine Reihe nebeneinander, im rechten Winkel zum Metallofon.

Er spielte Töne in Reihen und Mustern, die er mehrmals wiederholte. Ich wollte gern mit ihm zusammen spielen, fand keinen Ansatz und beendete meinen Versuch. Nach dem Spiel lobte ich ihn für seine Ideen und ließ sie mir noch einmal vorspielen.

Ich fragte nach seiner Familie und er berichtete von den Konflikten mit seiner Schwester.

Ich ließ Simon Instrumente für sich, seine Schwester und die Eltern wählen und auf dem Teppich platzieren. Er legte sein Instrument dicht neben das des Vaters, und die beiden Instrumente für Mutter und Schwester lagen ebenfalls nahe beieinander. Beim weiteren Erzählen brachte er zum Ausdruck, dass er Sehnsucht nach seinem Vater hatte, der aber nicht so oft ansprechbar für ihn war.

2. Stunde

Simon wählte die drei Xylofon-Bässe (C, F, G) und spielte eine selbst gewählte Tonfolge, kräftig und ausdauernd. Ich spürte fließende Energie.

Ich schlug vor, zu seinen Tönen zu sprechen: „Ich heiße Simon“, was er zögernd probierte. Ich merkte sofort, dass er widerwillig auf Sprechübungen reagierte und blieb deshalb bei der Musik.

Simon wählte noch einmal das Xylofon und spielte wieder lange und ausdauernd, diesmal keine bestimmte Tonfolge, sondern einfach „drauf los“.

Ich spürte, dass er sich dabei entspannte.

4. Stunde

Simon wünschte sich, mit einem Freund zusammen zu kommen. Die Klassenlehrerin stimmte zu, und Kai war von jetzt an in unseren Musikstunden dabei. Ich vermutete, dass Simon nicht gern mit mir allein in den Musikraum ging. Es war möglich, dass er seine Mutter als bestimmend und einengend erlebte und die Situation auf mich übertrug.

Simon hängte ein Becken, die Triangel und Glöckchen auf eine Stange und bespielte seine Instrumente mit einem Metallstab. Es waren heftige Klänge! Ich fragte ihn, ob seine Musik lustig, frech, wütend oder witzig gewesen wäre. Im ersten Anlauf wollte er „lustig“ sagen, aber dann sagte er „wütend“. Auf meine Anregung hin spielte er noch einmal seine wütende Musik. Er spielte laut und intensiv. Anschließend berichtete er wieder von einem Konflikt mit seiner Schwester.

Simon bemerkte und verbalisierte heute zum ersten Mal, dass er wütend war.

6. Stunde

Simon entdeckte die Kuckucksflöte, probierte sie ausdauernd aus und spielte konzentriert. Ich hörte klagende Töne, die mich anrührten.

Er malte danach ein Bild, ein Baum mit Ästen und Blättern. Auf einem zur Seite ragenden, kahlen Ast saß ein Vogel ganz allein. Ich sah ihn in dem Bild einsam auf diesem Ast, als ob er sich in seiner Familie nicht zugehörig fühlte.

8. Stunde

Simon baute sich wieder die drei Bässe auf. Er wollte eine bestimmte Folge spielen, verspielte sich, ärgerte sich, schlug sich mit der Hand an die Stirn. Ich sagte ihm, dass mir sein Spiel gefallen hätte.

In den folgenden Stunden entstand immer wieder eine friedliche Stimmung: Er spielte ausdauernd auf Stabspielen oder einfache Rhythmen auf verschiedenen Instrumenten. Energievoll und konzentriert schien er zufrieden bei der Sache. Er ließ Kai und mich mitspielen und zeigte sich verhandlungsbereit bei Störaktionen von Kai.

Bei einer Entspannungsmusik kam er vollkommen zur Ruhe und berichtete hinterher von einem schönen Traum, in dem er nicht allein blieb.

Auf den Bildern, die er gern malte, zeichnete er sich jedoch immer wieder abseits: das kleine Haus, das nicht unter dem Regenbogen stand bei den anderen, der kleine Baum, der ganz am Rand wuchs.

13. Stunde
Simon spielte auf dem Metallofon, seinem Lieblingsinstrument. Kai trommelte sehr laut, um Simon zu stören. Kai bekämpfte eigentlich nicht Simon, sondern erprobte, sich zu behaupten (siehe die Fallgeschichte von Kai).

Simon holte sich Bongos und spielte laut dagegen. Kai wurde mit seinen Trommeln noch lauter. Simon holte sich eine Rahmentrommel und wollte einen Rhythmus spielen. Kai störte ihn wieder. Simon stellte daraufhin seine Trommeln alle ins Regal und sagte, er hätte keine Lust mehr.

Ich hatte bis dahin nicht eingegriffen, um zu sehen, ob die beiden allein eine Lösung fänden. Jetzt ermunterte ich Simon, seine Trommeln wieder zu holen. Er lehnte frustriert ab, ging mit hängendem Kopf und etwas kaspernd zur Seite.

Ich spürte Traurigkeit. Ich sah Simon, wie er auswich und resignierte.

Auf mein Angebot, sich etwas zu wünschen, band Simon sich Schellenbänder an Füße und Hände. Kai machte es ebenso, und beide rannten zu meinem Trommelrhythmus durch den Raum. Die schwere Stimmung löste sich etwas.

15. Stunde
Am Anfang der Stunde entstand sofort die gleiche Konfliktsituation wie beim letzten Mal: Kai provozierte mit lauten Trommelschlägen, Simon wehrte sich nur halbherzig. Auch mit meiner Unterstützung kam er nicht wirklich gegen Kais Störmanöver an.

Ich schlug ein Spiel vor: „Wir spielen Zwerg und Riese."

Kai sagte sofort: „Ich bin der Riese". Ich akzeptierte es und stellte in Aussicht, dass die Rollen beim nächsten Mal gewechselt werden könnten. Simon sagte: „Ich bin nur Zwerg, kein Riese."

Beide wählten Instrumente und einen Platz im Raum. Simon ging mit dem Metallofon an die eine Ecke des Spielteppichs, Kai mit Bongos an die schräg gegenüberliegende Ecke.

Ich sagte: „Überlegt euch, wo der Riese und der Zwerg sich treffen, vielleicht in einem Wald, und wie nah oder weit sie voneinander entfernt sein sollen."

Simon sagte sofort: „Der soll noch weiter weg."

Kai wich bereitwillig zurück, vom Teppich herunter in die Ecke des Raumes.

Ich fragte: „Und wie soll das Spiel gehen, abwechselnd wie ein Gespräch oder gleichzeitig?" Kai: „Abwechselnd." Simon: „Einverstanden."

Simon begann. Sie spielten abwechselnd, wobei Kai sehr, sehr laut mit Schlägeln auf die Bongos schlug.

Es war so laut, dass ich aus Sorge um unser aller Ohren unterbrach. Ich erklärte, dass das eigene Trommelfell in den Ohren verletzt werden könnte und bat Kai, auf seine Ohren zu achten.

Beim Weiterspielen nahm Kai sich spürbar zurück. Als Simon trotzdem demonstrativ zusammenzuckte, wurde er noch leiser. Ich musste mir etwas einfallen lassen. Ich schlug vor, dass Simon sich mit einem Tuch ein Stirnband über die Ohren band, damit Kai etwas lauter spielen konnte. Simon fand das gut, ich half ihm mit dem Tuch. Kai kam aus sich heraus, spielte wieder laut, nicht ganz so laut wie vorher, und Simon akzeptierte es.

Kais Schlägel brach durch. Ich lachte und sagte, dass es nicht so schlimm wäre, da ich ihn nicht noch einmal ausbremsen wollte. Ich erzählte ihm, dass in den Musikstunden öfter Stöcke kaputt gingen.

Simon fing jetzt an, lauter zu spielen. Sie spielten nicht mehr abwechselnd, sondern schlugen beide auf ihre Instrumente ein. Als nichts Neues mehr passierte, schlug ich vor, dass der Riese und der Zwerg sich etwas näherkommen sollten oder sich vielleicht trafen. Simon war einverstanden, blieb aber auf seinem Platz. Kai rückte sofort näher an Simon heran, sie spielten beide sehr laut. Kai kam noch näher, schließlich waren sie nur noch einen Meter voneinander entfernt. Simon hockte immer noch in seiner Ecke, spielte aber genauso laut wie Kai, bis beide aufhörten.

Ich fragte: „Was sagt der Zwerg denn jetzt?“ Simon, ärgerlich: „Der soll weg!“

Ich fragte weiter: „Du willst also den Riesen verscheuchen? Dann versuch es doch mal.“

Simon stellte sein Metallofon weg und holte sich ein großes Becken in seine Ecke. Kai holte sich eine weitere große Trommel. Beide spielten laut und intensiv. Der Riese wich allerdings kein Stück zurück, er dachte nicht daran.

Ich beobachtete das Geschehen und spürte die dramatische Situation für Simon, der praktisch eingesperrt war. Er hatte sich keinen Raum verschaffen können, und mir wurde mulmig. Was würde jetzt passieren? Wie konnte es für ihn noch gut ausgehen?

Die Musik der beiden wurde noch einmal heftig und laut, dann hörten beide auf. Vorsichtig fragte ich Simon: „Und was sagt der Zwerg jetzt?“ Simon antwortete, nach kurzem Innehalten: „Ich bin noch da!“ Ich war sehr erleichtert, und sagte: „Ja prima, du bist noch da.“

Der Riese äußerte sich seinerseits zufrieden über das Spiel.

Ich sagte zu Simon: „Weißt du, was ich glaube? Du bist gar kein Zwerg. Du bist ein Riese. Du hast auch so laut gespielt.“ Simons Augen leuchteten kurz auf, er sagte: „Ja!“

Simon wollte jetzt noch einmal Riese spielen und holte sich eine zusätzliche Konga. Auch Kai holte sich noch zwei größere Trommeln. So standen sie sich wie an zwei Fronten gegenüber, und es gab ein kurzes, kräftiges Nachspiel. Es klang aus, als Simon in einen gleichmäßigen, ruhigen Rhythmus überging, und sagte: „Der Riese geht jetzt.“ Ich bestätigte ihn: „Ja, er geht jetzt seinen Weg, das ist gut.“ Kai stieg in den Rhythmus ein und sagte: „Meiner geht hinterher.“ Ich antwortete: „Ja, auch er geht seinen Weg.“ Kai: „Nein, er geht hinterher.“ Ich hörte daraus: Simon war für ihn ein Riese, mit dem er gern spielen wollte.

Zum Abschluss nach der sehr lauten Musik und dem intensiven Geschehen ließ ich beide Jungen sich auf den Teppich legen und bespielte sie mit ruhigen Dreiklängen auf dem Metallofon, auch damit sie aus ihren Rollen aussteigen konnten. Sie spielten erst schnarchende Riesen und kamen dann zur Ruhe.

Wir verließen gemeinsam den Musikraum. In der anschließenden Pause blieb ich noch auf dem Schulhof, um zu beobachten, wie es den beiden Jungen ging. Sie blieben erst in meiner Nähe und gingen dann mit ihren Freunden spielen.

Ich deutete das, was Simon als Zwerg erlebt hatte, so: Er war ja immer noch Stotterer. Ich nahm an, dass er zu Hause bei seiner Mutter und seiner Schwester kaum die Chance hatte, mehr Raum und Anerkennung zu bekommen. Aber er hatte in dieser Stunde erlebt: Ich bin noch da. Er war nicht der Angreifer, aber er hatte dem Angreifer standgehalten, was sehr viel für ihn bedeutete. Er hatte sich gespürt, auch seine Stärke in dieser Situation. Zu Beginn des Spiels hatte er sich nur als Zwerg gesehen, das hatte sich geändert.

Die Veränderung bei Simon war auch in den nächsten Stunden spürbar.

Es kam noch einmal zu einem Dialogspiel mit zwei Riesen, der Zwerg stand nicht mehr zur Debatte.

Simon spielte später noch einmal seine „Traummusik“ mit dem Metallofon und ging allein in den Nebenraum zum Malen. Er ließ sich nicht mehr provozieren und schien ausgeglichener.

Beim folgenden Elternsprechtag berichtete die Mutter, dass Simon neuerdings allein zur Bushaltestelle ging, er war eigenständiger geworden.

18. Stunde

Wir spielten „Antiquitätenladen“: Ich war der Ladenbesitzer, Simon wählte sich Instrumente, um eine Uhr mit Ticken und Läuten zu spielen. Ich pries die wohlklingende Uhr an. Kai war der Käufer, hörte sich die Uhr an, lobte sie und kaufte sie. Kai spielte zwei verschiedene Dampfmaschinen mit kräftiger Musik, Simon freute sich und kaufte eine Maschine. Beiden Jungen ging es sehr gut bei diesem Spiel. Sie konnten etwas Eigenes entwickeln, ihre Musik vorstellen und bekamen Anerkennung.

20. Stunde

Simon zog sich mit dem Metallofon in seine Ecke zurück. Es ging ihm offensichtlich nicht gut, er sah traurig und verschlossen aus. Die Klassenlehrerin hatte mir berichtet, Simon hätte morgens im Unterricht die Mitarbeit verweigert, was bei ihm ungewöhnlich war. Es müsste zu Hause etwas passiert sein.

Ich hatte den Impuls, mich zu ihm zu setzen, ihm näher zu kommen. Er spielte lange, eher eintönig, bis er aufhörte.

Ich schlug ihm vor: „Stell dir vor, du könntest wie ein Clown deine Stimmung verändern. Der Clown schreit wütend, weint traurig oder lacht fröhlich. Könntest du das spielen?“

Simon gefiel die Idee. Er stellte die Gefühle mit Metallofon-Klängen und seiner Mimik dar: Die Wut klang authentisch, die Plättchen des Stabspiels flogen hoch. Sein Weinen auf dem Metallofon und im Gesicht wurde eher zur Wut, und das Lachen war verkrampft. Ich sagte: „Der Clown benutzt vielleicht auch die Stimme?“ Simon: „Ja!“ Es folgte eine Musik mit einigen lauten Schreien zu seinem Metallofon, von mir mit Trommeln unterstützt.

Simon wollte nichts dazu sagen. Ich hatte trotzdem das Gefühl, dass es so gut war für ihn.

Das Schuljahr war zu Ende, und die Termine mit Simon und Kai endeten ebenfalls.

Simons Entwicklung

Simon stotterte immer noch. Die Situation zu Hause mit der Mutter, seiner Schwester und seiner unterlegenen Position hatte sich kaum geändert. Auch wiederholte Elterngespräche hatten nicht entscheidend geholfen.

Simon aber war offener und zufriedener geworden. Er hatte ein gutes Gefühl dafür, was ihm guttat, und forderte es für sich ein.

Sein Stottern schien ihn kaum noch zu stören, er nahm gerne mit anderen Kindern Kontakt auf und konnte ohne Probleme mit ihnen kommunizieren.

Mein Resümee

In der Arbeit mit Simon war schnell klar, dass er nicht sprechen „üben“ wollte.

Ich hatte sein Stottern so verstanden, dass es durch die familiäre Situation, durch die Simon stark unter Druck war, aufrecht erhalten wurde.

Es würde sich zeigen, wie sich diese Druck-Situation im freien Spiel darstellen würde, wie Simon reagieren würde und ob es einen Ausweg geben würde.

Für mich war bemerkenswert, wie Simon sich in seiner Persönlichkeit entwickelte. Er fand im Spiel Wege, sich nicht unterkriegen zu lassen und konnte diese Stärke wahrnehmen.

Immer wieder war ich als Therapeutin staunende Beobachterin der Lösungen, die niemand planen oder vorhersehen konnte. Sie entwickelten sich aus dem freien Spiel, den authentischen Gefühlen der Kinder sowie meinen intuitiven Impulsen.

Kai
Eine kleine Pflanze braucht besondere Pflege

– Tod des Vaters, Trauer –

Kai war zehn Jahre alt. Er bildete mit Simon eine Zweiergruppe. Kai kam in Simons vierter Stunde hinzu. Simon hatte sich einen Freund für die Therapiestunden gewünscht und es schien mir günstig, seinem Wunsch zu entsprechen. Die Klassenlehrerin wählte Kai aus, weil der vor Kurzem seinen Vater verloren hatte.

Kai war ein kleiner und schmaler Junge. Er war in seinem Verhalten sehr ruhig und unauffällig. Seit dem Tod des Vaters im gemeinsamen Urlaub in den Sommerferien war er noch stiller und wirkte verschlossen.

Auf schwierige Situationen reagierte er häufig mit Magenproblemen.

4. Stunde:

Kai berichtete, dass er zu Hause husten müsste oder sich übergeben, jedoch nicht in der Schule. Das sei wegen der Luft, erklärte er. Die sei nicht gut. Wir unterhielten uns über sein Zuhause, und er berichtete auch von der Beerdigung. Ich fragte nach: „Seit wann ist die Luft denn schlecht?“ Kai: „Seit den Sommerferien, vielleicht weil wir im Urlaub waren.“

Die Trauer zu Hause war für ihn scheinbar bewusst nicht greifbar, er hatte keine Worte für das, was er erlebte, und nannte die Stimmung „schlechte Luft“.

5. Stunde

Kai probierte einige Instrumente aus, z. B. die Ukulele.

Simon und ich spielten auf dem Metallofon und dem Xylofon eine gemeinsame Musik. Kai beobachtete uns und wünschte sich auch das Metallofon, offensichtlich weil er mit mir spielen wollte. Simon gab das Metallofon ab, und ich spielte mit Kai gemeinsam auf den Stabspielen. Mir fiel der offene Blickkontakt mit Kai auf.

6. Stunde

Kai war krank.

7. Stunde

Kai sah mich an. Ich fragte ihn: „Möchtest du mit mir zusammen spielen?“ Kai bejahte und brachte zwei Kastagnetten, eine für mich und eine für ihn. Es entstand ein intensives, nahes Spiel. Die Hölzer klangen laut. Kai inszenierte einen Angriff, als ob die Kastagnetten zwei kleine Raubtiere wären, die sich mit dem Maul anfauchten. Ich versuchte anschließend ein eher leises Spiel. Kai antwortete mir, wir spielten eine behutsame Begegnung. Die kleinen Raubtiere kamen sich sehr nah.

8. Stunde
Kai kam sofort wieder mit den Kastagnetten. Wir spielten Verstecken mit den Instrumenten. Es folgte eine laute, streitlustige Begegnung und schließlich wieder ein sehr zartes Spiel.

Die Jungen entdeckten die Klangkugeln. Ich bot eine Entspannungsübung an. Beide machten es sich auf Decken mit Kissen bequem. Ich wanderte mit den Kugeln durch den Raum und ließ sie erklingen.

Während Simon sich völlig entspannte, ganz ruhig lag und anschließend von einem glücklichen Traum berichtete, wälzte Kai sich hin und her. Unruhig deckte er sich zu und verschwand völlig unter der Decke. Ich gab ihm meine Hand, aber er beruhigte sich nicht. Er rollte mit der Decke über den Boden und schließlich vom Teppich herunter. Als ich mit der Musik aufhörte, stand er sofort auf. Er hatte gar nicht bemerkt, dass er sich weggerollt hatte. Auf die Frage, ob er geträumt hätte, berichtete er von gebratenen Hühnchen, die zu Hause durch die Luft geflogen seien. Auf meine Frage, ob er Hunger hätte, bejaht er und nahm gerne Kekse von mir.

Es hatte in der Klasse Pizza gegeben, er konnte nicht wirklich Hunger haben. Ich erfuhr, dass er zu Hause oft keinen Appetit hatte.

Es schien, als ob er in der Schule die Trauer etwas vergessen konnte und gerne mit den anderen zusammen aß. Essen war immer wieder Thema bei ihm. Ich ahnte, dass er damit auch Hunger nach Zuwendung äußerte.

9. Stunde
Kai war alleine in dieser Stunde.
Er nahm wieder den Dialog mit Kastagnetten, den beiden kleinen Raubtieren, mit mir auf. Er spielte sehr aggressiv, so dass ich mich wehren und meine Hände schützen musste. Ich erklärte, dass er niemandem wehtun dürfte. Er verstand es und kehrte wieder zum mehr spielerischen Streit der Kastagnetten zurück. Die beiden Raubtiere kämpften miteinander, ausdauernd und intensiv. Nach dem heftigen Spiel folgte wiederum ein zärtlicher, naher Kontakt mit den Instrumenten.

Kai entwickelte aus dem Spiel eine Geschichte: Zwei Kinder hätten keine Mama mehr. Ich griff sein Spiel auf, schlüpfte in die Rolle eines der Kinder und klagte und weinte nach der Mama. Kai spann die Geschichte weiter: „Da ist ja noch die Oma, aber die liegt da und ist tot.“ Ich stimmte wieder in ein Klagegeschrei ein und schlug die Kastagnette dazu. Kai fuhr fort: „Da ist auch noch der Opa“. Es folgten die andere Oma, der Onkel und andere, die aber jeweils alle bald tot waren. Er ließ mich die Klage zelebrieren, spielte selbst so etwas wie Schadenfreude dazu: „Ätsch, ätsch!“

Es war das erste Mal, dass er Tod und Sterben thematisierte.

Zum Schluss erwähnte er, dass sein Vater tot sei, „in Wirklichkeit, nicht im Spiel“.

Ich war froh, dass das Thema, das ihn belastete, nun gespielt werden konnte.

10. bis 14. Stunde
Das Kastagnetten-Spiel und das Thema Tod setzte Kai im Beisein von Simon so nicht fort.

Aber er spielte sehr laute Musik und provozierte Konflikte. Er wählte große Instrumente, Trommeln und Xylofon-Bässe und wollte dabei regelmäßig Simon stören, der mit dem Metallofon seine Traum-Musik spielen und malen wollte. Kai schlug so heftig auf die Instrumente, dass er einen Schlägel zerbrach oder dass beim Xylofon die Stäbe hochflogen. Immer beobachtete er Simon und wartete auf sein Zusammenzucken.

Einmal erzählte er auf meine Nachfrage, dass er zu Hause auch seine Schwester ärgerte. Er ließ sich auf den Vorschlag ein, mit mir eine „Ärger-Musik" zu spielen, die nicht an Simon gerichtet war und die wir laut und streitlustig inszenierten.

15. Stunde
Die Stunde begann wie die vorherigen Stunden damit, dass Simon mit dem Metallofon Traum-Musik spielte und Kai ihn mit lautem Trommelspiel stören wollte.

Ich versuchte etwas Neues und schlug vor, den Konflikt als Zwerg und Riese zu spielen. Beide stimmten zu und Kai wollte sofort der Riese sein. Simon war einverstanden, den Zwerg zu spielen. Beide behielten während des Spiels diese Rollen bei. (In der Fallgeschichte von Simon ist dieses Spiel ausführlich beschrieben.)

Von entgegengesetzten Ecken des Raumes aus begann das Spiel, Kai mit Schlägeln auf Bongos, später mit großen Trommeln. Er spielte sehr laut. Wieder einmal brach ein Schlegel durch. Kai war unbeirrbar, ging immer näher auf Simon zu, der kaum aus seiner Ecke herauskam. Er gab kein bisschen nach und ließ sich nicht verscheuchen.

Ich sah und hörte, wie aufgewühlt Kai innerlich war, wie sehr sich Unverarbeitetes Bahn brach und auch, welche Kraft dieser zarte und stille Junge hatte.

16. Stunde
Simon war mit der Ukulele und mit Malen beschäftigt.

Kai stimmte meinem Vorschlag zu, mit mir noch einmal Zwerg und Riese spielen. Er wählte als Riese wieder seine Bongos und für mich als Zwerg große Rasseln. Er choreografierte das Spiel mit seinen Anweisungen. Nachdem er mich als Zwerg mit sehr lautem Trommeln quer durch den Raum in die Ecke gedrängt hatte und ich nicht mehr weiter zurückweichen konnte, schlief er als Riese kurz ein, damit ich zur Seite flüchten konnte. Daraufhin wachte er als Riese auf und verfolgte mich wieder. Kai spielte so laut, dass ich es kaum aushalten konnte. Er sagte, dass der Riese den Zwerg zertreten wollte. Nachdem er mich mehrmals quer über den Teppich gedrängt hatte, musste ich das Spiel aus Zeitgründen unterbrechen und frage ihn, wie die Geschichte für heute ausgehen sollte. Kai: „Der Zwerg fällt ins Wasser. Aber in der nächsten Stunde kann er sich aus dem Wasser retten". Damit konnte das Spiel weitergehen.

Gespräch mit Kais Mutter

Die Mutter berichtete von ihren Belastungen.

Kai hatte einen älteren Bruder und eine jüngere Schwester.

Kai stritt ständig mit seiner Schwester um den Platz bei der Mutter, im Auto oder im Bett. Die Mutter konnte sich weder abgrenzen, um sich selbst zu schützen, noch den beiden Kindern angemessene Zuwendung geben.

Nach dem Tod des Vaters lebte der Ältere seine Trauer aus, indem er Papas Schlafanzug anzog. Die kleine Schwester war zu jung, um die Tragweite des Todes jetzt zu verstehen. Kai klammerte sich an seine Mutter, so stark, dass sie es eine Zeitlang nicht aushalten konnte und ihn nicht an sich heranließ, bis es ihr wieder besser ging.

Die Mutter berichtete, dass Kai dünnhäutig sei und oft weinte.

Es gab leider keine weiteren Personen in der Familie, die für Kai zur Verfügung stehen konnten.

Ich überlegte für unsere nächste Stunde, Kai deutlich spürbare Unterstützung zu geben.

17. Stunde

Kai holte sich wieder seine Trommeln, Simon wählte diesmal auch Trommeln.

Auf meine Nachfrage wollten beide einen Riesen spielen.

Kai spielte einen anhaltenden Rhythmus. In seinem Gesicht sah ich einen traurigen, auch verzweifelten und resignierten Ausdruck, gar nicht kämpferisch oder mit Spaß. Es war ihm anzusehen, dass es ihm nicht gut ging.

Ich nahm erst eine Trommel und dann meine Gitarre und begleitete ihn. Ich blieb mit meiner Musik sehr nah an seinen Klängen. Mein Mitspielen kam offensichtlich bei ihm an. Seine Miene wurde munterer, sein Spiel lebendiger. Einmal flogen seine Schlägel weg. Er probierte gleich noch einmal, sie wegzuwerfen und hatte Spaß daran, sie möglichst hoch fliegen zu lassen. Nach und nach strahlte er wieder etwas.

Es freute mich, dass er meine Unterstützung hatte spüren können und dass sie ihm gut getan hatte.

18. Stunde

Ich hatte überlegt, ob Kai mit seinem Ärger-spielen Simon gegenüber sich eigentlich eine Beziehung mit ihm wünschte. Mehr als einmal hatte er zum Ausdruck gebracht, dass er Simon folgen wollte. Deshalb suchte ich eine neue Spielidee.

„Uhrenladen“ oder auch „Antiquitätenladen“ war ein Musikspiel, das wir schon im Musikunterricht gespielt hatten. Ich schlug es Kai und Simon vor. Ich wollte den Versuch machen, ihnen ein kommunikatives Spiel anzubieten, in dem sie ihr eigenes Spiel unterbringen konnten, gehört wurden und aus den Wiederholungen herauskommen würden, die sich eingespielt hatten.

Ich erzählte von einem Antiquitätenladen, in dem es alte Uhren und Dampfmaschinen gäbe. Bei der musikalischen Darstellung der Gegenstände konnte laute und leise Musik gespielt werden.

Beide Jungen waren bereit mitzuspielen. Simon wollte eine Uhr und Kai eine Dampfmaschine präsentieren. Simon wählte für die Uhr das Metallofon. Kai suchte mehrere Trommeln, Bongos und Rahmentrommeln für die Dampfmaschine und baute sie der Größe nach in einer Reihe auf. Er war intensiv bei der Sache.

Ich spielte den Verkäufer. In der ersten Runde war Kai der Käufer. Ich bot als Verkäufer wortreich die schöne alte Uhr an, die Simon dann lange erklingen ließ. Der Verkäufer lobt den schönen Klang. Dem Käufer gefiel die Uhr und er zahlte den Preis von 100 €. Die Uhr wurde imaginär in Papier eingewickelt und dem Käufer ausgehändigt.

In der zweiten Runde wurde die Dampfmaschine angepriesen. Kai spielte seine Maschine eher leise und zurückhaltend. Der Käufer war noch nicht zufrieden. Der Verkäufer bot eine zweite Maschine an und Kai spielte wieder, immer noch zurückhaltend. Vermutlich wollte er Simon nachahmen. Der Käufer war wieder nicht ganz zufrieden. Der Verkäufer erklärte, dass die Dampfmaschinen auch anders eingestellt werden könnten: „Mit ordentlich Dampf können sie schneller laufen." Simon strahlte: „Jetzt machen wir Feuer!" Und Kai spielte drauf los, laut und lebendig, es war seine eigene Musik. Simon gefiel der Klang und er kaufte die Maschine für 100 €. Der Verkäufer packte sie ein und lobte noch einmal die gute Maschine.

Beiden Jungen hatte das Spiel gut gefallen.

19. bis 22. Stunde

In den letzten Stunden im Schuljahr nahm Kai das Spiel mit der Dampfmaschine wieder auf, variierte die Instrumente und ging dabei gerne in Kontakt mit mir. Ich sah seinen offenen Blick.

Die Arbeit mit Simon und Kai endete, weil es im nächsten Schuljahr aus Stundenplangründen keine Möglichkeit gab, die Therapie fortzusetzen. Zum Glück gingen beide Jungen noch ein Jahr an unsere Schule, so dass ich sie im Auge behalten und bei Bedarf unterstützen konnte.

Kais Entwicklung

Kai war ausgeglichener geworden. Die „schlechte Luft" zu Hause war kein Thema mehr. Er schien meistens Appetit zu haben.

Sein unerbittliches Streitspiel war einem lebendigen und variationsreichen Spielen im Kontakt gewichen.

In alltäglichen Situationen kam er mehr aus sich heraus und spielte gern mit anderen Kindern.

Mein Resümee

Es war für mich als Lehrerin und Therapeutin schön, wenn ich einem Kind, dass wie Kai in der Trauersituation eine Weile besonders bedürftig war, durch das Einzel- oder Kleingruppenangebot besondere Zuwendung geben konnte. Er war für mich wie eine kleine Pflanze, die unterversorgt war in der familiären Situation und besondere Pflege und Stärkung brauchte. Dazu gehörte auch, dass alle seine heftigen Gefühle Platz haben durften. Über eine sehr aggressive Phase lernte er, sich nicht zurückzunehmen, sondern sich zu behaupten und einen Platz im Leben zu beanspruchen. Dadurch konnte er Kontakte aufbauen, die ihm guttaten.

Leo
Ein kleiner König findet Vertrauen

– verletzt, verunsichert, unter Leistungsdruck –

Leo war zehn Jahre alt und ging in die dritte Klasse. Er fiel auf durch Unkonzentriertheit, Nervosität, Albernheit und Aggressivität, auch gegen sich selbst. Ich lernte ihn als sehr lebendigen, aber äußerst anstrengenden Jungen kennen. Ich fand ihn sympathisch mit seinen oft lustigen und spitzbübischen Ideen.

Leo hatte als Baby bereits eine OP erlebt und mit einem Jahr einen Unfall mit nachfolgendem Krankenhausaufenthalt. Bei seiner Einschulung wurde ein Entwicklungsrückstand von einem Jahr diagnostiziert. Ein Jahr später kam er in die Sprachförderschule mit verschiedenen Symptomen einer Sprachentwicklungsverzögerung.

In einer Szene im Musikunterricht war er mir aufgefallen. Wir erprobten den Klang der Tischtrommel. Die Kinder setzten sich unter die Trommel, während ich spielte. Als Leo dran war, sagte er: „Mach ganz doll, dann werde ich gesund." Er hatte von sich das Bild, er wäre krank und nicht in Ordnung. Dazu konnten seine Sprachprobleme beitragen.

1. Stunde

Leo war mit mir auf dem Weg in den Musikraum, unsicher, ängstlich, er wusste nicht, was passieren würde.

Leo spielte sehr laute Klänge auf einer Trommel und dann auf dem Becken und auf Zimbeln. Er strapazierte meine Ohren sehr. Er hatte die Idee, dass ich mir auch Instrumente nehmen und ihn nachahmen sollte.

Ich wählte auch eine Trommel und ein Becken. Leo fing an, ich antwortete ihm und spielte mit ihm zusammen, eine ganze Weile. Leos Klänge waren mal stereotyp, mal lebendiger, auch mal rhythmisch und fast immer sehr laut.

Leo schlug vor: „Ich bin der König und einer ist der Diener."

Ich stellte fest: „Dann bin ich ja wohl der Diener, hier ist ja sonst niemand."

Leo: „Ja.“ Er wählte zwei Flöten. Er pfiff sehr stark hinein, er versuchte auch, verschiedene Töne zu spielen, was kaum gelang.

Ich antwortete auf meiner Flöte ähnlich unbeholfen, und so beendeten wir das gemeinsame Spiel.

2. Stunde

Leo wollte sofort wieder König spielen. Ich schlug vor: „Dann tauschen wir auch einmal.“ Wir bauten einen Thron auf aus einem Stuhl mit einem roten Tuch und suchten einen Königsumhang.

Ich sah, dass Leo humpelte und fragte nach. Leo: „Mein Fuß tut weh.“

Er saß auf dem Thron. Ich nahm seinen Fuß, massierte und streichelte ihn und legte ihn dabei auf meinen Oberschenkel. Leo wurde ganz ruhig und friedlich durch das Streicheln, und ich nahm auch noch den anderen Fuß.

Dabei fing Leo an zu sprechen: „Bestimmt laufe ich zu schnell. Irgendwas ist da drin verrutscht.“ Und: „Ich sage immer so alberne Sachen, und dann lachen alle, und dann mache ich weiter. Ich kann nicht lieb sein.“

Und: „Ich bin der Stärkste auf dem Schulhof.“

Ich sagte zu ihm: „Dir geht es gar nicht so gut, und dann kriegst du auch noch immer wieder Ärger.“ Ich sah ihn an, er hatte Tränen in den Augen.

In unserem weiteren gemeinsamen Musikspiel stellte Leo zwei Stabspiele, ein Metallofon und ein Xylofon, so nebeneinander, dass jeweils die hohen Töne in der Mitte und die tiefen Töne außen waren. Er dachte sich Muster aus, rechts und links im gleichen Rhythmus, mal parallel, mal zueinander hin spielend, mal voneinander weg. Er spielte lange und intensiv und ich trommelte dazu.

Leo: „Die haben zusammen gespielt, mal erst der, und der andere hilft ihm, und dann der andere, und der hilft ihm. Hast du das gemerkt?“

Ich antwortete: „Ja, ich habe gemerkt, dass die zusammen gespielt haben.“

Leo: „Und dann wollte ich so, von außen je einen Ton auf jeder Seite, und dann wusste ich nicht mehr, wo ich war. Und das klang am besten:“ Er spielte f und g auf dem Metallofon, die Reibetöne klangen schwirrend durch den Raum. Leo: „Da tanzen die Schlägel.“

Ich sah eine neue Seite von Leo: Es ging nicht nur um Angst, Schuld und Macht, sondern um seinen Spaß an musikalischen Formen und an Klängen. Er zeigte dabei ein erstaunliches Gestaltungstalent.

3. Stunde

Leo berichtete, dass er in der Pause Streit gehabt hatte. Wir führten ein längeres und vertrauensvolles Gespräch über Wut, Konflikte, Mädchen und Liebe.

Das anschließende Spiel, bei dem wir Kastanien auf Trommeln hüpfen ließen, war sehr spielerisch.

4. Stunde
Wir gingen mit kleinen Instrumenten in den Park hinter der Schule. Leo wählte eine kleine Flöte, ich nahm eine kleine Trommel mit.

Zuerst spielten wir Verstecken: Leo versteckte sich und machte sich mit seiner Flöte bemerkbar. Ich hörte klagende Laute und assoziierte Schreie eines Babys. Er rief ängstlich: „Hörst du mich auch?" Ich antwortete mit meiner Musik und fand ihn: „Natürlich habe ich dich gehört! Da bist du ja!" Wir tauschten die Rollen und spielten dann „Führen und folgen": Eine Person sollte dabei ganz langsam mit ihrem Instrument spielend vorangehen, die andere mit geschlossenen Augen folgen.

Leo ließ sich nach anfänglichem Zögern führen, erst von meinem Instrument, zum Schluss ging er mit geschlossenen Augen an meiner Hand wieder zur Schule zurück. Er genoss es ganz offensichtlich.

5. Stunde
Ich sprach mit Leo über sein albernes und störendes Verhalten im Unterricht.

Leo: „Das macht Spaß, das Albern-sein." Er erzählte, dass die Klassenlehrerin mit ihm schimpfte.

Ich fragte: „Und wer schimpft noch mit dir?" Leo: „Mama und Papa."

Ich fragte weiter nach seiner Familie: Er hatte zwei Schwestern, sechs und zwölf Jahre alt.

Leo suchte Instrumente für seine Familienmitglieder und stellte sie im Raum auf. Leo spielte alle Instrumente laut, z. T. schreiend. Ich hörte wenig Differenzierung zwischen den Personen, aber viel Wut und Schmerz.

6. Stunde
Bevor wir in den Musikraum gingen, erfuhr ich von der Klassenlehrerin, dass Leo gerade im Deutschunterricht wieder mal „ausgeflippt" war. Ich sprach Leo darauf an und erfuhr von seiner Frustration und seiner Angst: „Ich kann üben so viel ich will, ich werde es nicht schaffen."

Auf die Frage nach einem Musikspiel wollte Leo wieder den König spielen.

Ich sagte: „Ein König ist stark und mächtig, aber er hat auch Probleme." Leo merkte auf.

Ich fragte: „Was für Probleme könnte er haben?" Leo hatte keine Idee.

Ich fuhr fort: „Er kann vielleicht nicht gut schreiben." Leo stutzte: „Ja, er kann auch nicht lesen. Und seine Diener auch nicht. Sie helfen ihm nicht." Ich fragte: „Sie lassen ihn im Stich?" Leo: „Ja."

Ich schlug vor: „Suche mal Instrumente für den König, es können mehrere sein, für seine Stärken und für seine Probleme." Leo suchte glücklich eine ganze Reihe Instrumente, interessanterweise alles kleine Instrumente oder Klangerzeuger, die eher an Spielzeug erinnerten: eine Spieluhr, eine Kinderflöte, einen Heulschlauch, eine Lokpfeife, eine Kalimba und eine Fahrradklingel. Leo setzte sich auch nicht auf den „Thron", sondern auf den Boden. Aber er setzte sich die Pappkrone auf, wie sonst auch. Er spielte die Instrumente abwechselnd, und versuchte dann, immer zwei Instrumente gleichzeitig zu spielen. Mit der einen Hand drehte er den Heulschlauch und traf dabei immer wieder seine Krone, die ihm vom Kopf fiel. Mit der anderen Hand spielte er die Flöte oder die Lokpfeife. Er nahm dann den Schlauch in die andere Hand, weil sein Arm müde geworden war. Er drehte zu stark, sodass kein richtiger Ton entstehen konnte. Er wechselte die Instrumente, die Flöte überblies er, sie schrie. Die Krone rutschte ihm immer wieder vom Kopf, bis er sie an die Seite legte. Lediglich die Spieluhr zwischendurch ließ ruhige Musik erklingen.

Ich beobachtete ihn: Da war gar kein mächtiger König, sondern ein kleines Kind, das sich immerzu selbst in Stress brachte und doch die Krone auf dem Kopf behalten wollte.

Leo war für mich ein Junge, der Leistungsdruck hatte, stark sein wollte und doch kindlichen Spielraum und Geborgenheit brauchte.

Im Gespräch zum Schluss versuchte ich ihm zu vermitteln, dass es in Ordnung war, wenn der König nicht alles konnte. Leo konnte das so noch nicht annehmen.

Ich wollte in der nächste Stunde versuchen, ihm einen „heimeligen“ Platz anzubieten, an dem er nichts tun musste.

8. Stunde

Ich legte eine Matratze und ein Kissen bereit und bot ihm an: „Vielleicht willst du dich etwas ausruhen?“

Leo verneinte zunächst, holte sich dann „seine Instrumente“, Trommeln, Flöten, spielte intensiv, pfiff, schlug mit der Flöte auf die Djembe.

Leo: „Geht die kaputt, wenn ich so draufhaue?“

Ich antwortete: „Nimm die Konga hier, da kannst du auch mit Stöcken drauf trommeln.“

Leo spielte laut und kräftig weiter, trommelte und pfiff dazu, der Flötenklang überschlug sich. Dann war das Spiel gedämpft, manchmal fand er einen Rhythmus.

Ich spielte Gitarre dazu und versuchte, musikalisch bei ihm zu sein, mit leisem Streichen über die Seiten oder heftigem Schlagen, auch auf den Gitarrenkörper.

Beim Hören und Spielen spürte ich mal Trauer, mal Wut, die aber noch zurückgenommen war.

Als Leo zum Ende kam, fragte ich: „Wenn die Trommel sprechen könnte, was würde sie sagen?“ Leo: „Aua. Und sie hat geheult.“ Und: „Ich darf die Trommel nie mehr nehmen, weil ich so laut darauf gespielt habe.“

Und dann legte er sich doch noch auf die Matratze, auf das Kissen, und ich deckte ihn mit einer Decke zu. Er wollte gar nicht mehr aufstehen. Weil nach unserer Stunde eine Hofpause war, konnte ich ihm noch Zeit geben, etwas länger liegenzubleiben.

9. Stunde
Die Stunde begann mit gemeinsamem Trommeln, einer sehr heftigen Musik, es war wie eine Entladung. Dann fanden wir einen gemeinsamen Rhythmus.

Nach kurzer Zeit packte Leo ein und fragte nach der Matratze. Er holte sofort das Kissen dazu, legte sich hin und versteckte sich unter der Decke. Ich spielte ruhige Klänge auf Stabspielen, sang dann die Melodie eines Wiegenliedes (*Bajuschki baju*, ein traditionelles Schlaflied aus Russland) mit Gitarre, spielte leise Akkorde und ließ Zeit vergehen.

Leo kam zur Ruhe. Ich massierte seine Füße durch die Decke und musste ihn dann „wecken".

10. Stunde
Leo wollte auf der Matratze turnen. Er lief und sprang, machte Purzelbäume und ich stieg mit der Gitarre ein. Seine Bewegungen und die Gitarrenmusik befeuerten sich gegenseitig und wir hatten Spaß zusammen. Leo powerte sich aus, dann legte er sich auf die Matratze.

Zehn Minuten vor dem Ende der Stunde kündigte ich den Schluss an. Leo blieb liegen und nahm das Angebot an, sich noch auszuruhen. Er entspannte sich und ich besang ihn wie beim letzten Mal. Als die Zeit um war, sprach ich ihn singend mit Namen an und bat ihn aufzustehen.

Es folgten noch zwei weitere Stunden, in denen Leo sich erst auspowerte und dann zur Ruhe kam.

Nach den Ruhephasen stand er gerne auf und schien für den Moment zufrieden zu sein, wie ein gesättigtes und beruhigtes Kind.

Mit diesen Stunden endete die Therapiezeit für ihn. Leider konnte ich seine Klassenlehrerin nicht davon überzeugen, dass eine Fortsetzung der Therapie im nächsten Schuljahr für Leo gut gewesen wäre. Sie fand wichtiger, dass er in allen Stunden am Unterricht teilnahm.

Leos Entwicklung

In der kurzen Zeit war doch eine positive Entwicklung zu beobachten. Aus einem sehr verunsicherten Kind war ein Junge geworden, der sich mir zunehmend anvertrauen konnte. Er hatte sich Schmerzen von der Seele gespielt. Er musste sich nicht mehr ständig selbst stressen und für vermeintliches Unvermögen bestrafen. Immer wieder konnte eine gemeinsame Musik entstehen. Ich sah etwas mehr Ausgewogenheit in seinem Verhalten, und sein Selbstbild hatte sich zum Positiven hin entwickelt.

Mein Resümee

In der Arbeit mit Leo war es nicht schwer für mich, einen guten Kontakt zu ihm herzustellen. Ich konnte auch aktuelle Konflikte ansprechen. Er war offen dafür, mir etwas über sein Leben und seine Probleme zu erzählen.

Leo fiel es nicht schwer, seinen Bewegungsdrang zu befriedigen.

Ich habe mir viele Gedanken darüber gemacht, wie er zur Ruhe kommen und seinen Druck und Stress etwas hinter sich lassen konnte. Bis das „ungestillte“ Kind sich beruhigen und trösten lassen konnte, hat es etwas gedauert.

Mark
Der verlorene Zwerg oder:
Musiktherapie kann wie ein Baumhaus sein

– Bedrohung, Schutzbedürfnis –

Mark war zehn Jahre alt und ging in die dritte Klasse.

Nach einem Jahr Grundschule und einer Zeit in der Kinder- und Jugendpsychiatrie, wegen unkontrollierter Aggressionen, Selbstgefährdung und stark verzögerter Sprachentwicklung, war er ein Jahr zuvor zu uns in die Förderschule gekommen.

Mark war in seinem Lernen verlangsamt und unstrukturiert. Er sprach wenig und oft stockend.

Er zeigte sehr auffälliges Verhalten, war aggressiv, albern und angespannt, hatte manchmal regressive Tendenzen und wenig angemessene Kontakte zu Mitschülern. Mark wirkte auf mich verstört und haltlos. Manchmal war er anhänglich, manchmal provozierte er.

Die Klassenlehrerin hatte Probleme, von den Eltern Informationen über die Ursachen seiner Schwierigkeiten oder Unterstützung zu erhalten. Die Frage war, ob er an unserer Schule bleiben konnte und welche Therapie er brauchte. In dieser Situation entschieden wir, dass ich ein halbes Jahr mit ihm arbeiten würde, als Zwischenlösung und um an diesem Entscheidungsprozess mitzuwirken.

1. Stunde:
Mark kam gerne mit mir in den Musikraum. Er wartete nach meiner Ankündigung schon vor der Tür. Das Angebot, sich Instrumente auszusuchen, gefiel ihm gut. Er hängte einige kleinere Instrumente an einer Stange auf und spielte sie nacheinander mit einem Filzschlägel. Er erweiterte die Reihe durch große Instrumente, Trommeln und Bässe, stellte alle ordentlich nebeneinander auf und spielte sie immer wieder der Reihe nach.

Mark war intensiv beschäftigt und konzentriert bei der Sache, er sprach wenig.

In seiner Körperhaltung machte er sich klein, seine Blicke waren suchend, und in seinem Handeln war er sehr still und auf Ordnung bedacht.

Ich vermutete, dass er unsicher war. Er wirkte auf mich bedürftig und verletzlich.

2. Stunde

Im Musikunterricht mit der Klasse hatten wir Klänge erforscht. Dabei hatten Kinder sich unter die Tischtrommel gelegt, um beim Trommeln die Vibrationen zu spüren.

Mark knüpfte daran an und wollte gern von mir bespielt werden. Er legte sich unter die Trommel. Er wirkte dabei wie ein kleines Kind, lag dort völlig still und vertrauensvoll. Ich spürte große Nähe und war gleichzeitig bestrebt, eine nötige Distanz einzuhalten. Ich spielte auch andere Instrumente für ihn, z. B. das Metallofon.

Mark baute sich eine ähnliche Instrumentenreihe wie beim letzten Mal auf und spielte sehr laut. Er holte die Djembe und trommelt wieder sehr laut.

Ich musste an Schläge denken, an ein Kind, das geschlagen wird.

Zum Schluss legte er sich noch einmal hin, ich trommelte für ihn. Er schien erschöpft und blieb lange liegen.

3. Stunde

Mark spielte sehr laut auf Trommeln und mit zwei Becken, wie im Spielmannszug. Mark kannte den Spielmannszug von seinem Cousin und wollte die Musik üben.

4. Stunde

Mark holte die Becken und spielte laut.

Ich folgte meinem Impuls, diesmal nicht mit lauter Musik mit einzusteigen.

Ich schlug vor: „Wir können eine Geschichte spielen." Mark: „Ich weiß keine."

Ich erklärte: „Wir können uns eine ausdenken: „Da war einmal ein Zwerg." Intuitiv schien mir ein Zwerg passend für Mark. „War er allein, oder war da noch jemand?" Durch mein behutsames Nachfragen erzählte Mark folgende Geschichte:

„Da war ein Zwerg, der war allein. Er ging in den Wald. Im Wald hörte er einen Wolf. Der Zwerg rannte schnell nach Hause. Der Zwerg ging noch einmal los, diesmal in die Stadt. Da traf er einen Fuchs. Er rannte wieder nach Hause. Dann ging er in den Park. Da hörte er einen Löwen. Er lief wieder nach Hause. Zu Hause spielte er Computer. Im Computer war ein Tiger. Er hatte Angst, dass der Tiger herauskommt. Der Tiger sprang heraus. Der Zwerg lief in die Küche und holte ein Messer. Er wollte den Tiger töten, aber das ging nicht. Der Zwerg lief weg." Mark zögerte. „Er verirrte sich."

Ich fragte nach: „Du weißt nicht, wo der Zwerg ist?" Mark: „Nein".

Ich hielt inne, zögerte und fragte weiter: „Ob er sich irgendwo versteckt hat?"

Mark: „Ja." Er überlegte. „Der Zwerg baut ein Haus, auf einem Baum. Ein Baumhaus. Da ist eine Eule, seine Freundin. Sie vertreibt die Vögel. Es sind böse Vögel. Die Eule beschützt den Zwerg vor den Vögeln. Der Zwerg schläft ein."

Ich fragte Mark, ob er für die Figuren der Geschichte Instrumente aussuchen wollte. Mark war zunächst unsicher, hatte dann aber keine Probleme, Instrumente auszuwählen.

Für den Zwerg wählte er eine kleine Klingel, eins der kleinsten Instrumente aus dem Regal. Für die anderen Figuren wählt er verschiedene große Instrumente.

- Zwerg: kleine Klingel
- Wolf, Fuchs, Löwe, Tiger: Xylofon-Bass, 2 Becken, Metallofon und Xylofon
- Messer: ganz kleine Trommel
- Weglaufen, Baumhaus bauen, Baumhaus: Djembe
- Eule: Lok-Pfeife

Mark wünschte sich, dass ich die Instrumente spielte. Er erzählte die Geschichte und gab Anweisungen zu dem Spiel.

Das Gehen des Zwerges spielte ich mit der Djembe im langsamen Gleichschlag, das Wegrennen in schnellem Tempo, atmete dabei schnell und sagte dann: „Geschafft!" Das gefiel Mark und er imitierte es.

Als die Geschichte fertig gespielt war, wollte Mark sie noch einmal spielen und übernahm diesmal die meisten Instrumente selbst.

Abschließend bestätigte Mark, dass es dem Zwerg im Baumhaus gut ging.

Ich machte mir nach dieser Stunde viele Gedanken:

Wie so oft, wenn Kinder sich mit meiner Unterstützung eine Geschichte ausdenken, war ich sicher, dass diese Geschichte etwas aus ihrem Leben oder ihrer Psyche spiegelte, dass es ihnen selbst aber wahrscheinlich nicht bewusst war.

Über diese Geschichte war ich erschrocken: Zuerst folgte eine bedrohliche Situation der nächsten, sogar in seinem Zuhause war der Zwerg bedroht. Und dann ging der Zwerg verloren! Als dann mit Müh und Not ein geschützter Platz gefunden wurde, war auch dieser bedroht. Aber zum Glück konnte diese letzte Bedrohung abgewendet werden und der Zwerg konnte einschlafen.

Ich fragte mich, ob es konkrete Bedrohungen in Marks Leben gab. Über die Klassenlehrerin oder von den Eltern gab es dazu keine Informationen. Viel später erfuhr ich, dass Mark in dieser Zeit tatsächlich von seinem älteren Bruder und dessen Freunden bedroht worden war.

Die Geschichte passte auch zu dem Eindruck, den ich von Mark hatte: Er wirkte verloren, schutzbedürftig. Ich machte mir Sorgen und teilte diese der Klassenlehrerin mit.

6. Stunde:
Mark wollte wieder seine Geschichte spielen.

Für den Zwerg wählte er einen Metallofon-Klangstab, ein etwas größeres Instrument als beim ersten Mal, und verschiedene Trommeln für die Tiere.

- Zwerg: Metallofon-Klangstab
- Wolf, Fuchs, Löwe, Tiger: Bongo, Tischtrommel, zwei Kongas
- Messer: Triangel
- Baumhaus: Djembe
- Eule: Xylofon-Bässe C und F

Mark spielte den Zwerg, die meisten Tiere, auch die Eule. Die Tiere klangen heute intensiver. Mark: „Die Eule ist die stärkste." Er hatte für die Eule zwei große Xylofon-Bässe gewählt.

Mein Impuls war, das Baumhaus noch erlebbarer zu machen. Ich schlug vor, ein Baumhaus zu bauen. (Zu diesem Zeitpunkt hatte ich kein Tischhaus im Musikraum.) Mark stimmte sofort zu. Er stellte zwei Stellwände auf mit einer Decke auf dem Boden dazwischen: „Damit mich keiner sieht." Er wollte auch ein Kissen und eine Decke zum Zudecken. Er legte sich in sein Baumhaus. Er wirkte wieder wie ein kleines Kind. Ich spielte die Eule mit den beiden warm klingenden Bässen C und F, ruhig und eine ganze Weile.

Als ich aufhörte, blieb Mark erst noch liegen, schien ganz zufrieden und stand dann bereitwillig auf, weil die Stunde zu Ende war. Mit ein paar Sätzen half ich ihm aus der Rolle des Zwerges heraus.

7. Stunde:
Mark spielte wieder seine Geschichte. Für den Zwerg wählte er eine Konga, die größte Trommel! Der Zwerg war sehr gewachsen.

Die Tiere bekamen kleinere Instrumente.

Das Baumhaus spielte er wie jedes Mal mit der Djembe, die Eule wieder mit den Bässen.

- Zwerg: Konga
- Wolf, Fuchs, Löwe, Tiger: kleine Bongo, ein Paar kleine Becken, ein Paar größere Becken, Tischtrommel
- Messer: kleine Konga
- Baumhaus: Djembe
- Eule: zwei Bässe

Als der Zwerg in der Geschichte im Baumhaus war, spielte Mark die Konga für den Zwerg und die Djembe für das Baumhaus, beide gleichzeitig. Es klang sehr machtvoll. Mit einem Stock schlug er auch an den harten Trommelrand.

Es klang wie: „Ihr könnt mich alle mal, mich kriegt keiner unter!"

Er spielte auch die Eule mit viel Ausdauer.

Für mich bekam die Geschichte diesmal einen hoffnungsvollen Klang.

Danach baute er sofort wieder das Baumhaus auf, legte sich hinein, und ich spielte die Eule. Als ich nach einer Weile aufhörte, sagte er: „Das ist noch nicht genug, die Vögel sind noch nicht tot."

Mark stand auf, probierte verschiedene Instrumente, nahm dann die großen Becken und schepperte damit auf die Xylofon-Bässe. Die Klänge gingen mir unter die Haut. Ich hatte außerdem Sorge, dass die Holz-Bässe beschädigt würden, konnte das Spiel aber nicht unterbrechen. Er gab mir ein Becken ab, ich sollte mitmachen. Gemeinsam vertrieben wir die Vögel. Nach einer Weile hörte er auf: „Jetzt sind die Vögel tot." Zufrieden konnte er Schluss machen.

Diese intensive Szene fühlte sich schon längst nicht mehr wie ein „Spiel" an. In seinem Kampf spürte ich Verzweiflung, aber auch den Willen, sich unbedingt zu wehren. Er forderte meine Hilfe ein und konnte diese Situation erfolgreich beenden.

7. Stunde

Obwohl drei Wochen vergangen waren, war es für Mark klar, dass er wieder seine Geschichte spielen wollte.

Für den Zwerg wählte er diesmal ein Paar große Becken, für die Tiere noch kleinere Instrumente als beim letzten Mal. Das Baumhaus war wieder die Djembe, und die Eule diesmal die große Konga.

- Zwerg: zwei große Becken
- Wolf, Fuchs. Löwe, Tiger: Kindertröte, afrikanische Glocke, Basspfeife, Triangel
- Messer: kleine Tontrommel
- Baumhaus: Djembe
- Eule: große Konga

Es fiel auf, dass der Zwerg, das Baumhaus und die Eule große Instrumente bekamen, die gefährlichen Tiere dagegen kleine, leisere Instrumente, als ob sie nicht mehr bedrohlich waren.

Mark spielte den Zwerg sehr stark und energisch, verzog dabei das Gesicht, weil es so laut war.

Beim Spielen der Geschichte verlor Mark sich immer wieder in den Klängen, verweilte bei einem Instrument, erforschte Spielweisen, spielte meistens kraftvoll und rhythmisch. Dieses Interesse an den Klängen war neu, er hatte Spaß an der Musik an sich. Die Geschichte schien nicht mehr so wichtig zu sein.

In den folgenden Stunden spielte er nicht mehr seine Geschichte. Wir sprachen über Konflikte in der Klasse und es ging um Angst vor Strafen zu Hause, um seine Familie. Er stellte seine Familie mit Instrumenten dar und wir spielten sie. Ich nahm seine zwiespältigen Gefühle wahr.

Mit der 12. Stunde war das Schulhalbjahr zu Ende und damit meine Stunden für Mark.

Marks Entwicklung

In der Arbeit mit Mark konnte ich beobachten, dass er sich in unseren Stunden ein Stück erholen und entlasten konnte, indem er auf der Spielebene Probleme darstellen und einen geschützten Ort finden konnte. Sein Handeln schien von Anfang an authentisch, unser Kontakt war nah.

In seinen Ängsten konnte er das Beschützt-werden annehmen und immer wieder zur Ruhe kommen.

Nach und nach fühlte er sich etwas freier, Gespräche über seine Konflikte wurden möglich.

Seine Probleme waren noch längst nicht gelöst. Ich unterstützte die Sicht der Klassenlehrerin, dass Mark weitergehende Hilfe brauchte, als wir sie in der Schule leisten konnten. Die Mutter stimmte schließlich einer ambulanten Therapie zu. Wenig später wurde klar, dass auch das nicht ausreichte, und es folgte ein stationärer Aufenthalt in der Kinder- und Jugendpsychiatrie.

Mein Resümee

Die Arbeit mit Mark war von Anfang an intensiv. Ich habe gerne mit ihm gearbeitet.

Dass er größere Probleme hatte als andere Kinder, mit denen ich Erfahrungen gemacht hatte, wurde in der zweiten Stunde klar, als er regressives, kleinkindliches Verhalten zeigte, und in der vierten Stunde, als der Zwerg in seiner Geschichte sich selbst verloren hatte.

Die erfundene Geschichte war eine Möglichkeit, etwas zu spielen, was Marks Leben spiegelte. Mit den Figuren von Zwerg, gefährlichen Tieren, Eule und schwarzen Vögeln konnte Mark alle heftigen Gefühle zum Ausdruck bringen und ich konnte ihm den Raum dafür geben.

Mark hatte Vertrauen zu mir gefasst. Die Vermutung, dass die Eule im Baumhaus ein Bild für die Therapiesituation war, erschien mir naheliegend. Ich war ihm nahe geblieben in seiner Verlorenheit, seiner Verzweiflung, Aggression und seiner Anhänglichkeit.

Pit
Wut und Schmerz loswerden und die Stimme finden

– Klinikerfahrung als Kleinkind –

Pit war zehn Jahre alt und ging in die vierte Klasse. Er war ein groß gewachsener Junge. Er sprach sehr wenig und meistens undeutlich, besonders im Unterricht. In den Pausen mit den Mitschülern war er weniger stumm. In der Gruppe versuchte er öfter, durch Albernheit Beifall zu bekommen.

Auf mich wirkte er verstört, aber trotzdem aufgeweckt, ohne dass er sein Potenzial günstig einsetzen konnte.

Aus der Schülerakte entnahm ich, dass er mit drei Jahren lange in der Klink gewesen war, mit schmerzhaften Behandlungen und Trennung von der Mutter.

Im Kindergartenalter erlebte er ungünstige Wechsel von Bezugspersonen und Einrichtungen. Er wurde oft fürs Unsinn-machen bestraft und zog sich zurück.

Im zweiten Schuljahr war er in der Kinder- und Jugendpsychiatrie (Selektiver Mutismus, Stereotypien, Unruhe, Größenfantasien). Anschließend kam er zu uns an die Förderschule.

Der Vater saß im Gefängnis und war Freigänger.

Wir hatten mehrere Gespräche mit der Mutter im Laufe des Jahres. Sie suchte die Ursachen für Pits Probleme bei verschiedenen Ereignissen und Einrichtungen. Mein Eindruck war, dass auch sie selbst nicht hinreichend einfühlsam und fürsorglich sein konnte.

1. Stunde

Pit kam in den Musikraum und setzte sich stumm auf einen Stuhl. Meine Einladung, sich Instrumente auszuwählen, die er einmal ausprobieren wollte, nahm er sofort an und wählte das Metallofon. Er hielt die Schlägel senkrecht in der Faust, mit dem Kopf nach unten und „drückte“ sie auf die Klangplatten. Er klopfte und presste die Schlägel herunter. Ich bot ihm verschiedene Schlegel an und er probierte sie aus: ruckartige Bewegungen, gebremst, mal lauter oder sich sofort wieder zurücknehmend.

Sein „Spiel“ ging mir unter die Haut. Noch nie hatte ich ein Kind so mit den Schlägeln hantieren sehen.

Ich spürte Schmerz und Wut, die aber festgehalten waren. Eigentlich wollte er „draufhauen“, aber er traute sich noch nicht, er konnte noch nicht.

Stumm experimentierte er mit verschiedenen Trommeln und dachte sich Rhythmusfragmente aus. Ich trommelte mit und es kam zu einem fließenden Rhythmus. Nach dem anfänglich stockenden Spiel stellte sich bei mir etwas Erleichterung ein.

2. Stunde

Pit trommelte, ich trommelte mit, es gab einen ersten Blickkontakt, und das Spiel wurde lebendig. Ich imitierte seinen Rhythmus und baute Fehler ein. Pit bemerkte dies sofort, verstand das Spiel und hatte Spaß daran. Er genoss offensichtlich, tonangebend zu sein und mich „zurechtzuweisen“.

Da es keine verbale Kommunikation mit Pit gab, war diese erste Kommunikation mit Klängen ein besonderes Erlebnis.

In den folgenden Stunden wiederholten sich ähnliche Dialog-Spiele.

5. Stunde

Auf meine Frage, ob er Geschwistern hätte, antwortete Pit mir klar und deutlich mit wenigen Worten. Das war neu! Er berichtete von seinem jüngeren Bruder.

Pit spielte auf dem Xylofon eine kleine Melodie aus vier Tönen, drei gleiche und einen tieferen Ton. Er wiederholte dieses Fragment auf verschiedenen Tonhöhen. Ich antwortete auf einer Kalimba, wiederholte seine Tonfolge und spielte die Umkehrung. Pit ahmte die Umkehrung nach, spielte das Motiv auf dem Xylofon hinauf und hinunter. Er spielte das Motiv auf anderen Instrumenten. Ich war erfreut über seine musikalischen Fähigkeiten. Er konnte wahrnehmen, strukturieren und war dabei kreativ, was er bis dahin kaum hatte zeigen können.

In den folgenden Stunden gab es Dialoge auf verschiedenen Instrumenten, in immer neuen Variationen, dazwischen auch einen kurzen Austausch mit Worten. Das Spiel wurde zunehmend fließend, und Pit suchte immer häufiger Blickkontakt.

8. Stunde

Pit ging mit einer Trommel in die Höhle (ins Tischhaus), ich spielte von draußen. Pit guckte ab und zu heraus, neugierig, sich vergewissernd, ob ich noch im Raum war. Der Musikdialog fand nur hörend und spielend statt.

Wir nahmen mehrere Instrumente, Pit das Metallofon, ich das Xylofon. Er schlug mit Holzklöppeln auf die Metallplatten, sehr laut. Ich bot ihm Filzschlägel an, die er kurz ausprobierte und dann doch wieder die Hölzer nahm.

Im Verlauf der Stunde kam er aus der Höhle heraus, spielte eine Trommel sehr laut, intensiv, mit verzerrtem Gesicht. Ich schlug eine Trommel, so kräftig ich konnte, um mitzuhalten. Pit sprach wieder nicht. Es war ein eindringliches Spiel. Ich fragte zum Schluss, was ihm heute am besten gefallen hätte. Er zeigte auf die größte Trommel. Auf meine Frage: „Warum?“ antwortet er: „So schön laut!“

9. Stunde

Wir spielten „Die Maschine ist kaputt“, ähnlich wie in dem gleichnamigen Spiel in der Spiele-Sammlung. Ich wollte versuchen, seinen Körper einzubeziehen und ein spielerisches, wohltuendes Angebot machen.

Pit baute auf meinen Vorschlag hin mit mehren Instrumenten eine „Maschine“. Er wählte Trommeln und das Becken und spielte eine fließende Musik als Maschinengeräusch. Nach einer Weile hörte er auf und sagte: „Die Maschine ist kaputt.“ Ich spielte den Mechaniker und „reparierte“ die Maschine. Mit weichen Filzschlägeln klopfte ich hier und da auf die Trommeln, auch auf Pits Rücken und fragte: „Geht sie wieder?“ Pit spielte wieder, aber nur zögernd und kurz: „Die Maschine ist wieder kaputt, verknotet.“

Im Folgenden ließ Pit sich immer wieder etwas anderes einfallen: Die Maschine war zu leise, sie brauchte Öl, das Eisen war verrostet, das Eisen war gebrochen. Ich reparierte und ließ mir auch Einiges einfallen: ein bisschen rütteln und schütteln, klopfen mit Schlegeln, ölen mit der Cabasa, schmirgeln mit der Shekere, an den Schultern, Armen und Füßen. Pit forderte immer mehr Reparaturen ein: Hier fehlte noch ein bisschen, dort waren Ölflecken, besonders an den Füßen, da waren

Schrauben herausgefallen. Ich musste mir große Mühe geben. Er wünschte offensichtlich, dass sein Körper mit „repariert“ würde.

Ich freute mich sehr darüber, dass er in der Rolle als Maschine körperliche Zuwendung einfordern und annehmen konnte.

12. Stunde
Mit einem weiteren Angebot versuchte ich, den Körper zum Thema zu machen.

Pit legte auf meinen Vorschlag hin eine menschliche Figur mit Instrumenten auf den Teppich, um sie dann zu bespielen Er verwendete hauptsächlich Trommeln für die Körperteile. Beim Spielen der „Bauchtrommel“ fiel mir auf, wie er mit sehr harten Schlägen in diesen Bauch schlug. Ich fühlte Schmerzen, als ich ihm dabei zusah.

Ich fragte mich, ob die Schläge auf die Bauchtrommel mit seinen Schmerzerfahrungen als Dreijähriger zu tun hatten – es war möglich.

13. Stunde
Pit baute wieder einen Körper aus Instrumenten. Er wählte u. a. eine der selbst- gebauten Gummitrommeln, Waschmitteltonnen mit einem Trommelfell aus Autoreifenschlauch. Diese Trommeln durften strapaziert und auch zerstört werden.

Pit schlug besonders heftig heute. Ein Schlägel brach. Ich gab ihm etwas längere Bambusstöcke, die stabiler waren. Er nahm einen der Bambusstöcke in beide Hände und schlug sehr stark auf die Gummi-Trommel.

Ich fragte ihn, was die Trommel sagen würde, wenn sie sprechen könnte. Pit: „Noch doller hauen.“ Er steigerte sich noch eine Weile, trommelte und wiederholt mehrmals: „Noch doller!“

Es war eine intensive Situation. Pit schlug mit aller Kraft, holte weit aus und passte gleichzeitig darauf auf, dass er die Lampen über ihm nicht traf.

Die Stunde ging zu Ende. Er kam zum Abschluss, nachdem ich noch zwei letzte Schläge mit ihm verabredet hatte mit der Aussicht, in der nächsten Stunde weiterzumachen.

In der folgenden Stunde (14.) knüpfte Pit sofort an das Spiel mit der Gummitrommel und dem Bambusstock an. Er traktierte die Trommel, schlug sie über den Boden, ließ sie rollen, schleuderte sie durch den Raum, um dann wieder auf die stehende Trommel und das Becken zu schlagen.

Ich nahm eine Konga, setzte mich in eine Ecke und antwortete ihm mit einem sehr kräftig gespielten Rhythmus. Einerseits wollte ich ihm Raum geben, andererseits ihm in seinem dramatischen Spiel Halt geben.

Ich spielte erst schwingende Trommelschläge, dann „festgehaltene“ Töne, mit einer Hand auf das Trommelfell drückend, die trocken klangen. Ich schlug laut und intensiv, wie sein Trommelspiel. Zwischendurch schlich Pit durch den Raum, schlug dann wieder mit ungebremster Kraft zu. Der Bambusstock splitterte. Ab und an guckte er zu mir. Ich ließ nicht nach, blieb bei ihm, trommelte eine Viertelstunde mit ihm mit, dann wurden wir etwas leiser.

Teilweise imitierte ich ihn, er reagierte, und ganz langsam entstand ein dialogisches Spiel. Ich beendete es, wir waren wohl beide erschöpft.

Ein großer Druck hatte sich entladen. Auf meine vorsichtige Frage, wie seine Aktion für ihn war, sagte er nur: „War gut!"

In der folgenden Stunde (15.) gab es noch ein kleines Nachspiel. Pit kickte die Trommel durch den Raum, aber nicht mehr so heftig. In der Folge entwickelte sich ein Spiel, in dem er mich foppte.

16. Stunde

Pit zeigte größere Bewegungsfreiheit, er stand auf, ging herum, spielte auf verschiedenen Instrumenten, einfach drauf los. Es klang unbeschwerter.

Pit nahm mehr wahr im Raum, z. B. das Rappeln des alten Fensters bei Schlägen auf eine große Trommel. Auf meine Frage bei weiteren Trommeltönen: „Was hörst du?" antwortet er: „Der Schall geht so durch den Raum." Er erforschte den Klang verschiedener Trommeln.

Ich freute mich über die zunehmende Leichtigkeit in seinem Tun. Als er noch einmal heftig auf eine Trommel schlug, konnten wir über seine Wut sprechen und über Konflikte mit seinem Bruder. Ich fragte ihn: „Spürst du deine Wut in dir? Im Kopf, oder im Bauch, oder wo?"

Pit: „Im Hals." Er zeigte auf seine Kehle. Das passte zu seinem Stummsein.

Wir sprachen über Kämpfer, die beim Schlagen im Kampf Schreie ausstoßen.

Ich fragte ihn, ob er versuchen wollte, beim Trommeln die Stimme einzusetzen. Pit: „Das bringt doch nichts." Ich konnte ihn nicht dazu bewegen.

Nach dem folgenden kräftigen Trommelspiel sagte er: „Ich fühle, dass ich stark bin."

In dieser Stunde war so viel Gespräch, so guter Kontakt wie noch nie.

17. Stunde

Pit verzog sich wieder in seine Ecke und trommelte. Ich wollte ihn „herausholen". Ich nahm eine Trommel und ahmte ihn nach. Er reagierte sofort, und es entwickelte sich ein lustiges Spiel. Einmal warf er einen Schlägel in die Luft. Ich versuchte es auch, woran er Spaß hatte. Oder er machte lustige Gesten und forderte mich heraus, ihn nachzuahmen. Das Spiel fand stumm statt, bis er ein paar Quietsch-Laute von sich gab, die ich auch nachahmte. Ich fügte Töne hinzu, die ihn aber nicht animierten, mehr Stimme einzusetzen.

Ich bot ihm Flöten an und er experimentierte mit lustigen Tönen. Unser Dialogspiel setzte sich noch auf Stabspielen fort.

18. Stunde (nach den Osterferien)
Ich fragte Pit nach seinen Ferien. Er erzählte begeistert und ausführlich, er wäre mit seinem Opa beim Schützenverein gewesen.

19. Stunde
Wie in jeder Stunde schaltete ich am Anfang das Aufnahmegerät ein, für mich zum Abhören für die eigene Reflexion. Zum ersten Mal wurde Pit aufmerksam darauf und interessierte sich sofort für das Mikrofon. Er kam mit einer Trommel näher, um sein Spiel aufzunehmen und abzuhören. Er experimentierte weiter, auch seine Stimme war zu hören, die er fremd fand. Ich erklärte ihm, dass das bei Aufnahmen immer so sei. Er hatte die Idee, eine Fußballreportage zu sprechen, traute sich dann doch nicht so richtig.

Nach einigen Anläufen spielte er „Störung", kratzte auf dem Mikrofon, machte andere Geräusche und brachte schließlich einen Satz hervor. Nach dem Anhören hatte er Feuer gefangen und probierte weiter, erst wieder eine lange Störung, dann etwas mehr Text. Bein Anhören stellte er fest, dass er seinen Text nicht verstanden hatte. Zum ersten Mal nahm er seine nuschelige Sprache wahr. Ich sagte: „Ich habe auch nicht alles verstanden." Pit machte weiter, weniger Störungsgeräusche, mehr Text, und hatte großen Spaß daran.

Die nächsten Stunden vergingen mit verschiedenen Aufnahmen. Ganz stolz war er, als er eigene Aufnahmen mit nach Hause nehmen konnte.

Es folgte die letzte Stunde am Ende des Schuljahres, in der wir eine lange Abschiedsmusik spielten: Pit suchte alle Instrumente heraus, die er spielen wollte. Ich begleitete ihn. Es war ein fließendes Spiel, anfangs mit zusammengepressten Lippen bei Pit, dann wurde er lockerer. Er spielte intensiv, ohne sich ablenken zu lassen, immer einmal mit einem kurzen Blick zu mir. Irgendwann stand er auf und wanderte durch den Raum, spielte auf fast allen Instrumenten und beendete das Spiel von sich aus.

Pits Entwicklung

Ich führte zum Schluss ein Gespräch mit Pits Mutter.
Sie berichtete, dass Pit zu Hause stolz seine Musik vorgespielt hätte. Sie hatte vor, ihn in einem Spielmannszug anzumelden.

Außerdem berichtete sie, dass Pit seit etwa drei Wochen unbefangener und offener geworden wäre. Er hätte sich eine eigenwillige Frisur machen lassen, die in der Schule bewundert worden war. Auch hätte er den Wunsch geäußert, allein in die Stadt zu fahren, was er noch nie gemacht hätte.

Mein Resümee

Pit war mit zehn Jahren kein Kind, das sich auf den Teppich setzte und mühelos in ein Spiel einstieg. Er war ein reflektierter Junge, der mehr aus dem Kopf und weniger aus dem Bauch heraus handelte und z. B. Klänge erforschte. Ich konnte mit ihm mit Melodiespiel und Rhythmen kommunizieren.

Auf der emotionalen Ebene erschien unser gemeinsames Tun anfangs sehr stockend. Oft war ich abwartend, machte Vorschläge, auf die Pit einging, doch blieb er dabei stumm und zurückhaltend. Alles fühlte sich schwer an.

Über die beiden Spiele „Die Maschine ist kaputt“ und „eine Figur mit Instrumenten legen“, mit denen ich seinen Körper ins Spiel brachte, kam er offensichtlich in Kontakt mit seinen schmerzhaften Erfahrungen.

Zum Glück konnte er mit Hilfe der Trommeln seine Hemmungen vergessen und seinen Schmerz und seine Wut „herausschreien“, mit aller Kraft, die er hatte. In der Begleitung spürte ich, wie schlimm die Gefühle in ihm waren. Ich habe mich sehr für ihn gefreut, dass er Entlastung erfahren konnte.

Der Prozess mit Pit zeigte die Möglichkeiten der Musiktherapie, Wut und schlimme Gefühle zu verarbeiten. Dazu gehörten Trommeln, die rücksichtslos geschlagen werden, und Stöcke, die brechen und splittern durften. Als Therapeutin schützte ich diesen Spielraum, in dem das Kind um das Recht auf sein Leben kämpfte. Ich spürte das Vorrecht, dabei helfen zu dürfen.

Ohne dass ich es geplant hatte, entdeckte Pit die für ihn geniale Möglichkeit, mit dem Mikro und dem Aufnahmegerät mit seiner Stimme zu experimentieren und sie mutig hören zu lassen.

Benni
Ein Kämpfer findet Frieden

– Ohnmachtserfahrung und Misstrauen –

Benni war elf Jahre alt und ging in die vierte Klasse.

Er war ein sportlicher Junge, groß gewachsen und mit guter Koordination.

Dennoch wirkte er unbeholfen und verunsichert wie ständig auf der Lauer und im Verteidigungsmodus. Er war unruhig, angespannt und misstrauisch bei der Kontaktaufnahme.

Tatsächlich hatte er große Probleme. Er rastete oft aus und hatte ständig Konflikte, meistens mit zwei oder drei anderen Jungen aus seiner Klasse. Er fühlte sich immer wieder angegriffen und schien sich ständig behaupten zu müssen. Sein auffälliges Verhalten zeigte er sowohl im Unterricht als auch in den Pausen. Er hielt sich nicht an Absprachen, war uneinsichtig, musste auch schon von der Mitfahrt im Schulbus ausgeschlossen werden.

Benni teilte in seiner Familie das Zimmer mit seinem älteren Bruder, 18 Jahre alt, der ihn ständig ärgerte und dem er unterlegen war. Die Eltern schienen nicht in der Lage zu sein, ihm die nötige Unterstützung zu geben. Sie verhielten sich der Schule gegenüber distanziert und manchmal misstrauisch, wie die Klassenlehrerin mir berichtete.

1. Stunde

Ich kannte Benni schon seit etwa drei Jahren aus dem Musikunterricht und von Begegnungen in den Pausen. Bei vielen Konflikten hatte ich ihn unterstützt.

Als er jetzt mit mir allein in den Musikraum ging, war er erstaunlich schüchtern.

Meine Frage, ob er mir von seinen Problemen berichten wollte, blockte er ab und sagte, es ginge ihm gut.

Sehr zögernd folgte er der Einladung, Instrumente auszuprobieren und sich einige auszusuchen.

Mein Vorschlag, eine Band mit verschiedenen Instrumenten zusammenzustellen und mit mir Musik zu machen, ließ ihn lebendiger werden. Er wählte das Xylofon, ein Becken, einen Bass, einen Regenmacher und die Tenor-Ukulele. Ich suchte mir die Gitarre, das Metallofon, die Djembe und ein Guiro. Es entstand eine Musik, in der Benni sehr häufig die Instrumente wechselte, kaum Struktur entstehen ließ, aber immerhin phasenweise auf einen Dialog mit mir einging. Es war ansatzweise ein Miteinander-Spielen. Benni nahm dabei häufig Blickkontakt auf, fragend und zunehmend strahlend.

Beim anschließenden Austausch bemerkte ich, dass er mich beim Spielen gut beobachtet hatte. Wir erinnerten uns gemeinsam daran, wer wie auf die Instrumente des anderen reagiert hat. Ich sagte: „Als du den Regenmacher gespielt hast, habe ich so auf dem Metallofon gespielt (mit einem Klöppel leicht über die Stäbe gestrichen)." Benni: „Regenbogen!"

Ich war sehr glücklich darüber, dass ich eine neue Seite in ihm angeregt hatte, die er sonst kaum zeigte: Statt Wut, Streit und Unglück sah ich Ansätze von Kreativität und Fantasie sowie erste Versuche einer neuen Kommunikation.

Er stimmte mir zu, dass wir ein Gespräch ohne Worte geführt hatten.

Die Stunde war zu Ende und Benni stimmte freudig zu, in der nächsten Woche wiederzukommen.

2. Stunde

Benni war nicht gut drauf. Wir versuchten wieder, eine Bandmusik zusammen zu spielen. Ich spürte Ratlosigkeit, bei ihm und auch bei mir.

3. Stunde

Benni hatte schon morgens alle Kinder gegen sich. Ich fragte nach, ob Sven, der sonst sein Freund war, nicht solidarisch mit ihm gewesen wäre. Benni: „Nee. Pech gehabt." Ich sagte ihm, dass ich das nicht in Ordnung fand. Benni wirkte sehr resigniert.

Ich schlug vor, ein Märchen zu erfinden und fing an: „Es war einmal ein Zwerg.“ Obwohl Benni ein großer Junge war, kam er mir in seinem Unterlegen-sein in diesem Moment eher wie ein Zwerg vor.

Ich fuhr fort: „Der Zwerg ging in einen dunklen Wald.“

Bennis Interesse war geweckt, und gemeinsam spannen wir die Geschichte weiter, wobei ich ihm folgte:

„Der Zwerg hörte ein unheimliches Geräusch. Es war ein Fuchs. Der Fuchs knurrte. Der Zwerg lief weg.“ Ich fragte: „Hat er eine Chance?“ Benni: „Ja. Er klettert auf einen hohen Baum. Der Fuchs klettert hinterher. Alle Füchse klettern.“ Meine Frage: „Dann hat er doch keine Chance?“ Benni: „Der Fuchs schnappt zu. Pech gehabt!“ Mit dieser Aussage war das Märchen erst einmal beendet.

Benni war ganz bei der Sache, als er Instrumente aussuchte, um die Geschichte zu verklanglichen, und das gemeinsame Spiel gefiel ihm.

Ich schlug vor, die Geschichte zu erweitern und noch einmal zu spielen.

Er spann die Geschichte tatsächlich weiter und erfand ein märchenhaftes Happy-End, bei dem der Fuchs vom Jäger erschossen wurde und im Brunnen landete. Auch diesen Schluss spielten wir.

Ich nahm seine sehr schwierige Situation wahr, die er anfangs dargestellt hatte, und seinen Wunsch, dass es ein gutes Ende geben sollte.

4. Stunde

Wir sprachen über Bennis Familie. Er berichtete von der ohnmächtigen Position, in der er sich seinem Bruder gegenüber befand. Sie hatten ständig Streit miteinander, wobei sein Bruder ihm den Mund zuhielt, damit er nicht schrie. Seine Eltern hören nichts und er erzählte ihnen auch nichts, weil er sonst noch mehr Ärger von seinem Bruder bekommen würde. „Und das will ich ja nicht!“ Benni erzählte es mit spürbarer Resignation, aber auch mit dem Willen, sich nicht unterkriegen zu lassen.

Meinem Vorschlag, Instrumente für seine verschiedenen Familienmitglieder auszusuchen, folgte er ohne zu zögern. Er wählte für sich selbst die Tenor-Ukulele, für seinen Bruder die Tischtrommel, für seinen Vater eine Kalimba und für seine Mutter das Metallofon.

Die Tenor-Ukulele spielte er lange, strich über die Saiten, versuchte leise Töne, die ihm offenbar nicht so gelangen, wie er es sich vorstellte.

Ich hörte den Versuch, sich selbst zu finden und zur Ruhe zu kommen.

Die Kalimba für seinen Vater spielte er sehr kräftig, so heftig es ging, mit scheppernden Tönen. Diese Musik klang für mich sehr machtvoll.

Das Metallofon für die Mutter spielte er mit dem Schlagzeugbesen. Erst strich er über die Stäbe, dann schob er den Besen mit den feinen Drähten über das Instrument! Die kratzenden Töne auf dem Metall gingen mir unter die Haut. Anschließend nahm er einen Holzschlegel und schlug auf die Metallplatten. Die sehr lauten Töne taten in den Ohren weh.

Es klang für mich nach zwiespältigen, heftigen und verwirrenden Gefühlen.

Benni spielte lange, er war ganz ernst, es gab kein verlegenes Lächeln mehr. Ich hörte und sah Verzweiflung und Wut.

Die Tischtrommel für seinen Bruder spielte er im Vergleich nicht sehr kräftig, er ging um die Trommel herum, schlug ein- bis zweimal zögernd auf das Fell und hörte schnell wieder auf. Er hatte für seinen Bruder das größte Instrument gewählt, aber spielte es sehr gebremst.

Meine Vermutung: Er schlich um seinen Bruder herum und vermied die Auseinandersetzung, weil sie ihm aussichtslos erschien.

Auf meinen Versuch, das Spiel zu reflektieren, ging Benni nicht ein. Er wollte nichts sagen, saß aber etwas verwundert vor den Instrumenten.

Ich sagte: „Ja, das ist deine Familie. Hast du sie schon einmal so gesehen oder gehört?“ Benni: „Nein.“ Ich fragte weiter: „Wunderst du dich?“ Benni: „Ja.“

Ich überlegte einen Moment. „Ich finde schön, dass du das gemacht hast. Du hast viel von deiner Familie gezeigt.“

Mein Eindruck war, dass Benni aufgeräumter aus der Stunde ging als er gekommen war.

Insgesamt entstand bei mir der Eindruck einer Familie, in der viel Druck und auch Unsicherheit herrschte.

Ich suchte später das Gespräch mit der Klassenlehrerin, um über die Familiensituation zu sprechen. Sie berichtete mir, dass die Mutter sich mündlich und schriftlich verbeten habe, Benni „auszuhorchen“. Ich sah das Bild einer Familie, die eingemauert schien, und einer Mutter, die versuchte, eine katastrophale Situation zu kontrollieren.

Mir erschien nach dieser Stunde besonders wichtig, Benni einen freien Spielraum für seinen eigenen Ausdruck anzubieten, und ihm gleichzeitig Zuverlässigkeit und Unterstützung zu geben, soweit es möglich war.

5. bis 9. Stunde

In der Folgezeit gab es mehrere Stunden, in denen unser Spiel schwierig war. Das hing auch mit dem Problem zusammen, dass Benni im Musikunterricht mit mir als Musiklehrerin stark störte und Konflikte provozierte.

Ich besprach mit ihm den Unterschied zwischen der Einzelsituation, in der er wählen durfte, was wir machten, und dem Klassenunterricht, in dem er sich an die Regeln in der Gruppe halten sollte. Er stimmt dann zu, versprach, dass er sich daran halten wollte, doch immer wieder gelang es ihm nicht.

Ein Therapieplatz außerhalb der Schule wäre für ihn gut gewesen. Ich überlegte, ob ich nicht sogar die Einzelstunden mit ihm beenden sollte. Aber so ein Abbruch wäre aus meiner Sicht noch schlechter für ihn gewesen. Ich wollte ihn nicht aufgeben. In der Supervision wurde ich darin unterstützt, weiter mit ihm zu arbeiten.

Gleichzeitig wurde er von den Eltern endlich für eine ambulante Therapie angemeldet. Er stand jedoch noch auf der Warteliste.

In der Einzelstunde sprach ich offen mit ihm über die schwierigen Situationen in seinem Leben und in der Schule und versuchte so, die Beziehung zu ihm aufrechtzuerhalten.

Immer wieder besprachen wir die Konflikte mit den zwei oder drei Jungen in seiner Klasse, die ständig um die erste Stelle in der „Hackordnung" kämpften.

10. Stunde

Ich las das Bilderbuch *Du hast angefangen – nein du* vor von zwei Kerlen, die sich heftig stritten, eine humorvolle Geschichte mit lustigen Bildern. Ich schlug daraus ableitend ein Dialogtrommeln vor, wie „Spaßkloppe" auf Trommeln, wobei abwechselnd gespielt wurde. Von den beiden großen Kongas wählte Benni die größere. Das Spiel entwickelte sich sofort sehr kraftvoll. Benni ließ mich oft nicht „ausreden", sein Spiel war kämpferisch und herausfordernd, mal war es eher Spaß, mal sehr ernst. Zwischendurch schüttelte er seine Hände, sie taten ihm weh, aber er schlug weiter auf die Trommel. Ich zögerte immer einmal zwischendurch, um zu sehen, ob er vielleicht aufhörte, aber er drängte weiter. Er fixierte mich mit seinen Blicken und fragte plötzlich: „Gibst du auf?"

Ich stutzte, und meine ehrliche Antwort war: „Nein, ich kann noch ein bisschen." Benni: „Wann gibst du endlich auf?" Und: „Ich werde wütend, wenn du nicht aufgibst!" Er spielte laut weiter, mehrmals drängend: „Wann gibst du endlich auf?"

Ich hatte Sorge, dass er ausrastete und hörte schließlich auf. Daraufhin lachte er mich laut aus: „Juchhu, gewonnen, du hast aufgegeben!"

Ich spürte ohnmächtige Wut, so stark, dass ich einen Moment im Spiel innehalten musste, innerlich auf Abstand gehen und realisieren: So musste Benni sich fühlen in Situationen, in denen er sich unterlegen, vielleicht auch verraten fühlte.

Meine Nachfrage, auf wen er wütend war, blockte er ab. Ich vermutete, dass es sein Bruder war.

Er betonte mehrfach, er würde fair spielen. Auf meine Nachfrage, ob er einmal unfair behandelt worden sei, erzählte er schließlich ein Erlebnis, wie sein Bruder ihn in die Enge getrieben und ungerecht behandelt hatte.

Viel später ist mir klar geworden, dass er sich wahrscheinlich auch von seiner Klassenlehrerin ungerecht behandelt fühlte, worüber er aber mit mir nicht sprechen wollte. Am Ende seiner Therapiezeit gab es eine Verständigung zwischen uns zu dem Thema und ich sagte ihm, dass ich ihn verstehen würde.

11. Stunde

Benni berichtete mir von einem Konflikt mit Mitschülern, in den sich auch die Eltern der Mitschüler eingeschaltet hatten und ihm Vorwürfe machten. Ich sagte ihm, dass ich ihn gut verstehen konnte. Er horchte auf. Es schien ihm wichtig zu sein, dass ich ihn verstand und nicht verurteilte. Sein Blick war aufgeschlossen, und wir sprachen die ganze Geschichte durch. Er entspannte sich, lächelte und wollte dann trommeln. Wir griffen das Bilderbuch und das Dialogtrommeln auf. Es wurde ein kräftiges gemeinsames Streitspiel, das sich zu einem lustigen fantasievollen Stimmspiel mit ausgedachten Schimpfwörtern entwickelte. Ich freute mich über den guten Kontakt zu Benni.

12. bis 16. Stunde
Immer wieder wurde das Dialogtrommeln von Benni gewünscht, wobei das Spiel mal lustig, mal heftig wurde. Insgesamt herrschte nicht mehr der Druck wie am Anfang der Therapie. Wir führten viele Gespräche über seine Konflikte. Er war mir gegenüber offener geworden, unsere Verständigung wurde immer besser, wir konnten häufig Situationen klären, wenn er Schwierigkeiten hatte oder machte.

Manchmal war er skeptisch, angespannt und ich musste ihn locken. Ich blieb dran und wollte sein Vertrauen nicht verlieren.

Er war immer noch ein Junge, der zutiefst verstört war und in seinem Leben möglicherweise kaum Wohlwollen erlebt hatte. Jede Situation, in der es ihm gelang, sich mir zu öffnen, berührte mich.

17. Stunde
Leider musste diese Stunde mit Benni wegen Stundenplanänderungen mehrmals verschoben werden, was ich nicht hatte vermeiden können. Ich sah seine Enttäuschung, als er etwas verschlossen in den Musikraum kam, und erklärte noch einmal die Situation.

Ich hatte Mühe, mit ihm in ein Spiel zu kommen. Durch Zufall fing er an, mit einem kleinen Ball zu spielen und zu „jonglieren“. Ich spielte mit der Gitarre eine Zirkusmusik dazu und nach seinem „Kunststück“ einen Tusch. Er wollte immer mehr Beifall und feuerte mich als Musiker an. Ihm genügte nicht, was ich spielte. Im Rollenspiel führten die Verhandlungen zwischen Artist und Musiker zum Streit. Schließlich verklagte er mich und inszenierte eine Gerichtsszene, in der er den Richter spielte und mich in die Enge trieb. Da die Zeit um war, wurde die Geschichte nicht zu Ende gespielt, aber insofern aufgelöst, als Benni zum Schluss sagte: „Das war doch nur ein Spiel.“

Wenn Benni so ein ungerechtes Spiel inszenierte, konnte ich spüren, wie groß seine Verzweiflung und Wut sein musste, die er im Alltag erlebte.

18. bis 26. Stunde (Ende der Therapie)
In der folgenden Zeit erfuhr ich noch öfter solche Situationen, in denen Benni unerbittlich war, doch jedesmal bot er zum Schluss eine Auflösung an. Zum Beispiel ließ er mich nach einer Verurteilung am Ende der Stunde dann doch frei.

Ein bemerkenswertes Spiel entstand in der 22. Stunde, als Benni aus einer Streitspiel-Situation heraus plötzlich auf die Fensterbank stieg, auf den Teppich sprang, sich fallen ließ und spielte, er sei tot. Es war offensichtlich, dass er spielte, aus dem

Fester zu springen. Mir war ziemlich mulmig und es blieb mir nur, in sein Spiel einzusteigen. Mit der Kalimba stimmte ich ein Klagelied an. „Wie schade, der Benni ist tot!“ Sofort stand er auf, kletterte wieder auf die Fensterbank, sprang und war wieder tot. Ich fühlte, ob sein Herz noch schlug und stimmte wieder ein Klagelied an. Beim nächsten Mal spielte ich, dass sein Herz noch ein wenig schlug, und er nur ein bisschen tot wäre. Benni grinste. Er sprang noch einige Male, war ein bisschen tot und ich beklagte es jedes Mal.

Die Zeit war um, und Benni sagte: „Ich bin ganz lebendig.“

Natürlich hatte ich während des Spiels überlegt, ob Benni suizidal sein könnte. Dieser Eindruck war am Schluss der Stunde verflogen.

Ich war froh: Er hatte von mir angenommen, dass ich um ihn getrauert hatte und ihm zeigte, dass er mir wichtig war. Es gelang, die im Spiel gezeigte Verzweiflung humorvoll und spielerisch aufzulösen. Dies zeigte mir, dass die Verzweiflung, die er immer wieder erlebte, nicht mehr ausweglos war, sondern dass er Alternativen annehmen konnte.

Bennis Entwicklung

Es war nicht so, dass Benni keine Probleme mehr hatte, in der Klasse oder in unseren Begegnungen. Aber inzwischen konnte ich immer mit ihm klären, wenn etwas vorgefallen war, wenn wir uns missverstanden hatten oder wenn er ein Spiel abbrechen und gehen wollte. Er ließ das Gespräch zu, und lenkte ein, wenn er sich verstanden fühlte. Nach und nach war unsere Beziehung tragfähiger geworden und hielt Konflikte aus.

Mit den Kindern in der Klasse ging es ihm besser, als es ihm schließlich gelang, Teil einer kleinen Gruppe von Jungen und Mädchen zu werden, die miteinander spielten. Er war friedlicher geworden und wirkte insgesamt offener.

Mein Resümee

Die Arbeit mit Benni war für mich nicht leicht und doch besonders.

Ich kannte ihn schon lange vor unserer Therapie, seine häufigen Konflikte und seine Ausraster. Ich mochte ihn mit all seinen Schwierigkeiten.

Im vierten Schuljahr, als unsere Therapie begann, war er in einem Alter, in dem es für ihn nicht mehr so leicht war, sich auf Spielsituationen einzulassen. Meistens begannen wir mit einem Gespräch, bevor wir ein Spiel machten.

Obwohl das Misstrauen zu seinen Problemen gehörte, konnten wir eine immer vertrauensvollere Beziehung aufbauen.

Erschwerend war, dass es keinerlei Unterstützung durch die Eltern gab und dass Benni große Probleme mit seiner Klassenlehrerin hatte.

So war es meine Aufgabe gewesen, ihn selbst zu stärken und zu unterstützen, mich auf seine Seite zu stellen, ihn in seiner Entwicklung zu fördern. Er sollte erfahren, dass er ein Junge war, der in Ordnung war und der gleichzeitig lernen musste, verantwortlich zu handeln.

Ria
Aus der Enge zum Tanzen

– Anspannung im Körper und in der Stimme –

Ria war elf Jahre alt und besuchte die vierte Klasse. Sie war ein schlankes, lebendiges Mädchen und gut in Kontakt mit den Kindern in ihrer Klasse.

Auffällig war ihre merkwürdig eckige und sehr angespannte Körperhaltung mit hochgezogenen Schultern, die Arme vor den Körper gepresst. Ihre Bewegungen waren unnatürlich und abgehackt. Besonders wenn sie sprechen sollte, verkrampfte sie den ganzen Körper. Ihre sehr helle Stimme ließ an ein kleineres Kind denken.

Ria hatte eine jüngere Schwester. Ihre Mutter war Krankenschwester. Die Eltern unternahmen viel mit den Kindern. Es schien alles sehr durchgeplant zu sein.

Von der Mutter hatte die Klassenlehrerin die Information, dass Ria regelmäßig einkotete. In der Schule passierte es aber nie.

Ich wollte gern mit Ria arbeiten und herausfinden, was passieren würde, wenn ihr ein freies Spiel ermöglichten. Schließlich stimmte die Klassenlehrerin zu und wir fanden eine Lösung im Stundenplan, sodass ich mit Ria im letzten Schulhalbjahr wöchentlich für eine halbe Unterrichtsstunde, etwa zwanzig Minuten, in den Musikraum gehen konnte.

1. Stunde

Ria wollte Schlagzeug spielen. Ich schlug ein Spiel mit einer großen und einer kleinen Schlagzeug-Trommel und der Stimme vor. Im Vierer-Rhythmus sprachen wir wechselnd „Ich bin groß“ mit lauter, kräftiger und dunkler Stimme zu der großen Trommel und „Ich bin klein“ mit leiser, heller und piepsiger Stimme zu der kleinen Trommel. Ria hatte Spaß am Rollentausch und am Spiel mit ihrer Stimme.

Es folgte der Aufbau einer Trommelfamilie: Für die Mutter wählte sie eine große Rahmentrommel, die von der Decke hing. Davor stellte sie verschiedene Trommeln für den Vater, die Schwester und weitere Familienmitglieder. Wir spielten eine kurze Musik mit Trommeln und meiner Gitarre.

2. Stunde

Wir machten weitere Experimente mit dem Schlagzeug und der Stimme. Rias Stimme wurde variationsreicher. Zum Thema „klein und groß“ kam das Thema „Ich will nicht“.

3. Stunde
Ria erwartete mich und freute sich! Sie wollte ein Musikstück mit mehreren Trommeln spielen. Sie baute sechs Trommeln vor der großen, hängenden Rahmentrommel auf, indem sie die Trommeln eng um einen Hocker herum aufstellte, auf den sie sich setzte. Eingezwängt in diesen Kreis von Trommeln spielte sie mit Schlägeln einige Rhythmen. Es gelang ihr nicht so, wie sie es wollte, sie spielte sehr eckig und ungelenk. Sie wirkte wie eingesperrt. Für mich war bemerkenswert, wie sehr diese Szene ihre verkrampfte Körperhaltung widerspiegelte.

Ich fragte mich, wer oder was sie so einsperrte.

Sie wünschte meine Unterstützung. Auf einer Schlagzeug-Trommel begleitete ich sie und wir spielten *Bruder Jakob*. Ich beobachtete mich, wie ich im Stehen mit weit ausholenden Bewegungen den Rhythmus spielte im Gegensatz zu Rias eingeklemmten Bewegungen. Sie sang zunächst wieder mit sehr heller Stimme. Ich ermunterte sie, auch mal lauter oder mit dunklerer Stimme zu singen. Sie bekam immer mehr Spaß, sang mit kraftvollerer Stimme und ihr Spiel wurde rhythmischer.

4. Stunde
Ria war etwas unschlüssig, Trommeln reichten ihr heute nicht. Sie probierte viele verschiedene Instrumente aus und hörte aufmerksam auf die Klänge. Später erzählte sie, dass sie zu Hause „geübt“ hätte, und dass sie auf dem Sofa ganz verschiedene Klänge gefunden hätte.

Wieder stellte sie den Hocker vor die große hängende, Rahmentrommel, wählte außerdem die Tischtrommel, eine Bongo, Kastagnetten, Rasselbänder und einen Frosch (Ratsche). Sie saß wieder etwas eingeklemmt vor der Tischtrommel, an den Seiten war aber mehr Platz.

Mit der Gitarre begleitete ich ihre Musik und wir fanden gemeinsame Rhythmen. Sie war sehr aufmerksam und nahm oft Blickkontakt zu mir auf. Sie wechselte die Instrumente und ich sang: „Ria macht Musik, laute Musik, schöne Musik, heh heh heh.“

Ria fing an, mit den Füßen zu „tanzen“, während sie auf dem Hocker saß. Unsere Musik war einmal laut, einmal leise, dann wieder kräftig, fast lustvoll.

Ich fragte mich, ob ihre Eltern dies erlauben würden. Ich brachte eine Hexe ins Spiel und sang: „Da kommt eine Hexe und sagt: Das darfst du nicht.“ Ria: „Doch, das darf ich!“ Ria spann die Geschichte weiter: „Die Hexe muss ins Moor. Da kommt die Hexe zurück! Die Hexe macht Blitz und Donner.“

Die Geschichte wurde verklanglicht und endete für diese Stunde mit Blitz- und Donnerklängen.

Ria hatte in dieser Stunde ihr Instrumentarium, ihren Raum und ihre Ausdrucksmöglichkeiten sichtbar erweitert.

5. Stunde
Ria berichtete, dass sie wütend auf eine Mitschülerin war und die Wut heraus- lassen wollte. Bei der Instrumentenwahl war sie unschlüssig. Beim Überlegen kam auch die Hexe wieder ins Spiel.

Sie wählte eine Reihe von Instrumenten: die Kuhglocke für die Mitschülerin, außerdem Chekere, Guiro, Fußrasseln, Kastagnetten und noch einige andere. Sie baute alle vor der hängenden Rahmentrommel auf. Dabei dienten zwei große Trommeln als Tische rechts und links von ihrem Hocker, auf denen sie die Instrumente platzierte.

Sie spielte und sang eine Hexengeschichte, wobei die große Rahmentrommel für die Hexe zu stehen schien. Die Hexe verzauberte die Mitschülerin in einen Frosch, später in eine Kuh und dann regnete es.

Schließlich nahm Ria den Winddrachen, drehte sich auf ihrem Hocker von der Rahmentrommel weg, stand auf und begann, mit den Bändern zu tanzen. Zuerst waren ihre Bewegungen sehr eng und die Schritte klein, mit gekreuzten Beinen. Langsam wurden die Schritte größer, sie nahm sich Raum und ließ den Winddrachen herumfliegen.

Ich begleitete sie mit der Gitarre, sang ein spontanes Tanzlied, ihre Bewegungen beflügelten meine Musik!

Ich beendete diesen kleinen „Rausch“ aus Zeitgründen. Ria hätte noch nicht Schluss gemacht.

Ich sah mit Freude, wie Ria sich aus der eingeklemmten Situation befreit hatte!

Ria berichtete, die Wut wäre zwischendurch weg gewesen und war dann wieder da. Ich fragte: „Bist du öfter mal wütend?“ Ria zögernd: „Ja, naja, nicht direkt wütend, auf meinen Papa, wenn er mich schlägt.“ Auf mein Nachfragen erzählte sie von Ohrfeigen und Schlägen auf den Po, wenn sie nicht ins Bett wollte oder Schimpfwörter sagte. Neulich hätte sie geweint und ihrer Mama gesagt, dass sie Papa nicht mehr sehen wollte. Ihre Schwester würde weniger geschlagen werden.

Ich wurde sehr hellhörig, aber die Zeit war für heute vorbei.

6. Stunde
Ich setzte das Gespräch zum Thema Familie fort. Ria berichtete verschiedene Situationen. Sie hatte das Gefühl, dass ihre zwei Jahre jüngere Schwester mehr geliebt werden würde.

Nach einer gemeinsamen Musik mit Schlagzeug und Gitarre tanzte Ria wieder mit dem Winddrachen durch den Raum und ich begleite sie singend mit der Gitarre. Die Musik schien sich mit dem Tanz zu drehen. In Wellen folgten kräftige und eher zurückhaltende Phasen. Unterschiedliche Stimmungen fanden ihren Ausdruck.

7. Stunde
Das Thema Schläge war mir jetzt am wichtigsten. Ich fragte Ria: „Hast du deinem Vater schon einmal gesagt, dass du nicht geschlagen werden möchtest?“ Ria: „Nein, dann rastet er noch mehr aus.“

Durch Nachfragen versuchte ich mir weiter ein Bild von der Situation in der Familie zu machen.

Ich bot ihr an, dass die Klassenlehrerin und ich ein Gespräch mit ihren Eltern führen könnten. Das wollte sie nicht. Ich berichtete ihr vom Kindersorge-Telefon und erklärte ihr, dass das Schlagen nicht in Ordnung sei.

Ria wollte eine Geschichte spielen: „Es war einmal ein Frosch, der wollte auf eine große Reise gehen. Aber seine Eltern erlaubten ihm das nicht. Dann ist er weggelaufen und hat sich einen Flug bestellt nach Afrika.“

Die Verklanglichung endete mit einem Tanz in Afrika, mit Kastagnetten um die Trommel herum. Ihr Tanz war heute etwas unbeholfen und eckig. Die Geschichte zeigte mir aus meiner Sicht ihren Wunsch nach Befreiung.

Ich führte ein Telefongespräch mit einer spezialisierten Beratungsstelle gegen Misshandlungen und sexualisierte Gewalt bei Kindern. Es handelte sich noch nicht um Kindeswohlgefährdung, sondern um eine (sehr) ungünstige Lebenssituation, sagte die Beraterin. Ria müsste mit ihren fast zwölf Jahren selbst entscheiden, welche Hilfe sie brauchte.

Meine Info an Ria sollte sein, dass Eltern nicht schlagen dürften, dass es für Kinder gute Beratung gäbe und dass sich sofort melden sollte, wenn sie Hilfe bräuchte.

8. Stunde
Ich führte ein entsprechendes Gespräch mit Ria zum Thema Schläge. Ria sagte, sie wüsste schon lange, dass die Eltern sie nicht schlagen dürften. Im Moment wäre es o. k. so, sie bräuchte keine weitere Hilfe.

Im Musikunterricht machten wir in ihrer Klasse gerade ein Projekt mit Indianermusik.

Ria schlug in der Therapiestunde vor, einen traurigen Indianer zu spielen, der ohne Beute nach Hause kam. Sie holte sich den Winddrachen, ließ ihn langsam drehen und zog die Bänder über den Boden. Ich war mit der Gitarre bei ihren Bewegungen und spürte ihre Traurigkeit. Der Tanz blieb nicht traurig, wandelte sich und zeigte verschiedene Stimmungen.

Ihre Traurigkeit mit einer Geste, die erschöpft wirkte, berührte mich.

Rias Mutter berichtete bei einem Treffen überraschenderweise, dass Ria das Thema Schläge zu Hause von sich aus angesprochen hatte. Ich freute mich sehr, dass Ria mutig das Gespräch gesucht und bei der Mutter offensichtlich offene Ohren gefunden hatte.

9. Stunde
Ich sprach das Thema Einkoten an. Ria hatte kein Problem, offen darüber zu sprechen. Sie gab mir Auskunft darüber, wie und wann es passierte, und dass sie danach selbst saubermachen müsste. Offensichtlich hatte sie keinen Leidensdruck und gar kein Interesse daran, es zu ändern.

Ich fragte sie, ob sie lieber klein oder groß sein wollte. Ihre Reaktion war eindeutig: Sie wollte lieber klein sein.

Musik: Ria wünschte sich, den Kampf von Sumo-Ringern zu spielen. Sie hatte sie im Fernsehen gesehen. Auf der Suche nach zwei „super starken" Instrumenten wählte sie das Schlagzeug mit allen Trommeln und das Stand-Becken. Ich nahm auch eine Trommel und begleitete ihre relativ heftige und aggressive Musik. Als sie eine Pause machte, fragte ich, ob das schon der richtige Kampf gewesen wäre oder nur die Vorrunde? Ria: „Der Kampf kommt noch." Es folgte eine in Lautstärke und Intensität gesteigerte Musik.

Für mich sah es so aus, als ob eine „große Ria" schon da war und sich ihren Weg suchen würde.

10. Stunde
Das Schuljahr war zu Ende war und wir hatten einen letzten Termin für ein Abschlussgespräch. Ria berichtete von der neuen Schule, auf die sie sich freute. Ich besprach noch einmal Beratungsmöglichkeiten mit ihr und verabschiedete sie.

Rias Entwicklung

Rias Körperhaltung war etwas lockerer geworden. In ihrer Familie hatte sie damit begonnen, sich erfolgreich zu wehren.

Da sie unsere Schule verließ, hatte ich leider keine Möglichkeit, ihre weitere Entwicklung zu verfolgen.

Mein Resümee

Ich war mit Freude und auch Erstaunen an Rias Prozess beteiligt gewesen. Sie knüpfte von Stunde zu Stunde an das Bisherige an, um dann immer einen Schritt weiter zu gehen. In unserer kurzen Zeit war viel in Bewegung gekommen.

Ich versuchte zu deuten, was geschehen war: Rias Körpersprache hatte gezeigt, wie eingeengt, blockiert und vielleicht „verstummt" sie gewesen war. Die Musik ermöglichte, dass ihr Körper sich befreien konnte und wieder sprechen durfte.

Zu Hause konnte sie beginnen, zur Sprache zu bringen, was sie bisher nicht hatte sagen können.

Anhang

Ein Tischhaus bauen

Im Laufe der Zeit habe ich verschiedene Hütten gebaut, mit Tischen oder mit Kindergarten-Stellwänden.

Bewährt hat sich schließlich das Verwenden eines Tisches von etwa 1 x 1 m Länge und Breite und 70 cm Höhe. Diese Größe war ausreichend, auch für zehnjährige Kinder oder zwei kleinere Kinder. Es ist günstig, wenn unter dem Tisch keine Querstreben stören. Optimal waren Tische mit Stahlrohrbeinen oder stabile Holztische.

An der Vorderseite des Tisches habe ich Haken oben an den Tischbeinen angeklebt oder angeschraubt, um daran ein Rundholz oder eine Gardinenstange anzubringen. An die Stange wurde ein Vorhang mit Ringen aufgehängt, der von den Kindern auf- und zugezogen werden konnte.

Ausreichend große Stoffbahnen verkleideten den Tisch an den Seiten und der hinteren Öffnung.

Märchentheater

Die Bremer Stadtmusikanten

	1. Szene (Puppenbühne: Die Tiere)
Esel:	(trägt Sack über die Bühne)
Bauer:	Nun mach schon, alter Grauschimmel!
Esel:	(knurrt) Mir ist der Sack viel zu schwer!
	(wirft den Sack ab)
Bauer:	Er ist wirklich alt geworden!
	Los, noch einen Sack!
Esel:	(mit dem 2. Sack) Ich kann nicht mehr!
Bauer:	Ich sollte ihn abschaffen!
Esel:	(mit dem 3. Sack, singt)
	Ich alter Esel, ich alter Esel
	kann nicht mehr, kann nicht mehr!
	Lass mich doch in Ruhe, lass mich doch in Ruhe! Iia! Iia!
Bauer:	(als sie wieder zu Hause sind)
	Da hast du nochmal Heu! Gute Nacht!
Esel:	Da weht kein guter Wind! Ich muss hier weg!
	Immer nur schuften und Säcke tragen!
	(steht auf) Das kann doch nicht alles gewesen sein.
	(geht hin und her)
	Ich hab's, ich mach Musik!
	Ich werde Stadtmusikant und gehe nach Bremen! Ia!
	(trabt singend davon)
	Ich alter Esel, ich alter Esel,
	arbeite nicht mehr, arbeite nicht mehr!
	Ich geh jetzt nach Bremen,
	ich geh jetzt nach Bremen! Iia! Iia!
Hund:	(japst) Wauwau!
Esel:	He, was japst du so?
Hund:	Ach, ich bin alt und werde jeden Tag schwächer.
Esel:	Das kenne ich!

Hund:	Auf der Jagd bin ich nicht mehr schnell genug. Da wollte mein Herr mich totschlagen! Deshalb bin ich weggerannt! Aber womit soll ich nun mein Brot verdienen?
Esel:	Weißt du was? Ich gehe nach Bremen und werde Stadtmusikant! Komm mit, mach auch Musik! Du kannst es bestimmt!
Hund:	Ja, das machen wir! Wauwau! (singt) ***Ich alter Jagdhund, ich alter Jagdhund,*** ***renne nicht mehr, renne nicht mehr!*** ***Ich geh jetzt nach Bremen, ich geh jetzt nach Bremen,*** ***wau wau wau, wau wau wau!***
Katze:	(jault) Miau!
Hund:	Die macht ein Gesicht wie drei Tage Regenwetter!
Esel:	Was ist dir denn in die Quere gekommen, alter Bartputzer?
Katze:	Wer kann da lustig sein, wenn es einem an den Kragen geht! Ich bin alt geworden, meine Zähne sind stumpf, und ich sitze lieber hinter dem Ofen, als nach Mäusen zu jagen.
Hund:	Das kenne ich!
Katze:	Miau! Und da wollte mich meine Frau ersäufen! Da hab ich mich fortgemacht! Aber nun ist guter Rat teuer – wo soll ich hin?
Esel:	Geh mit uns nach Bremen! Du verstehst dich doch auf Nachtmusik. Da kannst du Stadtmusikant werden.
Katze:	Miau, meinst du wirklich? Miau, miau, miau …
Hund:	Gut, gut, es reicht! Hör auf!
Katze:	Miau, ich komme mit! (singt) ***Ich alte Katze, ich alte Katze,*** ***jage nicht mehr, jage nicht mehr!*** ***Ich geh jetzt nach Bremen, ich geh jetzt nach Bremen!*** ***Miau miau miau, miau miau miau!***

Hahn:	(schreit) Kikeriki!
Esel:	Du schreist, dass es einem durch Mark und Bein geht! Warum schreist du so?
Hahn:	Morgen hat die Frau Geburtstag, und da hat sie der Köchin gesagt, sie soll eine Hühnersuppe aus mir machen!
Esel, Hund + Katze:	Oh! Ia, wauwau, miau!
Hahn:	Und nun schrei ich aus vollem Halse, solang ich noch schreien kann! Kikeriki!
Esel:	Ei was, du Rotkopf, zieh mit uns fort! Wir gehen nach Bremen.
Hund:	Etwas Besseres als den Tod findest du überall!
Katze:	Du hast eine gute Stimme. Werde mit uns Stadtmusikant!
Hahn:	Das gefällt mir. Kikeriki! (singt) ***Ich alter Gockel, ich alter Gockel,*** ***will noch schrein, will noch schrein!*** ***Ich geh jetzt nach Bremen, ich geh jetzt nach Bremen!*** ***Kikeriki, kikeriki!***
Tiere	(machen sich zusammen auf den Weg.) (Licht runterdimmen)
Esel:	Es wird dunkel. Heute erreichen wir Bremen nicht mehr.
Hund:	Hier ist ein Baum. Wir legen uns schlafen.
Katze:	Ich klettere auf einen Ast.
Hahn:	(flattert herum) Da, ich sehe ein Licht! Das muss ein Haus sein.
Esel:	Wir machen uns auf und gehen hin. Hier ist die Herberge schlecht.
Hund:	Ein paar Knochen und etwas Fleisch würden mir jetzt schmecken.
Tiere	(gehen los, runter von der Bühne, Licht aus)

	Szene (Räuberhaus)
Vier Räuber	(kommen hintereinander auf die Bühne, singen)
1. Räuber:	***Ich bin ein wilder Räuber***
	und komme aus dem Wald.
alle:	***Wir sind die wilden Räuber***
	und kommen aus dem Wald.
1. Räuber:	***Ich kann stehlen,***
alle:	***wir können stehlen,***
1. Räuber:	***ein dickes Schwein,***
alle:	***ein dickes Schwein!***
1. Räuber:	***He simserim, he simserim und tschingdarassabum!***
alle:	***He simserim, he simserim und tschingdarassabum!***
1. Räuber:	Das war ein sauguter Abend! (zeigt das Schwein)
2. Räuber:	Viel Beute haben wir gemacht! (zeigen die Beutel)
3. Räuber:	Jetzt werden wir die ganze Nacht feiern!
4. Räuber:	Wo ist die Musik?
alle	***Räuber-Tanz***
1. Räuber:	Hab ich einen Hunger!
2. Räuber:	Jetzt wird gegessen und getrunken!
3. Räuber:	Holt die Sachen raus!
4. Räuber:	Und auf den Tisch damit!
alle	(decken den Tisch, setzen sich hin)
1. Räuber:	Zum Wohl!
2. Räuber:	Mann, das schmeckt!
3. Räuber:	Endlich wieder satt werden!
4. Räuber:	Was haben wir für ein Glück,
	dass wir die wilden Räuber sind.
1. Räuber:	Wir sind die wildesten Räuber in dem Wald!
2. Räuber:	Wir sind sooo stark!
3. Räuber:	Wir haben niemals Angst!
4. Räuber:	Wir fürchten uns vor gar nichts!
Tiere:	(erscheinen am Fenster, schreien sehr laut)
	Ia, wauwau, miau, kikeriki!!!
1. Räuber:	Ia, wauwau, miau, kikeriki!!!
	Hilfe! Ein Gespenst!

2. Räuber:	Hilfe! Eine Hexe!
3. Räuber:	Hilfe! Ein Riese!
4. Räuber:	Hilfe! Schnell raus hier!
alle	(laufen raus, Licht aus im Räuberhaus)
	3. Szene (im Wald)
1. Räuber:	Huhu, ich zittere vor Angst!
2. Räuber:	Ich habe ganz weiche Knie!
3. Räuber:	Ich bin ganz kopflos!
4. Räuber:	Mir ist das Herz in die Hose gerutscht!
1. Räuber:	Unser schönes Räuberhaus, nun ist es weg!
2. Räuber:	Und unsere Beute!
3. Räuber:	Und unser Geld!
4. Räuber:	Und das große Weinfass!
alle:	(singen)
	O, du lieber Augustin, Augustin, Augustin,
	o, du lieber Augustin, alles ist weg!
	Haus ist weg, Geld ist weg, Wein ist weg, alles weg!
	O, du lieber Augustin, alles ist weg!
	4. Szene (Puppenbühne als Räuberhaus)
Esel:	Zum Wohl, ihr Stadtmusikanten!
Hund:	Wauwau, das schmeckt! Mmh!
Katze:	Miau, endlich wieder satt werden!
Hahn:	Kikeriki, was haben wir für ein Glück,
	ein warmes Haus und ein gedeckter Tisch!
Esel:	Ich bin satt und müde.
Hund:	Ich suche mir einen Platz zum Schlafen.
Katze:	Ich auch. Gute Nacht.
Hahn:	Ich mache das Licht aus. (Licht aus)
	Szene (im Wald)
1. Räuber:	Mann, ist mir kalt!
2. Räuber:	Und ich hab schon wieder Hunger!
3. Räuber:	Ich war noch gar nicht richtig satt!
4. Räuber:	Wir hätten uns nicht ins Bockshorn jagen lassen sollen.
	Schließlich sind wir die wilden Räuber!

1. Räuber:	Wir sind die wildesten Räuber in dem Wald!
2. Räuber:	Wir sind sooo stark!
3. Räuber:	Wir haben niemals Angst!
4. Räuber:	Wir fürchten uns vor gar nichts!
alle:	Wir gehen wieder zurück!
1. Räuber:	Da, das Licht ist ausgegangen in dem Haus.
2. Räuber:	Jetzt schlafen die da drinnen.
3. Räuber:	Einer soll gehen und nachgucken, was dort los ist.
4. Räuber:	(zum 1. Räuber) Geh du!
1. Räuber:	(zum 2. Räuber) Nein, du!
2. Räuber:	(zum 3. Räuber) Nein, du!
3. Räuber:	(zum 4. Räuber) Nein, du!
4. Räuber:	Wir müssen würfeln. Wer die höchste Zahl hat, geht ins Haus.
1. Räuber:	Hier ist der Würfel. 4!
2. Räuber:	1!
3. Räuber:	5!
4. Räuber:	6!
Räuber 1, 2 + 3:	Du gehst!
4. Räuber:	Ich fürchte mich vor gar nichts … (schleicht davon, hinter die Puppenbühne)
	6. Szene (Puppenbühne als Räuberhaus)
4. Räuber	(als Puppe, schleicht durchs Haus)
Katze	(springt ihm ins Gesicht)
Hund	(beißt ihm ins Bein)
Esel	(schlägt ihn mit dem Hinterfuß)
Hahn:	Kikeriki!
4. Räuber	(läuft raus)
	7. Szene (im Wald)
4. Räuber	(kommt hinter der Puppenbühne heraus, keuchend in den Wald)
1. Räuber:	Was hast du gesehen?
4. Räuber:	Ach, in diesem Haus sitzt eine gräuliche Hexe, die hat mir das Gesicht zerkratzt!
2. Räuber:	Und was noch?
4. Räuber:	Ein Mann hat mir mit einem Messer ins Bein gestochen!

3. Räuber:	Und was noch?
4. Räuber:	Ein schwarzes Ungetüm hat mit einer Holzkeule auf mich losgeschlagen! Und oben auf dem Dach, da rief einer: Bringt mir den Schelm her! Da machte ich, dass ich fortkam.
alle:	Oh, oh, oh! Da können wir nie mehr hingehen! (singen)
	O, du lieber Augustin, Augustin, Augustin, ***o, du lieber Augustin, alles ist weg.*** ***Haus ist weg, Geld ist weg, Wein ist weg, alles weg!*** ***O, du lieber Augustin, alles ist weg!***
	Schluss (Puppenbühne)
Tiere	(wachen auf und gähnen)
Esel:	Hier gefällt es mir!
Hund:	Mir auch, ich geh nicht mehr nach Bremen.
Katze:	Lasst uns im Räuberhaus bleiben.
Hahn:	Wir machen hier zusammen Musik!
Tiere:	(singen)
Esel:	***Ich bin ein Musikante und wollte mal nach Bremen.***
alle:	***Wir sind die Musikanten und wollten mal nach Bremen.***
Esel:	***Doch mir gefällt's hier,***
alle:	***doch uns gefällt's hier,***
Esel:	***und ich will bleiben,***
alle:	***und wir wollen bleiben***
Esel:	***in diesem wunderschönen Räuberhaus im Wald,***
alle:	***in diesem wunderschönen Räuberhaus im Wald.***
Räuber	(kommen vor die Puppenbühne)
Tiere und Räuber:	(singen alle zusammen) ***He simserim, he simserim und tschingdarassabum! …***

Text:
Der Rollentext ist stark angelehnt an den originalen Märchentext der Brüder Grimm.

Lieder:
Ich alter Esel, ich alter Esel kann nicht mehr, kann nicht mehr…
Melodie: *Bruder Jakob* in Moll.

Ich alter Esel, ich alter Esel arbeite nicht mehr, arbeite nicht mehr…
Melodie: *Bruder Jakob* in Dur.
Die Strophen von Hund, Katze und Hahn entsprechend erst in Moll und dann in Dur.

Ich bin ein wilder Räuber und komme aus dem Wald…
Melodie: *Ich bin ein Musikante und komm aus Schwabenland.*

O du lieber Augustin
Melodie: *O du lieber Augustin.*

Musik:
Rüpeltanz aus *Ein Sommernachtstraum* von Mendelssohn-Bartholdy.

Die kurze, stark rhythmische Musik von etwa zwei Minuten ist gut geeignet für einen Räubertanz.

Am Anfang stampfende Schritte, zum Beispiel in einer Reihe stehend jeweils vier Schritte vor und wieder zurück. Im etwas leiseren, melodischen Teil im Kreis gehen. Zum Schluss wieder stampfen, Hüte schwenken oder ähnlich.

Die Choreografie wird je nach Vermögen der Kinder gestaltet.

Bühne:
Die Tiere haben wir mit Handpuppen in der Puppenbühne gespielt.

Der Tisch, an dem die Räuber sitzen, steht vor der Puppenbühne mit entsprechenden Kulissenbildern.

Seitlich davon ist der Wald, in den die Räuber fliehen.

Vom Fischer und seiner Frau

	Szene 1
Erzähler:	Es waren einmal ein Fischer und seine Frau, die wohnten in einer kleinen Fischerhütte dicht an der See, und der Fischer ging alle Tage hin und angelte.
	(*Musik und Wellentanz 1*)
	Und als er so einmal angelte und in das klare Wasser sah, ging die Angel tief hinunter. Und als er sie wieder heraufholte, da holte er einen großen Butt heraus.
Butt:	Lass mich leben! Ich bin ein verwunschener Prinz! Setz mich wieder ins Wasser! (Butt weg)
Erzähler:	Der Fischer ließ ihn schwimmen und ging zu seiner Frau in die kleine Hütte.
	Szene 2
Frau:	Hast du heute nichts gefangen?
Mann:	Nein, ich fing einen Butt, der sagte, er sein ein verwunschener Prinz, da hab ich ihn wieder schwimmen lassen.
Frau:	Hast du dir denn nichts gewünscht?
Mann:	Was sollte ich mir denn wünschen?
Frau:	Ach, das ist doch übel, immer hier in der kleinen Hütte zu wohnen! Du hättest dir doch ein Häuschen wünschen können. Geh noch mal hin und wünsch dir ein Häuschen! Der Butt tut es gewiss!
Erzähler:	Der Mann wollte nicht recht, ging aber doch. Als er ans Meer kam, war das Wasser hellblau und grün.
	(Musik und Wellentanz 2)
Mann:	Manntje, Manntje Timpe Te, Buttje, Buttje in der See,

	meine Frau, die Ilsebill, will nicht so, wie ich wohl will.
Butt:	Na, was will sie denn?
Mann:	Ach, sie will ein Häuschen haben.
Butt:	Geh nur hin, sie hat es schon.
Erzähler:	Da ging der Mann hin, und da stand ein schönes Häuschen, und seine Frau saß vor der Tür.
Frau:	Komm nur herein! Sieh nur, ist das nicht viel besser?
Mann:	Ach ja, so soll es bleiben. Nun wollen wir zufrieden sein.
Erzähler:	So ging das nun wohl eine Woche. Dann…
	Szene 3
Frau:	Hör, das Häuschen ist doch gar zu eng. Ich möchte wohl in einem Schloss wohnen und Königin sein. Geh hin zum Butt und wünsch dir ein Schloss!
Mann:	Ach Frau, das Häuschen ist doch gut. Was wollen wir in einem Schloss wohnen!
Frau:	I was, geh nur hin, der Butt kann das schon machen.
Erzähler:	Dem Mann war sein Herz so schwer, und er wollte nicht. Aber er ging doch hin. Als er ans Meer kam, war das Wasser dunkelgrün und blau, und es fing an zu schäumen, und es ging ein Wirbelwind über das Meer.
	(Musik und Wellentanz 3)
Mann:	Manntje, Manntje Timpe Te, Buttje, Buttje in der See, meine Frau, die Ilsebill, will nicht so, wie ich wohl will.
Butt:	Na, was will sie denn?
Mann:	Ach, sie will in einem Schloss wohnen und Königin sein.
Butt:	Geh nur hin, sie hat es schon.
Erzähler:	Da ging der Mann hin, und da stand ein großes Schloss, und seine Frau saß auf einem hohen Thron und hatte eine goldene Krone auf, und auf beiden Seiten stand der Hofstaat.

Frau:	Komm nur herein! Sieh nur, das schöne Schloss, und ich bin Königin.
Mann:	Ach ja, so soll es nun bleiben. Nun wollen wir zufrieden sein.
Erzähler:	Aber es verging kein Tag…
	Szene 4
Frau:	Mir wird die Zeit schon lang. Geh zum Butt, ich will Kaiserin werden.
Mann:	Ach Frau, warum willst du Kaiserin werden! Ich mag das dem Butt nicht sagen.
Frau:	Kann er Könige machen, kann er auch Kaiser machen. Gleich geh hin!
Erzähler:	Da musste der Mann hingehen. Aber es war ihm ganz bang, und er dachte: Das geht nicht gut! Als er ans Meer kam, war das Wasser dunkelblau und violett, und es ging ein Sturm über das Land und das Meer, und es wurde düster, und das Wasser ging hoch und brauste, als ob es kochte.
	(Musik und Wellentanz 4)
Mann:	Manntje, Manntje, Timpe Te, Buttje, Buttje in der See, meine Frau, die Ilsebill will nicht so, wie ich wohl will.
Butt:	Na, was will sie denn?
Mann:	Ach Butt, meine Frau will Kaiserin werden!
Butt:	Geh nur hin, sie sitzt schon wieder in ihrer kleinen Fischerhütte.
Erzähler:	Da sitzen sie noch bis auf den heutigen Tag.

Musik:
Melodie aus der Ouvertüre des *Tannhäuser*, die ersten acht Takte.

Wellentanz:
Fünf Kinder halten Tücher (150 x 50 cm) jeweils an zwei Ecken und stellen die Wellen dar:

1. Melodie summen, dazu Stabspiele.
   Tücher: weiß, hellblau und hell-türkis, leise Bewegungen.

2. Melodie singen, dazu Stabspiele, Regenmacher und Rasseln.
   Tücher: blau und hellgrün. Lebendige Wellenbewegungen.

3. Leise Musik (Orchester von der CD), Melodie mitsingen, dazu leise trommeln.
   Tücher: dunkelblau und grün, starke Wellen.

4. Laute Musik (Orchester von der CD), Melodie laut mitsingen, dazu laut trommeln.
   Tücher: dunkelblau, dunkelgrün und violett – stürmische Wellenbewegungen.

Die sieben Raben

	1. Szene
	1. Musik: Eingangsmusik
Erzähler:	Es war einmal …
	Es war einmal ein Mann mit seiner Frau,
	die hatten sieben Söhne,
	und immer noch kein Töchterchen,
	so sehr sie es sich auch wünschten.
	Endlich erwartete die Frau wieder ein Kind,
	und als es zur Welt kam …
Frau:	Mann, es ist ein Mädchen!
Mann:	Oh Frau, ist das schön!
Frau	(wiegt das Kind)
	2. Musik: Wiegenlied
Brüder:	(kommen herein, mit einem Fußball unter dem Arm,
	sie berichten über ihr Spiel, z. B.)
	Mist, ich hab den Elfmeter verschossen!
	Eh, ich hab gut gehalten!
	Ich kann nicht mehr, ich bin fertig.
	Wir haben echt gut gespielt heute!
	Tor, Tor, ich hab ein Tor geschossen!
	Mann eh, einer hat mich gefoult.
	Blöd, eh, ich musste vom Feld.
Mann:	Jungs, stellt euch vor, das Baby ist da!
1. Bruder:	Was ist es denn?
Frau:	Ein Mädchen!
2. Bruder:	Super, eine Schwester!
3. Bruder:	Hoffentlich kann sie bald im Tor stehen!
Erzähler:	Was ist denn das für ein Theater hier!
	In meinem Märchenbuch steht gar nichts von Fußball.
Mann:	Na, das wird noch dauern, bis eure Schwester groß ist.

Frau:	Sie ist ziemlich schwach. Wir wollen sie jetzt taufen.
Mann:	Jungs, holt Wasser aus dem Brunnen!
Brüder:	(laufen los zum Brunnen. Unterwegs streiten sie sich, z. B.) Gib mir den Krug! Nein, gib ihn mir! Ich bin schneller! Wer ist zuerst am Brunnen? Lass mich vorbei! Pass auf, der Krug! Zu spät, der Krug ist runtergefallen!
Erzähler:	Inzwischen warten die Eltern.
Mann:	Wo bleiben sie nur, die Jungen!
Frau:	Ich weiß auch nicht!
Mann:	(schreit) Bestimmt spielen sie schon wieder und haben alles vergessen.
Frau:	Nun schrei doch nicht so! Die Kleine wird noch wach.
Mann:	(geht hektisch auf und ab) Sie sind noch immer nicht da! Ich wollte, dass sie alle zu Raben würden!
Raben:	(fliegen vorbei) ***3. Musik: Flug der Raben*** ***4. Musik: Tanz der Raben***
Frau:	Oh Mann, du hast sie verwünscht!
Mann:	Ach, dass sie doch wieder Menschen würden! Es geht nicht! Oh, oh … Ja, ja.
Erzähler:	Die Jungen blieben Raben und flogen davon. So traurig die Eltern über den Verlust ihrer Söhne waren, so sehr freuten sie sich über ihr Töchterchen. Das Mädchen kam zu Kräften, sie wuchs und wurde jeden Tag schöner. Lange Zeit wusste es nicht, dass es sieben Brüder hatte.

	Die Eltern hüteten sich, die Brüder zu erwähnen. Eines Tages hörte das Mädchen Leute über ihre Brüder sprechen, und über das Unglück, das passiert war. Das Mädchen meinte, es sei schuld daran. Es wurde ganz betrübt. Endlich erzählten ihre Eltern, was geschehen war, und dass sie keine Schuld hätte. Aber das Mädchen wollte in die Welt gehen, die Brüder suchen und sie befreien.
Mädchen:	Ich möchte meine Brüder suchen! Lasst mich in die Welt ziehen!
Frau:	Bleib hier! Wir wollen dich nicht auch noch verlieren!
Mann:	Du kannst doch nichts machen! Und es ist gefährlich!
Mädchen:	Ich muss doch gehen. Ich brauche nicht viel: einen Ring zum Andenken an die Eltern, ein Brot für den Hunger, eine Flasche Wasser für den Durst und ein Stühlchen für die Müdigkeit. (Sie packt alles ein).
Erzähler:	Das Mädchen ging los, immer weiter und weiter, bis ans Ende der Welt. (Während dessen Kulissenwechsel: Haus weg.) ***5. Musik: Weg des Mädchens*** **2. Szene**
Sonne	(Sonnentanz) ***6. Musik: Sonnentanz***
Mädchen:	Sonne, hilf mir! Ich suche meine Brüder, die als Raben durch die Welt fliegen. Weißt du, wo sie wohnen?
Sonne:	Pass auf! Ich bin heiß, fürchterlich heiß!

	Und ich fresse Menschen! (weicht zurück) Nein, nein, lass mich in Ruhe!
Mond	(Mondtanz) ***7. Musik: Mondtanz***
Mädchen:	Mond, hilf mir! Ich suche meine Brüder, die als Raben durch die Welt fliegen. Weißt du, wo sie wohnen?
Mond:	Ich bin kalt, grausig und böse! Ich rieche Menschenfleisch!
Mädchen:	(läuft weg) Nein, nein, lass mich in Ruhe! (geht weiter) ***8. Musik: Weg des Mädchens***
Sterne	(Sternentanz) ***9. Musik: Sternentanz***
Mädchen:	Ihr Sterne, ihr seid gut, das sehe ich. Helft mir, ich suche meine Brüder, die als Raben durch die Welt fliegen. Wisst ihr, wo sie wohnen?
1. Stern:	Wir sind die Sterne.
2. Stern:	Wir sind freundlich und gut zu den Menschen.
3. Stern:	Wir wissen, wo deine Brüder wohnen!
4. Stern:	Du musst zum Glasberg gehen.
5. Stern:	In dem Glasberg, da wohnen deine Brüder.
6. Stern:	Aber ohne Schlüssel kommst du nicht in den Berg.
7. Stern:	Wir geben dir den Schlüssel für den Glasberg.
alle Sterne:	Viel Glück!
Mädchen:	Danke, ihr lieben Sterne!
Erzähler:	Das Mädchen nahm den Schlüssel, wickelte ihn in ein Tüchlein und ging fort, so lange, bis es zum Glasberg kam. ***10. Musik: Weg des Mädchens***

	3. Szene
	(Kulissenwechsel: Glasberg) ***11. Musik: Glasberg***
Mädchen:	Das Tor ist verschlossen. Ich muss es aufschließen. Aber o weh, wo ist der Schlüssel? Ich habe ihn verloren! Wie soll ich meine Brüder erretten?
Erzähler:	Die Arme! Wie kann es weitergehen? Das Märchen muss doch ein gutes Ende nehmen. Ich lese mal nach. Moment, ich hab`s! (zum Mädchen): Nimm deinen kleinen Finger!
Mädchen:	(probiert) Ja, es geht! Danke!
Zwerg:	(schaut aus dem Glasberg heraus) Mein Kind, was suchst du?
Mädchen:	Ich suche meine Brüder, die sieben Raben.
Zwerg:	Die Raben sind nicht zu Hause. Aber wenn du so lange warten willst, bis sie kommen, dann komm nur herein.
Mädchen:	Oh, ist es schön hier! Und der Tisch ist so schön gedeckt: sieben Tellerchen, sieben Becherchen, und leckere Speisen. Mmh, das schmeckt (probiert von allem).
Erzähler:	Ich glaube, ich bin im falschen Theater. Ist das nicht Schneewittchen? Mal sehen, wie es weitergeht.
Mädchen:	Hier in den siebten Becher lass ich den Ring meiner Eltern fallen. Jetzt kommen die Raben nach Hause geflogen. Ich versteck mich lieber erstmal.
Raben:	(kommen angeflogen) ***12. Musik: Flug der Raben***
1. Rabe:	Ich habe Hunger!
2. Rabe:	Ich habe Durst!
3. Rabe:	Lasst uns essen und trinken.

4. Rabe:	Wer hat von meinem Tellerchen gegessen?
5. Rabe:	Wer hat aus meinem Becherchen getrunken?
6. Rabe:	Das muss ein Mensch gewesen sein.
7. Rabe:	Da ist ein Ring in meinem Becher!
	Es ist der Ring unserer Eltern!
alle Raben:	Ach, wenn doch unsere Schwester hier wäre! Dann wären wir erlöst.
	Ja, dann wären wir alle erlöst!
Mädchen:	(kommt vor) Ich bin es! Ich bin es!
	Oh, meine Brüder!
	13. Musik: Verwandlung
Mädchen	(Das Mädchen begrüßt alle Brüder.)
Brüder	(Die Raben ziehen sich die Masken vom Gesicht
	und die schwarzen Pullis aus.
	Sie kommen mit ihrer Schwester
	vor den Glasberg.)
	14. Musik: Schluss

Kulissen:
Am Anfang: das Haus der Eltern als Kulissenbild
Weg des Mädchens: Himmel als Hintergrund.
Schluss: für den Glasberg eine Folie an einem Haken in der Decke aufhängen, nach unten ausgebreitet.

Masken:
Raben: große Luftballons mit Pappmaché bekleben, halb durchschneiden, schwarz anmalen, große, gelbe Schnäbel aufkleben.
Sonne, Mond und Sterne: Formen aus gelber oder goldener Pappe ausschneiden.
Dazu jeweils dunkle Hosen und Pullis, am besten mit Kapuze.

Musik:
Mussorgsky: *Bilder einer Ausstellung*. Klavierfassung. Eingespielt von Alfred Brendel. CD von Philips mit Orchester und Klavierfassung von 1994.

Musik im Märchen	Titel der Musik auf der CD	Zeit
1. Eingangsmusik	1 Promenade	ab Anfang
2. Wiegenlied	3 Promenade	0.00 – 0.30
3. Flug der Raben	2 Gnom	2.00 – 2.22
4. Tanz der Raben	6 Spielende Kinder	0.00 – 0.23
5. Weg des Mädchens	11 Promenade	ab Anfang
6. Tanz der Sonne	2 Gnom	0.00 – 1.00
7. Tanz des Mondes	2 Gnom	1.00 – 2.00
8. Weg des Mädchens	5 Promenade	Anfang – Schluss
9. Tanz der Sterne	10 „Armer Jude"	0.39 – 1.07
10. Weg des Mädchens	11 Promenade	ab Anfang
11. Glasberg	8 Promenade	0.00 – 0.08
12. Flug der Raben	2 Gnom	2.00 – 2.22
13. Verwandlung	15 Baba Yaga	0.00 – 1.07
14. Schluss	11 Promenade	ab Anfang

Choreographie – Ideen:

Flug der Raben:
Alle Raben fliegen hintereinander herein im Kreis, stellen sich im Halbkreis auf und flattern mit den Flügeln (Armen). Ein Rabe in der Mitte.

Tanz der Raben:
Solotanz des Raben in der Mitte, dann tanzen alle Raben im Kreis und fliegen hinaus.

Weg des Mädchens:
Das Mädchen wandert, macht zwischendurch eine Pause, setzt sich auf ihr Stühlchen, isst oder trinkt etwas.

Tanz der Sonne:
Eckige, aggressive Bewegungen nach der Musik.
Bei den weicheren Klängen weicht das Mädchen zurück.

Tanz des Mondes:
Der Mond tanzt erst allein, dann mit der Sonne zusammen.

Tanz der Sterne:
Sterne stehen im Halbkreis, bewegen sich leicht zur Musik. Einzeln vortreten, Kopf hin und her wiegen.

Der Hase und der Igel

	1. Szene: Igelfamilie
Bücherwurm:	(mit Märchenbuch in der Hand)
	Es war an einem Sonntagmorgen.
	Die Sonne war hell aufgegangen,
	der Morgenwind ging warm über die Felder,
	die Lerchen sangen und die Bienen summten
	in der Buxtehuder Heide.
	Alle waren vergnügt, so auch der Igel.
Igel:	Ist das ein schöner Tag heute! (summt)
	Ach, ich sollte einmal übers Feld hinter dem Haus gehen
	und nachsehen, wie die Rüben stehen.
	Schließlich habe ich eine große Familie zu ernähren.
	Da sind sie ja!
Igelfrau und Igelkinder	(kommen heraus)
Igel:	Guten Morgen! Ausgeschlafen?
Igelkinder:	Na klar, wir wollen spielen! Die Sonne scheint!
	Los, wir spielen Fußball...
Igelkinderlied	***Die Igel spielen mit dem Ball,***
(Spiellied)	***sie spielen Handball, Fußball, Völkerball.***
	Die ganze Igelbande lacht:
	Das Spielen macht uns Spaß,
	das Spielen macht und Spaß!
	Das Spielen macht uns allen Spaß!
Igelfrau:	Ich mache das Frühstück.
	Kinder, wascht euch und putzt die Zähne!
Igel:	Frau, ich gehe noch einmal nach den Rüben sehen.
	Ich bin gleich wieder da.
	2. Szene: Igel und Hase
Igel:	Nicht schlecht, die Rüben!
	Ach, sieh da, der vornehme Herr Hase. Guten Morgen, der Herr!
Hase:	Guten Morgen, Igel!
	Wie kommt es denn, dass du so früh hier herumläufst?
Igel:	Ich gehe spazieren.
Hase:	Spazieren? Mit deinen krummen Beinen?

Igel:	Was bildest du dir ein!
	Kannst du denn mehr ausrichten mit deinen Beinen?
Hase:	Das denke ich wohl!
Igel:	Das kommt auf einen Versuch an:
	Ich wette, dass ich bei einem Wettlauf an dir vorbeilaufe!
Hase:	Das ist ja zum Lachen! Aber meinetwegen – wenn du so große Lust hast! Was gilt die Wette?
Igel:	Ein Goldstück und eine Flasche Wein.
Hase:	Angenommen! Schlag ein!
Igel:	Ich muss aber erst noch frühstücken.
Hase:	Einverstanden! Ich zieh mich noch um – meinen Sportdress, und meine supertollen Laufschuhe!
Igel:	Äh?
Hase:	Davon verstehst du nichts! Ich muss gut aussehen, schließlich komme ich als Gewinner ganz groß raus!
Igel:	Na warte, wer zuletzt lacht, lacht am besten.
	3. Szene: Hase und Hahn
Hase:	Ach mein Freund, der stolze Hahn!
Hahn:	Guten Morgen, Freund Hase! Wohin so eilig?
Hase:	Guten Morgen, Hahn! Gut, dass ich dich treffe! Stell dir vor, ich laufe gleich mit dem Igel um die Wette!
Hahn:	Das hast du dir ja gut ausgedacht! Das weiß doch jeder, dass du schneller bist.
Hase:	Das hab ich mir ja gar nicht ausgedacht. Der Igel hatte die Idee. Der hat nicht nur krumme Beine, der ist auch dumm!
Hahn:	Nicht möglich, das muss ich sehen!
Hase:	Na klar, warte hier beim Kohlfeld. Ich zieh mich um und komme gleich.
	4. Szene: Hasenfamilie
Hase:	Los Frau, hol mir mein Sportzeug!
Hasenfrau:	Hol es dir doch selber!
Hase:	(holt seine Sportsachen) Und wo ist mein neues Stirnband?
Hasenkind.	Hier, steht mir das nicht gut? (zeigt sein T-Shirt)
Hasenfrau:	Die Kinder sind schon genau solche Angeber wie ihr Vater.
Hasenkind:	(joggt auf der Stelle) Ich bin schneller als alle im Feld!
Hasenkind:	Und ich bin der beste Tennisspieler weit und breit!
Hasenkind:	Und ich…

Hasenkinderlied (Angeberlied)	***Die Hasen rasen durch das Feld.*** ***Sie laufen, wie es ihnen gefällt.*** ***Die ganze Hasenbande brüllt:*** ***Wer ist der Schnellste hier?*** ***Wer ist der Schnellste hier?*** ***Wer ist der Schnellste hier im Feld?!***
	5. Szene: Igel und Igelfrau
Igel:	Frau, du musst mit mir aufs Feld hinaus!
Igelfrau:	Was gibt es denn?
Igel:	Ich habe mit dem Hasen gewettet um ein Goldstück und eine Flasche Wein. Ich will mit dem Hasen um die Wette laufen, da sollst du dabei sein.
Igelfrau:	O Mann, du bist wohl nicht gescheit! Wie kannst du mit dem Hasen um die Wette laufen wollen!
Igel:	Sei still, das ist meine Sache! Misch dich nicht ein in Männergeschäfte!
Igelfrau:	Na gut, dann lass mich doch in Ruhe! Wenn das Männersache ist, hab ich nichts damit zu tun! Du wirst schon sehen, was du davon hast.
Igel:	Nein, du musst mitkommen!
Igelfrau:	Dann sag mir, was du vorhast, sonst komm ich nicht mit.
Igel:	Hier ist eine Hose von mir, zieh die an (flüstert weiter, die Frau hört zu, nickt und zieht die Hose an).
Igelkind:	Der Papa läuft mit dem Hasen um die Wette – kommt mit! Papa, der Hase ist doch viel schneller als du!
Igel:	Dem Angeber werde ich's zeigen! Ich werde gewinnen! (geht mit der Igelfrau zum Kohlfeld) Hier duckst du dich, und wenn der Hase ankommt, kommst du hoch und rufst: Ich bin schon hier!
	6. Szene: Wetten, dass!
Hahn (Showmaster):	Guten Tag! Hier ist „Wetten, dass"! (Beifall) Wir melden uns live aus der Buxtehuder Heide. Die Wette lautet: Der Igel gewinnt einen Wettlauf gegen den Hasen. Wir haben zu Gast den Bücherwurm mit Namen Jakob Grimm, den weltberühmten Märchensammler, Bruder von Wilhelm Grimm. Was meinen Sie, wie geht die Geschichte aus? Wer gewinnt?
Bücherwurm:	Natürlich gewinnt der Igel, weil...
Hahn:	Haha, wetten, dass der Hase gewinnt?
Bücherwurm:	Wetten, dass nicht?!
Hahn:	Wetten, dass doch?!

Hasenkinder:	Wetten, dass nicht?!
Igelkinder:	Wetten, dass doch?! … usw. usw.
	(rhythmische Wiederholungen, mit Instrumenten und Bewegungen)
	Gemeinsames Lied: Der Hase und der Igel
	Der Hase und der Igel, die hatten einen Streit: ***Wer wohl am schnellsten laufen kann,*** ***wer wohl am schnellsten laufen kann*** ***das lange, lange Feld entlang, das lange Feld entlang.***
	Der Hase und der Igel, die machten eine Wette: ***Wer gewinnt, der kriegt ein Goldstück.*** ***Wer gewinnt, der kriegt ein Goldstück*** ***und eine Flasche guten Wein, und eine Flasche Wein.***
	7. Szene: Der Wettlauf
Hase:	Kann es losgehen?
Igel:	Jawohl!
Hase:	Dann also los!
	(Jeder stellt sich in eine Furche)
	1 – 2 – 3!
	(rennt, dazu wird getrommelt)
Igelfrau:	Ich bin schon hier!
Hase:	Das geht nicht mit rechten Dingen zu! Noch einmal gelaufen:
	1 – 2 – 3!
Igel:	Ich bin schon hier!
Hase:	Noch mal gelaufen! 1 – 2 – 3!
Igel:	Meinetwegen, so oft du willst, mir macht das nichts!
Hase, Igel und Igelfrau	(laufen stumm weiter)
Bücherwurm	(beobachtet und liest in seinem Märchenbuch)
Hahn:	Das gibt's doch nicht! Los, lauf, Hase, lass dir das nicht gefallen, du musst gewinnen!
Hasenfrau:	Er läuft sich zu Tode.
Hahn:	Hase, hör lieber auf, deine Ohren hängen schon herunter.
Hase	(hechelt, läuft langsamer, Trommel etwas langsamer)
Hahn:	Hör doch auf! – Er hört nicht auf mich!

Hase	(immer langsamer, bleibt liegen, Trommel schweigt)
Igel:	(nimmt das Goldstück und die Flasche Wein) Komm Frau, wir haben gewonnen! (gehen eingehakt nach Hause)
Igelfrau:	Das hat er nun davon, nun ist er tot (setzen sich zu den Kindern und trinken)
Hahn:	(geht traurig zur Hasenfamilie) ***Trauerlied der Hasen*** ***Ach der Hase, ach der Hase,*** ***der ist tot, der ist tot.*** ***Oh, ist das nicht schade, oh, ist das nicht schade,*** ***große Not, große Not!*** ***Lustiges Lied der Igel:*** ***(Melodie:*** Bruder Jakob ***in Dur)*** ***He, der Hase, he, der Hase,*** ***der ist tot, der ist tot!*** ***Jetzt liegt er im Grase, jetzt liegt er im Grase,*** ***mausetot, mausetot!***
Bücherwurm:	… und wenn sie nicht gestorben sind … ***Gemeinsames Lied:*** Der Hase und der Igel ***Der Igel und die Igelin, die waren wirklich schlau:*** ***Und hatten sie auch krumme Bein',*** ***und hatten sie auch krumme Bein',*** ***gewonnen haben sie zu zwei'n,*** ***gewonnen ja zu zwei'n.*** ***Und die Moral von der Geschicht',*** ***die merke dir sehr gut:*** ***Lach über kleine Leute nicht,*** ***lach über kleine Leute nicht.*** ***Hochmut kommt vor dem Fall,*** ***Hochmut kommt vor dem Fall.***

Lieder:
Spiellied der Igelkinder und der Hasenkinder
Melodie: *Die Affen rasen durch den Wald*

Der Hase und der Igel
Melodie: *Der Kuckuck und der Esel*

Trauerlied der Hasen
Melodie: *Bruder Jakob* in Moll (siehe Noten von: *Ich alter Esel*)

Kostüme:
Hasen:
Stirnbänder aus brauner Pappe, Ohren aus brauner Pappe, evtl. mit Fell beklebt.
Gesichter braun schminken, schwarze Kleidung.
Später: Jogginganzug.

Igel:
Mützen aus braunem Stoff, am besten elastischer T-Shirt-Stoff.
Stacheln (Dreiecke aus schwarzer Pappe) antackern oder mit Doppelklebeband ankleben.
Gesichter braun schminken mit schwarzem Punkt auf der Nase.

Hahn:
Mütze mit Hahnenkamm, rote spitze Nase, als Kleidung z. B. Hemd, Fliege, Weste.

Bücherwurm:
Gesicht grün schminken, rote Mütze, Kleidung grün/schwarz.

Besentanz – Choreografie

Musik:
Samba, Stopp!
CD *Djingalla* Ensemble Rossi
Teil 1 und Teil 2 werden mit der gleichen Musik getanzt.

Der Besentanz eignet sich für eine Aufführung draußen, z. B. auf dem Schulhof.
Jeder Teil kann als eigene Performance aufgeführt werden.
Die Straßenfeger tragen bunte Kappen.

1. Teil: Straßenfeger mit Besen

Kreis
4 Takte Besen auf die rechte Schulter, rechts herum gehen
4 T links herum gehen
8 T fegen, rechts herum, (4 T nach innen, 4 T nach außen fegen)
8 T fegen, links herum, (4 T nach außen, 4 T nach innen fegen)
4 T nach innen (zur Kreismitte) gehen und (nach vorne) fegen
4 T nach außen (rückwärts) gehen und fegen
8 T nach innen gehen, hin und her fegen
4 T Besen steht, halb um den Besen gehen, Blick nach außen
4 T vorwärts nach außen gehen und fegen
8 T Besen steht, um den Besen herum gehen
4 T zum Halbkreis gehen (oder 8 T auf der Stelle hin- und herfegen]
4 T umdrehen, Blick nach außen
8 T Maske und Verkleidung an den Besen anbringen, dann wieder nach vorn umdrehen

2. Teil: Besenfiguren-Performance (gleiche Musik)

Halbkreis
„Damen“ und „Herren“ im Wechsel, falls die Besenfiguren unterschiedlich gestaltet sind.

4 T vor
4 T zurück
8 T herumgehen (durcheinander), bei Stopp in Pose stehen bleiben
8 T herumgehen, zurück zum Halbkreis
4 T Damen vor
4 T Damen zurück
4 T Herren vor
4 T Herren zurück

8 T stehend auf dem Platz die Figur von rechts nach links vor sich entlang führen
8 T Figur von links nach rechts führen
4 T alle vor
4 T alle zurück
8 T winken

Informationen zur Musiktherapie

Kolleg*innen aus der Musikpädagogik, die sich für Musiktherapie interessieren, finden hier einige Adressen und eine Definition von Musiktherapie.

DMtG
Deutsche musiktherapeutische Gesellschaft
https://www.musiktherapie.de/

Ausbildungen / Fortbildungen
Ich habe in den 90er Jahren berufsbegleitend an der Universität Siegen Musiktherapie gelernt. Diese Ausbildung gibt es leider nicht mehr.

Bettina Schreiber, Musiktherapeutin und Dozentin der ehemaligen Siegener Ausbildung, bietet Weiterbildungen zum Thema **„Mit Kindern Musik erleben"** an, mit vielen Fortbildungsthemen:

- Zur Ruhe kommen mit Musik – musikalische Oasen für Kinder
- Jahreszeiten musikalisch begleiten – Musikaktionen für Frühling/Sommer, Herbst/Winter
- Musik und Sprache
- Komm wir machen Musik – mit dem Instrumentarium der Kita
- Musiktherapie mit Kindern
- Kindertänze und Bewegungslieder
- Mit Kindern Musik erleben – Einführung in die musikalische Früherziehung
- Instrumentenbau mit Kindern
- Trommel- und Rhythmusspiele für Kids
- Aktions- und Mitmachlieder für Kinder
- Gitarrenkurs „Kinderlieder zum Einsteigen und Abfahren"
- Flötenkurs für Erzieher*innen und Grundschulpädagog*innen
- Musikalische Improvisationsspiele mit Kindern
- Musik tut gut – Ein Teamtag zum Kraft tanken und Entspannen

Mehr dazu ist zu finden unter www.mobilemusikschule.info.

Es ist keine Kindermusiktherapieausbildung, aber ein lohnendes Angebot für die Arbeit mit Kindern.

Berufsbegleitende Musiktherapie-Ausbildungen gibt es in München am „Freien Musikzentrum München" und in Hamburg an der „Hochschule für Musik und Theater":
https://www.freies-musikzentrum.de/pdf/fortbildung/broschuere_imt_bwm.pdf
https://www.hfmt-hamburg.de/paedagogik-therapie-wissenschaft/musiktherapie/master-musiktherapie.

Einen Zertifikatskurs **„Durch Musik zur Sprache“** gibt es in Münster: https://weiterbildung.uni-muenster.de/zertifikatsstudium/durch-musik-zur-sprache/

Da die Ausbildungs- und Fortbildungslandschaft stets in Bewegung ist, lohnt es sich, sich aktuell auf der Seite der DMtG zu informieren.

Definition für Musiktherapie
Die „Deutsche Musiktherapeutische Gesellschaft“ veröffentlicht folgende Definition:

„Musiktherapie ist der gezielte Einsatz von Musik im Rahmen der therapeutischen Beziehung zur Wiederherstellung, Erhaltung und Förderung seelischer, körperlicher und geistiger Gesundheit.

Musiktherapie ist eine praxisorientierte Wissenschaftsdisziplin, die in enger Wechselwirkung zu verschiedenen Wissenschaftsbereichen steht, insbesondere der Medizin, den Gesellschaftswissenschaften, der Psychologie, der Musikwissenschaft und der Pädagogik.

Der Begriff „Musiktherapie" ist eine summarische Bezeichnung für unterschiedliche musiktherapeutische Konzeptionen, die ihrem Wesen nach als psychotherapeutische zu charakterisieren sind, in Abgrenzung zu pharmakologischer und physikalischer Therapie.

Musiktherapeutische Methoden folgen gleichberechtigt tiefenpsychologischen, verhaltenstherapeutisch-lerntheoretischen, systemischen, anthroposophischen und ganzheitlich-humanistischen Ansätzen.“

www.musiktherapie.de
(Quelle: Kasseler Thesen, auch als PDF-Download)

Diese Definition befindet sich inzwischen in der Diskussion und in der Überarbeitung.

Literatur

Musiktherapie

Adamek, Karl (1999): *Singen als Lebenshilfe*. Waxmann Verlag, Münster.

Decker-Voigt, Hans-Helmut; Weymann, Eckhard (1996, 2009, 2020): *Lexikon Musiktherapie* – jeweils überarbeitete Auflagen. Hogrefe, Göttingen.

Decker-Voigt, Hans-Helmut (Hg.) (1992): *Spiele der Seele – Traum, Imagination und künstlerisches Tun*. Trialog, Bremen.

Kapteina, Hartmut, Hörtreiter, Hans (1993): *Musik und Malen*. Fischer, Stuttgart, Kassel.

Klöwer, Tom (1996): *Die Welten der Trommeln und anderer Klanginstrumente*. Verlag Binkey Kok, Diever, Holland.

Maturana, Humberto R.; Verden-Zöller, Gerda (1997): *Liebe und Spiel*. Auer Verlag, Heidelberg.

Priestley, Mary (1982): *Musiktherapeutische Erfahrungen*. Gustav Fischer Verlag, Stuttgart.

Rittner, Sabine (2008): Der Wirkfaktor Stimme in der Psychotherapie / in der Musiktherapie. In: *Musiktherapeutische Umschau* Heft 3 / 2008. Vandenhoeck & Ruprecht, Göttingen.

Rittner, Sabine (2012): Von der Sinnlichkeit des Singens. Das Potenzial der Stimme in der Musiktherapie. In: Engert-Timmermann, Gabriele; Wolf, Hanns-Günter (Hrsg.): *Die Stimme in der Musiktherapie*. Reichert Verlag, Wiesbaden.

Tüpker, Rosemarie (2011): *Musik im Märchen*. Reichert Verlag, Wiesbaden.

Tüpker, Rosemarie (Hg.) (2019): *Spielräume der Musik*. Reichert Verlag, Wiesbaden.

Yalom, Irvin D. (2010): *Der Panama-Hut – oder was einen guten Therapeuten ausmacht.* Goldmann, München.

Zeuch, Andreas; Hänsel, Markus; Jungaberle, Henrik (2004): *Systemische Konzepte für die Musiktherapie: Spielend lösen*. Carl-Auer-Systeme Verlag, Heidelberg.

Kindermusiktherapie / Kindertherapie

Brückner, Jutta; Mederacke, Ingrid; Ulbrich, Christel (1991): *Musiktherapie für Kinder*. Verlag Gesundheit, Berlin.

Irle, Barbara, Müller, Irene. (1996): *Raum zum Spielen – Raum zum Verstehen*. LIT Verlag, Münster.

Kapteina, Hartmut (1999): Dimensionen der Improvisation. In: *Ringgespräch über Gruppenimprovisation*, Band LXV, Berlin. Das „Ringgespräch über Improvisation" ist das Verbandsorgan des „Rings für Gruppenimprovisation".

Kapteina, Hartmut (2003): *Seminarpapier: Improvisation und Freiheit*. Uni Siegen.

Kapteina, Hartmut (2007): Zur Ästhetik der musikalischen Improvisation in der Musiktherapie. In: *Musiktherapeutische Umschau* Band 1 / 2007. Vandenhoeck & Ruprecht, Göttingen.

Katz-Bernstein, Nitza (2000): Kinderzentrierte Therapie und Systemische Therapie – Paradox, Ergänzung oder Substitution? In: *Beratung Aktuell* Heft 2 / 2000. Jungfermann, Paderborn.

Lutz Hochreutener, Sandra (2009): *Spiel – Musik – Therapie. Methoden der Musiktherapie mit Kindern und Jugendlichen*. Hogrefe, Göttingen.

Mahns, Beate (1997): *Musiktherapie bei verhaltensauffälligen Kindern*. Gustav Fischer Verlag, Stuttgart.

Martini, Ulrich (1995): *Musikinstrumente – erfinden, bauen, spielen*. Klett, Stuttgart.

Musiktherapeutische Umschau Band 3 / 1998, Themenheft: Musiktherapie mit Kindern. Vandenhoeck & Ruprecht, Göttingen.

Oaklander, Violet (1992): *Gestalttherapie mit Kindern und Jugendlichen*. Klett-Cotta, Stuttgart.

Petersen, Dietrich; Thiel, Eckhard (2001): *Tonarten, Spielarten, Eigenarten*. Vandenhoek & Ruprecht, Göttingen.

Plahl, Christine; Koch-Temming, Hedwig (2005): *Musiktherapie mit Kindern. Grundlagen – Methoden – Praxisfelder*. Verlag Hans Huber, Bern.

Schäfer, Gerd E. (1989): *Spielphantasie und Spielumwelt – Spiele, Bilden und Gestalten als Prozesse zwischen Innen und Außen*. Juventa Verlag, Weinheim.

Schmidt, Hans Ulrich; Timmermann, Tonius (Hg.) (2017): *Förderung von Kindern und Jugendlichen durch musiktherapeutische Vorgehensweisen*. Reichert Verlag, Wiesbaden.

Schreiber, Bettina (2004): *Musiktherapie mit Kindern. Seminartext*, Uni Siegen.

Stegemann, Thomas (2009): Kindermusiktherapie. In: *Lexikon der Musiktherapie*. Hogrefe, Göttingen. (S. 228–233).

Stiff, Ursula; Tüpker, Rosemarie (2007): *Kindermusiktherapie*. Vandehoek & Ruprecht, Göttingen.

Winnicott, Donald W. (1995): *Vom Spiel zur Kreativität*. Klett-Cotta, Stuttgart.

Safe Place

Gahleitner, Silke Birgitte; Katz-Bernstein, Nitza; Pröll-Lis, Ursula (2013): Das Konzept des „Safe Place“ in Theorie und Praxis der Kinder- und Jugendlichenpsychiatrie. In: *Resonanzen. E-Journal für biopsychosoziale Dialoge, Supervision und Beratung* 02/2013, 165–185, www.resonanzen-journal.org.

Katz-Bernstein, Nitza (1996): Das Konzept des „Safe Place“ – Ein Beitrag zur Praxeologie Integrativer Kinderpsychotherapie. In: Metzmacher, Bruno; Petzold, Hilarion; Zaepfel, Helmut (Hrsg.): *Praxis der Integrativen Kindertherapie*. Jungfermann, Paderborn.

Subellok, Katja; Winterfeld, Ilka (2021): Safe Place in der Kindertherapie. In: *forum: logopädie*, Jg. 35/6, Beitrag 5. www.skvshop.de/logopaedie-sprachtherapie/forumlogopaedie-2021-ausgabe-6-beitrag-5-5-30-2021-06-05.html.

Musiktherapie und Schule

Barnowski-Geiser, Waltraud (2010): *Schule braucht Gefühl. Kinder kreativ therapeutisch fördern.* Affenkönig Verlag, Neukirchen-Vluyn.

Mahns, Wolfgang (1996): Musiktherapie in der Schule / Sonderschule. In: Decker-Voigt, Hans-Helmut, Weymann, Eckhard (Hrsg.): *Lexikon Musiktherapie*, 1. Auflage. Hogrefe, Göttingen.

Heymann-Röder, Elisabeth (2000): *Musiktherapie mit Kindern an einer Schule für Sprachbehinderte.* Fachvortrag in der Uni Siegen gehalten. Verfügbar unter http://musiktherapieausbildung-siegen.de/wp-content/uploads/2014/07/DOC_fachvortrag_heymann-roeder-elisabeth.pdf.

Heymann-Röder, Elisabeth (2017): Ein Safe Place als Übergangsraum. In: *Musiktherapeutische Umschau* Band 4/2017, Vandenhoek & Ruprecht, Göttingen. Verfügbar unter https://go.gale.com/ps/i.do?p=AONE&u=googlescholar&id=GALE|A571837305&v=2.1&it=r&sid=AONE&asid=2101c677.

Heymann-Röder, Elisabeth (2021): Meine musiktherapeutische Identität: Flexibel. In: *Musiktherapeutische Umschau* Band 4/2021, Vandenhoek & Ruprecht, Göttingen. Verfügbar unter https://www.musiktherapie.de/wp-content/uploads/2021/09/MU.03-2021-277-Heymann-R%C3%B6der-musikth.-Identit%C3%A4t-flexibel.pdf.

Jordan, Anne-Katrin; Pfeifer, Eric; Stegemann, Thomas; Lutz Hochreutener, Sandra (2018): *Musiktherapie in pädagogischen Settings.* Waxmann Verlag, Münster.

MuG *Musik und Gesundsein*: Heft 22 / 2012. Themen-Schwerpunkt: Musiktherapie in der Schule. Reichert Verlag, Wiesbaden.

Tüpker, Rosemarie; Hippel, Natalie; Labs, Friedemann (Hrsg.) (2005): *Musiktherapie in der Schule*, Reichert Verlag, Wiesbaden.

Sprachentwicklung und Sprachförderung

Katz-Bernstein, Nitza; Meili-Schneebeli, Erika; Wyler-Sidler, Jeannette (2012): *Mut zum Sprechen finden – Therapeutische Wege mit selektiv mutistischen Kindern.* Ernst Reinhard Verlag, München.

Papousek, Mechthild (1994): *Vom ersten Schrei zum ersten Wort. Anfänge der Sprachentwicklung in der vorsprachlichen Kommunikation.* Huber, Bern.

Zollinger, Barbara (2008): *Spracherwerbsstörungen.* Haupt Verlag, Bern.

Sprachförderung mit Musik

Hirler, Sabine (2009): *Sprachförderung durch Rhythmik und Musik.* Herder, Freiburg.

Keller, Barbara (2013): *Zur Sprache kommen.* BoD, Norderstedt.

Keller, Barbara (2013): *Zur Sprache kommen. Konzeptualisierung und Evaluierung eines musiktherapeutischen Förderangebots.* BoD, Norderstedt.

Jordan, Anne-Kathrin; Menebröcker, Erika; Keil, Niklas (2016): Zur Sprache finden – Evaluation eines integrativen musiktherapeutischen Förderprojekts an der Grundschule. In: *Musiktherapeutische Umschau* Bd. 2016 / 2, Vandenhoeck & Ruprecht, Göttingen.

Linden, Ulrike; Feenders, Wibke; Meusers, Michael; Ostermann, Thomas (2008): Musiktherapie bei Kindern mit Sprachentwicklungsstörungen. In: *Musiktherapeutische Umschau* Bd. 2008 / 4. Vandenhoek & Ruprecht, Göttingen.

MitSprache 1/2011, Themenheft Musik. Fachzeitschrift der ÖGS, der Österreichischen Gesellschaft für Sprachheilpädagogik, Wien.

MuG *Musik und Gesundsein*: Heft 27 / 2015. Themen-Schwerpunkt: Musiktherapie in der Sprachförderung. Reichert Verlag, Wiesbaden.

Pathe, Regina (2008): *Zusammenhänge musikalischen und sprachlichen Lernens – eine Untersuchung*. ConBrio, Regensburg.

Sallat, Stephan (2008): *Musikalische Fähigkeiten im Fokus von Sprachentwicklung und Sprachentwicklungsstörungen.* Schulz-Kirchner Verlag, Idstein.

Sallat, Stephan (2017): *Musiktherapie bei Sprach- und Kommunikationsstörungen*. Ernst Reinhardt Verlag, München, Basel.

Schuhmacher, Karin; Calvet-Kuppa, Claudine (1999): Musiktherapie als Spracherwerb. In: *Musiktherapeutische Umschau* Band 3 /1999. Vandenhoeck & Ruprecht, Göttingen.

Sprachheilarbeit 4/ 2011, Themenheft Musik. Fachzeitschrift der Deutschen Gesellschaft für Sprachheilpädagogik dgs, Berlin.

Tüpker, Rosemarie (2009): *Durch Musik zur Sprache – Handbuch*. Uni Münster.

Musikspiele pädagogisch-therapeutisch

Friedemann, Lilli (1973): *Einstiege in neue Klangbereiche durch Gruppenimprovisation.* Universal Edition, Wien.

Friedemann, Lilli (1983): *Trommeln – Tanzen – Tönen, 33 Spiele für Große und Kleine*. Universal Edition, Wien.

Hirler, Sabine (2009): *Sprachförderung durch Rhythmik und Musik.* Herder, Freiburg im Breisgau.

Holthaus, Klaus (1993): *Klangdörfer*. Fidula, Boppard.

Irle, Barbara; Müller, Irene (1996): *Raum zum Spielen – Raum zum Verstehen*. LIT Verlag, Münster.

Schwabe, Matthias (1992): *Musik spielend erfinden*. Bärenreiter, Kassel.

Tischler, Björn; Tischler-Moroder, Ruth (1990): *Musik aktiv erleben*. Diesterweg, Frankfurt a. M.

Tüpker, Rosemarie (2009): *Durch Musik zur Sprache*. BoD, Norderstedt.

Tüpker, Rosemarie (2020): *Durch Musik zur Sprache – Neue Spiele*. BoD, Norderstedt.

Musikspiele für den Musikunterricht

Storms, Ger (1984): *Spiele mit Musik*. Verlag Diesterweg, Frankfurt a. M. (nur antiquarisch verfügbar).

Storms, Ger (2018): *100 Musikspiele.* Verlag an der Ruhr, Mülheim an der Ruhr.

Storms, Jerry (2006): *102 Musikspiele für Unterricht, Pause und Freizeit.* Auer Verlag, Donauwörth.

Liederbücher

Klassenhits – Lieder rund um die Schule (2001). Kontakte Musikverlag, Lippstadt.

Klassenhits – Die Zugabe (2009). Kontakte Musikverlag, Lippstadt.

Mikado – unser Liederbuch für die Grundschule (1990). Klett, Leipzig.

Sim-Sala-Sing – Das Liederbuch für die Grundschule (2005). Helbing, Esslingen.

Bilderbücher

Anan, Kobna; Amonde, Omari (1993/2014): *Das Lied der bunten Vögel.* Pais Verlag, Freiburg.

Carle, Eric (1996/2009): *Die kleine Grille singt ihr Lied.* Gerstenberg, Hildesheim.

De Lestrade, Agnès; Bravo, Constanza (2013): *Danas Uhrwerk.* Mixtvision, München.

Herbauts, Anne (2003): *Die Stunde des Herrn Blau.* Sauerländer, Düsseldorf.

Johansen, Hanna; Gleich, Jacky (2002): *Sei doch mal still.* Hanser, München.

McKee, David (1994): *Du hast angefangen! Nein, du!* Sauerländer, Aarau, Frankfurt a. M., Salzburg.

Nöstlinger, Christine (1990): *Anna und die große Wut*. Jugend und Volk, Wien.

Offermann, Anja; Tilly, Christiane (2017): *Wasims Weste*. Balance, Köln.

Piers, Helen (1983): *Strippenhals und Donnerfuß.* Alibaba, Frankfurt a. M.

Schmidt, Dirk; Schmidt, Barbara (2009): *Kamfu mir helfen?* Kunstmann, München

Sendak, Maurice (1963): *Wo die wilden Kerle wohnen.* Diogenes, Zürich.

Simsa, Marko; Eisenberger, Doris (2006): *Die Bremer Stadtmusikanten. Das Märchen der Brüder Grimm zur Musik von Erke Duit (mit CD).* Annette Betz, Wien.

Sonstiges

Klöwer, Töm (1996): *Die Welten der Trommeln und Klanginstrumente*. Verlag Binkey Kok, Diever, Holland.

Lamprecht, Johnny (2006): *Trommelzauber*. Ökotopia, Münster.

CDs

Djingalla – Tanz- und Bewegungsmusik, 1. CD, von Henner Diederich und Ansgar Buchholz.

Geschichtenlieder von Reinhard Lakomy und Monika Erhardt. CDs:

Schlapps und Schlumbo (2001). Ravensburg Verlag, Ravensburg.

Geschichtenlieder (2004). Deutsche Schallplatte, Berlin.

Mimmelit, das Stadtkaninchen (2004). Deutsche Schallplatte, Berlin.

Der Wolkenstein (2004). Deutsche Schallplatte, Berlin.

Trommelzauber, Doppel-CD, von Johnny Lamprecht. Rhythmische Lieder und Melodien aus Afrika zum Trommeln, Singen und Tanzen für Kinder. Siehe auch: www.trommelzauber.de.

Bezugsadressen

Heulschläuche

Beim Kauf habe ich darauf geachtet, dass es die klassischen einfachen Heulschläuche sind. Es gibt neue Heulschläuche, die an den Enden einen Ansatz haben und sich zusammenschieben lassen. Wenn sie gedreht werden, kommen nur zwei verschiedene Töne heraus, statt fünf bis sechs Töne bei den herkömmlichen Schläuchen. Außerdem knicken sie leicht bei dem Versuch, sie zu drehen. Diese neuen Schläuche sind nicht brauchbar.

Die herkömmlichen, gut spielbaren Schläuche habe ich online nur bei „Chila" / „Child's Land" in Forchtenberg gefunden, oder Reste bei eBay.

Man findet sie evtl. auch in Spielzeugläden oder Läden mit Jonglier-Artikeln.

Kazoos

Am liebsten habe ich Kunststoff-Kazoos mit eckigem Fenster gekauft. Bei Bedarf, wenn die Papiermembran feucht geworden oder eingerissen ist, kann das Fenster geöffnet und ein neues Stück Pergamentpapier eingelegt werden.

Zu beziehen sind sie bei www.musicstore.de in Köln

Kiwido / Winddrachen

Es gibt sie überall dort, wo es Jonglier-Artikel gibt, und evtl. in Spielzeugläden.

Die „Poi Original – Kiwido Classic" sind leider inzwischen sehr teuer geworden. Es lohnt sich, nach Angeboten zu suchen.

Es gibt günstigere Winddrachen, die kleiner und leichter sind.

Man kann sie auch selbst herstellen: ein Sandsäckchen aus Stoff oder aus kleinen Luftballons und eine Schnur, Flatterbänder aus Drachenstoff oder Streifen aus großen Plastiktüten.

Batakas – Anti-Aggressionsschläger

Die Schaumstoffschläger gibt es dort, wo es Therapie-Material gibt. Es ist unbedingt wichtig, dass die Griffe in einer Hülle geschützt sind, da sonst Verletzungsgefahr beim Schlagen durch die Kunststoffgriffe besteht.

Ich habe die originalen Schläger für Jugendliche und Erwachsene benutzt. Für 10-jährige Kinder haben sie gut gepasst – es sollte ja auch anstrengend sein.

Ein möglicher Anbieter ist „Betzold" (Schulbedarf): www.betzold.de

Lieder

Das Angebot von guten Kinderliedern ändert sich ständig, dabei gibt es auch relativ zeitlose Klassiker. Hier folgt die Aufstellung der Lieder aus dem Repertoire unserer Schule, das sich in meiner aktiven Zeit bewährt hat.

- Das wilde Tier / Wir wolln einmal spazieren gehen (traditionell)
- Die alte Moorhexe (Text: Margarete Jehn, Melodie: Wolfgang Jehn)
- Das Lied über mich / Es gibt Lieder über Hunde (Volker Rosin)
- Heut ist ein Tag, an dem ich singen kann (Text: Lore Kleikamp, Melodie: Detlev Jöcker)
- Peter und Ayshe (Klaus W. Hoffmann)
- In Paule Puhmanns Paddelboot (Fredrik Vahle)
- Sternenfänger / Reib dir die Augen (Wolfgang Hering)
- Wir sind Kinder einer Welt (Johnny Lamprecht, CD Trommelzauber)
- Zwei kleine Wölfe (traditionell, Bearbeitung: Werner Rizzi)

Trommellieder

Aus: *Trommelzauber* (Johnny Lamprecht)

- Aha Soum soum manak, soum soum le tschiban. (Kinderloblied)
- Bolamba matiba. (Regentanz)
- Mama simba lala, Mama simba lele. Aye bory! Assoubaba! Aye bory! (Mutmachlied)
- Kobanga te, ibe kanala. (Hab keine Angst, es gibt jemanden, der dich beschützt.)
- Sembo bente lela tembo tembo wa. (Elefantentanz)

Frühlingslieder

- Guten Morgen, guten Morgen, der Frühling ist da (Jutta Richter)
- Tiritomba (traditionell)

Herbstlieder

- Es ist Herbst, na klar (Klaus W. Hoffmann)
- Der Herbst hat bunte Blätter (Text: Monika Erhardt, Musik: Reinhard Lakomy. CD: Schlapps und Schlumbo)
  Dieses Lied haben wir immer zur Musik von der CD gesungen. Die Instrumentierung lässt das stürmische Herbstwetter miterleben.

Reinhard Lakomy war ein ostdeutscher Liedermacher. Die meisten Lieder habe ich damals nur über die CDs gefunden (inzwischen auch auf You Tube). Ich mochte die eingängigen Melodien und die vielseitige Instrumentierung.

Winterlieder

- Kleine Igel schlafen gern (Text: Klaus W. Hoffmann, Musik: traditionell)
- Tanze, tanze Schneemann (Text: Monika Erhardt, Musik: Reinhard Lakomy. CD: Schlapps und Schlumbo)

Weihnachtslieder

- Ein heller Stern hat in der Nacht (Text: Rolf Krenzer, Musik: Detlev Jöcker)
- Heute leuchten alle Sterne (Text: Rolf Krenzer, Musik: Detlev Jöcker)
- In der Nacht, in der Nacht (Text: Rolf Krenzer, Musik: Peter Janssens)
- In der Weihnachtsbäckerei (Rolf Zuckowski)
- Komm mit mir, komm mit mir (Text: Rolf Krenzer, Musik: Peter Janssens)
- Tiere im Stall (Jochen Willrodt)
- Vor langer Zeit in Bethlehem (Text: Rolf Zuckowski, Musik: Jester Hairston)
- We wish you a merry Christmas (traditionell)

Gottesdienstlieder

- Gott, dein guter Segen (Text: Reinhard Becker, Musik: Detlev Jöcker)
- Vom Anfang bis zum Ende (Daniel Kallauch)

Erntedanklieder

- Der Regen macht die Erde nass (Text: Monika Erhardt, Musik: Reinhard Lakomy. CD: Geschichtenlieder)
- Die Erde soll ein Garten sein (Text: Monika Erhardt, Musik: Reinhard Lakomy. CD: Der Wolkenstein)
- Gott, ich will dir danken (Text: Rolf Krenzer, Musik: Stephen Janetzko)
- Wer den Regenbogen sieht (Text: Monika Erhardt, Musik: Reinhard Lakomy. CD: Mimmelitt)

Danksagung

Mein Dank an *Prof. Hartmut Kapteina*, Musiktherapeut, Prof. für Musikpädagogik und Musiktherapie an der Universität Siegen.

Hartmut Kapteina lehrte musikalische Gruppenimprovisation zunächst im Bereich „Ästhetik und Kommunikation“ an der Universität-GH Siegen, später installierte er hier die berufsbegleitende musiktherapeutische Ausbildung. Er gehörte zur Gründergeneration der Musiktherapie im deutschsprachigen Raum und war Mitglied der „Kasseler Konferenz“, die in den 90er Jahren Standards für die musiktherapeutischen Studiengänge und eine Zertifizierung erarbeitete.

Die aktive Musiktherapie entwickelte sich aus der freien Improvisation heraus.

Hartmut Kapteina formulierte „Dimensionen der Gruppenimprovisation“ (Kapteina, 1999) wie folgt:

- die ästhetische,
- die pädagogische,
- die politische,
- die sozialpsychologische,
- die tiefenpsychologische und
- die spirituelle Dimension.

Diese Aspekte waren immer spürbar in der Art, wie wir Therapie in unserer Ausbildung lernten und wie Therapie praktiziert wurde:

Die Musik selbst und ihre Analyse waren die Basis.

Der pädagogische und soziale Rahmen war Grundvoraussetzung und relevant in der Praxis.

Der politische Kontext war als Hintergrund präsent, konkret z. B. in der basisdemokratischen Organisation der Ausbildung.

Der psychologisch-therapeutische Aspekt fand u. a. seinen Ausdruck in dem hohen Stellenwert der Selbsterfahrung.

Schließlich war der spirituelle Aspekt, selten formuliert, aber auch reflektiert, verbunden mit einem denkbar weiten Horizont.

Eine vielfältige, manchmal unkonventionelle, die Persönlichkeit prägende Ausbildung mit unvergesslichen Erlebnissen.

Man könnte den Begriff der Freiheit als alles verbindenden Begriff ansehen, Freiheit in der Gruppenimprovisation ebenso wie in der Musiktherapie. Im Raum der Therapie waren alle Gefühle erlaubt und durften zum Ausdruck gebracht werden. Der Therapeut oder die Therapeutin schützte diesen Raum der Freiheit und ermöglichte im Mitschwingen den therapeutischen Prozess.

Hartmut Kapteina war mein wichtigster Lehrer, im Sinne dieser beschriebenen vielfältigen Aspekte. Durch ihn bin ich zur Musiktherapie gekommen, von seinem professionellen Wissen habe ich gelernt, und sein Vorbild war für mich als Musiktherapeutin wichtig.

Mein Dank an *Prof.in Dr.in Nitza Katz-Bernstein*, Dipl. Logopädin, klinische Psychologin und Kinder- und Jugendlichen-Psychotherapeutin, Professorin an der Technischen Universität Dortmund für Rehabilitation und Pädagogik der Sprache und Kommunikation (Lehramtsstudium für die Förderschule Sprache).

Im Rahmen meiner berufsbegleitenden Musiktherapie-Ausbildung in Siegen besuchte ich Seminare als Gasthörerin an der TU Dortmund. Dort lernte ich Prof.in Nitza Katz-Bernstein kennen.

Meine ersten Begegnungen mit ihr waren überraschend: Eine interessante Vorlesung zur Sprachentwicklung, die auch mit Rasseln und Handpuppen gestaltet wurde; die Vorstellung des Safe-Place-Konzepts, das mich sofort begeisterte; ein gemeinsames Seminar mit der Musik-Dozentin Prof.in Dr.in Irmgard Merkt zum Thema Musik und Sprache.

Frau Katz-Bernstein leitete das Sprachambulatorium in der Abteilung für Sprachförderung und war damit nicht nur für Lehre und Forschung, sondern auch für diese Praxis-Einrichtung und Supervision zuständig.

Als ich in der Schule begann, als Therapeutin mit den Kindern zu arbeiten, brauchte ich Beratung und bekam die Möglichkeit, an ihrer Supervisionsgruppe teilzunehmen. Ihre Kompetenz und ihre Erfahrungen als Kinder-Psychotherapeutin waren für mich besonders wertvoll. In allen Fragen der Kindertherapie und der Sprachförderung konnte sie beraten und unterstützen, dazu kannte sie sich in der Schulrealität aus.

Das Kennenlernen ihres Safe-Place-Konzeptes war für mich, neben der Entdeckung der Musiktherapie überhaupt, die wichtigste Erfahrung in der therapeutischen Arbeit.

Sie war für uns eine aufmerksame und zugewandte Supervisorin. Die warmherzige Atmosphäre in einem gemütlichen Arbeitszimmer, dazu ein Teller mit Feigen, Nüssen und Schokolade auf dem Tisch – das alles trug zu bereichernden und erfrischenden Treffen bei.

Fast zehn Jahre lang hatte ich das Glück, an dieser Gruppe teilnehmen zu können.

Mein Dank an *Sabine Rittner*, Musikpsychotherapeutin, Atem- und Stimmtherapeutin, Kinder- und Jugendlichenpsychotherapeutin, Hypno- und Traumatherapeutin.

Unvergessen meine erste Begegnung mit ihr beim Weltkongress für Musiktherapie 1996 in Hamburg, in ihrem Seminar *Musiktherapie zwischen Abstinenz und Sinnlichkeit*. Mich sprach an, was sie über Echtheit, Kontakt, Resonanz, Berührung, Sinnfindung, Spiritualität und Trance-Erfahrung zu sagen hatte. Manche Veröffentlichungen von ihr, besonders zum Thema Stimme, wurden mir wichtig. Sie inspirierte mich und ließ mich eigene Kraftquellen entdecken.

Mein Dank an *Irwin Yalom*, US-amerikanischer Psychoanalytiker, Psychotherapeut, Psychiater und Schriftsteller.

Die Begegnung mit ihm in seinen Büchern, mit seinen klugen und warmherzigen Geschichten und Reflexionen waren besonders. *Der Panama-Hut – oder was einen guten Therapeuten ausmacht* war hat mich überrascht und dann jahrelang begleitet. Wenn ich beim Lesen am Ende angekommen war, fing ich wieder von vorne an. Durch die weise und humorvolle Beratung in diesem Buch konnte ich meinen inneren Kompass für meine Haltung als Therapeutin und meine Beziehung zu den Kindern immer wieder auszurichtien.

Dank an meine Schule:

Ich danke meiner damaligen Schulleiterin, die ihren Spielraum in der Schulleitung nutzte und die vielfältige Musik ermöglichte. Dank ihrer Erfahrung und Kompetenz in der Sprachförderung war sie überzeugt, dass Musik ein lohnender Weg für diese Förderkinder sein würde.

Und ich danke meinen Kolleginnen, die engagiert und mit Herzenswärme Pädagoginnen waren, sodass Pädagogik und Therapie für die Kinder in der Schule vereinbar waren.

Dank an die Menschen, die zur Entstehung des Buches beigetragen haben.

Barbara Ullrich gilt mein besonderer Dank. Zwei Jahre lang hat sie die Texte für dieses Buch gelesen und sprachlich mit mir bearbeitet. Meine norddeutsch gefärbte und im Ruhrgebiet pragmatisch geprägte Sprache bekam etwas Freiburger Eleganz. Dazu haben wir inhaltlich diskutiert – ein Austausch, der inspirierend war und Spaß gemacht hat.

Mein Traum, ein Buch zu schreiben, erhielt mit diesen Arbeitsgesprächen eine konkrete Struktur. Die positive Resonanz durch Barbara hat mir immer wieder Mut gegeben, weiter zu machen und das Buch fertigzustellen.

Birgit Heymann, Lektorat in Grün, danke ich für eine engagierte und professionelle Korrektur des Manuskripts.

Volker Nies danke ich für die Erstellung der Notenbilder. Durch seine Fachkenntnisse habe ich wichtige Unterstützung bekommen.

Gerd Basten gilt ein herzliches Danke für das Fotografieren der Instrumente. Dank seiner Erfahrung und Professionalität habe ich schöne Bilder geschenkt bekommen, über die ich mich sehr freue.

Zum Schluss gilt mein ausdrücklicher Dank dem Reichert Verlag. Frau Reichert danke ich für die vertrauensvolle Kommunikation und Frau Peters für die engagierte Gestaltung des Buches.

Kontakt

Elisabeth Heymann (ehem. Heymann-Röder), wohnhaft in Witten.
Mail: elisabeth-heymann@web.de
Ich freue mich über Fragen oder Rückmeldungen aller Art!

Workshop
In einem Workshop können Sie die Musikspiele aus diesem Buch kennenlernen. Erfahrungsgemäß macht es viel Spaß, die Spiele einmal anzuspielen und die Stimmung und die Dynamik der einzelnen Spiele zu erleben.
Mein Angebot ist ein eintägiger Workshops in Witten, an einem Samstag, in schönen Räumlichkeiten, zehn Gehminuten vom Bahnhof entfernt und mit guten Parkmöglichkeiten. Weitere Informationen folgen, wenn sich eine Gruppe findet.